TEAMING

How Organizations Learn, Innovate,
and Compete in the Knowledge Economy

Amy C. Edmondson

组队

超级个体时代的协作方式

[美] 艾米·埃德蒙森 著
王心竹 刘素池 曾巧玲 译
方春剑 审校

中国人民大学出版社
·北京·

推荐序一

近年来,"敏捷组织转型"可能是最热门的管理议题。企业和企业家都感受到了敏捷组织转型的迫切性,大多数组织都是"以执行为导向"的"自上而下"的团队,人们对这种模式下的分工、协同、授权、沟通模式习以为常,但组织想要变得更敏捷、快速响应客户需求和市场变化,总有各种壁垒。市场上也有很多专业机构和咨询公司,帮助组织实施敏捷转型,不少方法论本身通常都会强调从战略、愿景到组织分工、业务流程、人员技能、科技手段等的全套转型,这并没有错,但会让"敏捷组织转型"变得复杂且"不敏捷"。

我和本书的几位译者曾经是同事,我们都在互联网行业里高速成长的翘楚——字节跳动从事人力资源和组织发展工作。众所周知,字节跳动在短短十二年中快速成长为一个成员超过十万人的多元业务创新导向的全球性团队,尽管组织上下从来不提"敏捷"二字,但创始人建立组织之初,就希望要"保持伸展，不断成长"，打破固化的组织（淡化层级，模糊边界），让组织一直持续理解客户，并持续创新。因此每一个成员无不感受到组织的快速变化和快速调整，切身感受到了"敏捷"，人们戏称"字节一年，人间三年"。作为负责组织发展的人力资源高管，后续我担任了字节跳动旗下 ToB 业务——飞书的副总裁，据我观察，其中最大的关键在于：字节跳动非常强调不一样的"工作方式"——组织架构有弹性，快速变化，"有责无界"的分工，最短路径的沟通，善意假设下的授权，科技手段支撑的目标协同，等等。这些独特的工作方式本身就在践行着"敏捷组织"的精髓。

当我看到《组队》这本书，恍然大悟，原来这并不是新鲜独创的工作方法，字节跳动借鉴了硅谷很多高科技互联网企业组织实践之后，就在践行这种类似"组队"的工作方式。如果说字节跳动天生就是敏捷的，那么对于其他传统组织，"组队"这种工作方法可以复制吗？

本书给出了答案。

任何组织都要学会"随时打散，随时集结"的为目标而战的"组队"技能。如果把依靠外部力量推进敏捷组织变革比喻成伤筋动骨的"手术"，学会"组队"就是学会了每天不断拉伸每一寸肌肉，提升肌体本身灵敏度的"日常健身"。我们无法一直靠大阵仗的组织变革来建立新的敏捷组织心智，但我们可以尝试学习"日常健身"，以"组队"的学习方式推进组织天天提升"体质"。

这看上去是一个"全民健身活动",怎样才能让人人都学会"组队"?

(1)重塑对组织的认知。组织和团队不再是"神圣不可轻易改变"的"稳固的房子",而变成了"墙是透明的,地板是柔软"的"水一样的房子"。参与组队的成员来自各个部门或专业职能,每天的工作都是在非稳定的团队中完成"即兴的协作"。让人们对团队的快速变化习以为常。

(2)增加"组队"的技能。和在稳定分工的组织里协作不一样的是,除了拥有一般的沟通能力,团队成员要具备"问问题的能力""快速分享知识的能力""快速建立信任的能力"等等。在这个过程中,每一个团队成员都需要不断学习新的技能,让"组队"能成功,能打胜仗。我们招聘的团队成员也要从"规则遵循者"变成"实验者"。

(3)全面升级"组队"的机制。在"组队"模式下,管理方面的做法不一样。例如我们给员工安排工作和设计岗位的时候,不再强调"专业和确定性",而要走向"分工模糊化"。如此,员工的选用育留机制、目标管理机制、日常工作场所的设计模式等都需要"升级"。

(4)领导心智的重塑。在"组队"的过程中,领导者要学会构建框架,领导要像教练或者合作伙伴一样,要构建意义感,放手给团队成员更多实验的机会、更多授权和赋能。好比体育竞赛组队之后,教练不能步步为营地控制和防范,唯有充分相信和支持团队,才能打出一个个漂亮的胜仗。在这个过程中团队不断快速集结、解散，移步新战场，支持企业不断成长。

本书还提出了一个有趣的组织框架——"学习型执行"，将业务目标实现和团队成员的学习有机地结合在一起。我们有理由相信，在通过"组队"进行"敏捷组织"转型的同时，有可能走出一条"建设学习型组织""组织和个体共同成长"的可见路径。

本书结构清晰简单，语言精准生动，读来颇有共鸣。希望越来越多的中国企业家们能阅读本书，学会"组队"，以全员学习和升级工作方式的模式进行"日常健身"，潜移默化地感受敏捷，成为敏捷团队。

袁凌梓
字节跳动前 CHO 首席幕僚长、
组织发展负责人、飞书业务副总裁

推荐序二

拿到《组队》这本书时,我觉得自己答应心竹的写推荐序要求有些草率了。我是一名心理学家和心理咨询师,尽管也长期做企业培训、私董会或高管教练之类,但这推荐序好像应该由管理专家来写更合适。

不过,看到书里说一群甚至之前不认识的人为达成共同的目标组队行事,不由得让我想到,我做的人际反馈团体或心理成长工作坊也是由 6～40 个陌生人组成一个团体,经由自由的互动,在若干时间后产生洞见、达成疗愈或推动成长。

我最初只做面向个人客户的团体工作,成员来自社会的方方面面——这种异质性的安排更容易引发碰撞和冲突——他们经历从陌生人之间相互防御、不待见,到开始有基础的安全感和信任,从小心翼翼试水说出自己的秘密或心里话,到争先恐后争夺话语权担心发言时间不够,自己的问题得不到处理,再到学习如何彼此支持、化解冲突、各得其所,并在这个过程中产生肉眼可见的变化和成长。我的团体或工作坊的参加者有不少是企业主或 HR，他们参加后感觉不错就不断问我，这样的团体工作能不能在企业内部操作，因为团体能推动人际安全感、相互信任感，彼此真实表达，同时提升觉察、自动自发的主动性和自我负责精神、团体有效沟通能力、人际影响力和冲突承受与解决能力，而这些都是企业所需要的。一开始我比较拒绝，因为企业内部人员相互之间有利益牵扯，做团体的动力比较复杂，甚至说真话有可能带来危险。后来受到一位大型外企资深负责人的反复邀请，她觉得他们的企业文化比较开放，尝试这样的团体工作应该问题不大，所以就有了第一次尝试，结果反馈很不错，比我想象得好。由此，慢慢有了许多面向企业客户的实践，也受到很多好评。不过，我基本上选择企业文化比较开放、人际氛围不那么紧张的外企和民企，因为企业内部培训通常给的时间有限，团体工作不能在团体最初的安全感建立上花太多时间；在工作技巧和内容重点上我也有所调整，减少对个体早期心理创伤的探索和处理，加强对沟通、影响、冲突处理技能的精微指导，帮助参加者学习在事的层面陷入困难时，利用人的元素开展工作……

《组队》这本书也谈到应对变革或不确定性团队领导和成员角色的变化（第三章）、心理安全感的培育问题（第四章）、团队如何在冲突和失败中保持学习力（第五章）、跨越异质性的边界（第六章），阅读这些内容不断让我想到自己在团体工作和企业培训中的实践场景。反过来，我想，书里的这些理论和知识应该可以对组织的管理者、团队的领导者以及外部培训师/教练等提供知识框架和工作指南。

  当然，这本书更多地提出了组队这一概念和相关框架，如果有更多的人有这方面的意识和实践，也许可以编写出版一本配套的本土案例集，以帮助阅读者和组织/团队工作者更好地学习和工作。

叶斌

心理学博士

企业家私人心理顾问，高管教练

华东师范大学应用心理学硕士特聘导师

上海闻殊心理咨询有限公司创始人

译者序

和 Amy 的相遇，始于在字节跳动做领导力。

记得那时公司开会，"竞争"是在 CEO 面对面环节最常被问到的话题。"面对 ×× 竞争，你有什么应对的绝招吗？"一鸣的回答让我印象深刻："我们没有什么竞争优势，也没有什么绝招，竞争总是动态的，主要靠的是团队和文化。"

一鸣所说的"团队"，在字节跳动称为"first team"（第一团队，指的是不同职能负责人汇聚起来的核心团队），是业务决策和执行的最小单元；字节人相信，组织的决策水平，取决于它集思广益的程度。一鸣口中的"文化"，并不是一般意义上的价值观，它更像是一种工作方式：透明、声音、自驱。好的团队"像一个足球队"，要求领导们"有阵地意识，无领地意识"，内部补位协同配合，才能实现整体最优解。

字节跳动骨子里天然就刻着整体性、动态性、创新性的基因。这些鲜明的特点，极大地冲击着我对从事了多年的领导力发展这一专业工作的理解。众所周知，领导理论经历了并不漫长却曲折的发展历程，从早期对领导者权威角色的定义和功能性的描述，到后来的大五人格模型、麦克利兰的成就动机理论勾勒出领导者特质及行为风格，再到以"情境领导"为代表的领导权变理论，抑或是各领风骚数十年的变革型领导、谦逊服务的公仆型领导，都在试图诠释领导力这一广阔脉络中的不同向度。

尽管这些理论呈现出的"前景"各不相同，然而诞生的背景却都植根于工业时代强调效率和执行的科学管理体系，本质上是将领导力视为一种个体中心的、自上而下的、层级结构式的影响力。由此衍生出来的理论、工具、方法，无论是测评、建模还是培训发展，都无法满足字节跳动飞速发展的业务需求，更无法契合在这奔跑之下沉淀的文化土壤。

Amy 及《组队》一书的出现，让我由衷感到会心相遇。在书中，她深入探讨了时代变迁之下应对模糊复杂性的环境挑战，企业如何保持竞争优势的新型工作方式——组队，经由这种工作方式带来怎样的新型领导方式。Amy 通过多年的研究与实践经验，结合心理学原理和实践策略，深入人性的褶皱和团体动力的暗流之地，阐释如何通过开放沟通、心理安全感的构建、快速失败快速成功、跨边界多兵种联合作战的高绩效团队文化来促进企业不断学习、不断创新、不断领先。

在字节跳动的工作经历，让我有幸见证了西方管理理念与中国优秀的本土企业碰撞、彼此形塑之后的具体样貌，也多了几分踏实与笃定,更让我们有信心的是,《组队》一书中的案例涉及不同行业、发展阶段、领域的企业,以及医院、科研机构、政府、公益机构等各类组织的应用实践,揭示了更加广泛的组队过程性规律与价值落脚点。

感谢译者团队的素池、巧玲和春剑的工作。素池对组织行为学充满热情,为我们链接到学术界文章中的最新洞见。巧玲严谨细致,热衷以数据分析的视角探索团队动力。我们翻译互审的工作底稿上时常混杂着锱铢必较的勘误评论,也有发现理论照进现实时的激动雀跃。在无数个校审复盘的夜晚,春剑总说,翻译是个良心活儿,我们要忠实原著、克制使用互联网黑话,用朴素平实又一针见血的语言让每一位读者看得懂。尽管如此,翻译过程并非完美,希望广大读者能够涵容并指正。同时,感谢为本书提供各类支持和建议的傲耸、刘磊、李薇、竺豪,你们的专业判断力和善意总让我心生欢喜。最后,感谢中国人民大学出版社的策划编辑丁一慧眼识珠,充分肯定《组队》这本虽非最新但却恰逢其时、熠熠闪光的领导力宝典,及时引入以飨广大读者,这一份严谨与不浮躁的价值坚守也创造了我们之间十分愉快的组队合作体验。

欢迎阅读《组队》,开启你的组队领导新纪元。

王心竹

字节跳动前人才发展中心团队动力负责人

序言

我很荣幸能为这本至关重要且恰逢其时的著作撰写序言。我对艾米的研究已有十余年的了解,这一次她将自己在"团队合作所依托的具体过程"方面的开创性研究中提出的主要观点整合到一起,我感到莫大的开心。

首先,我想谈谈为何这项研究如此重要,以及为何各类机构的领导者和管理者务必汲取其中的精华。我们的文化中有一种倾向:只有当人们非常务实地判断出为了取胜或者搞定一项工作而不得不需要团体和团队时,才会从内心去接纳团体和团队这两个概念。但实际上,团队和团队合作构成了社会和社区最重要的基础。人们戏称大多数会议是浪费时间,团体也没有用处(因为二者都分散了责任)——存在这样的嘲讽,是我们所处的组织社会的悲剧。我们基于个人绩效表现建立了激励和晋升机制,以至于即使在冰球、足球、篮球和橄榄球等团体运动中,也是那些明星个人获得了关注和高额回报。这种文化偏见的结果是，绝大部分领导者依赖于团队合作，可他们在召开会议或组建团队方面却出奇地不胜任。本书强调的"组队"（teaming），即团队合作所依托的具体过程，使我们得以洞悉并深刻把握团队合作的必要条件到底是什么。

为何说本书恰逢其时呢？因为世界变得越来越复杂，文化越来越多元。复杂性来源于科学、工程、管理和组织发展等领域的技术革新。这意味着，在技术复杂化的社会中完成任何任务都需要从多个领域获取信息的输入，并面对多领域杂糅导致的精细繁复的过程。这就进一步意味着，作为个体的管理者再也没有足够的知识来做出决策并完成任务。无论承认与否，管理者们确实越来越依赖各类专才。这就需要他们理解"组队"的过程，集结各路专家并让他们能够一起工作。在医疗保健领域，这一点最为明显，从管理医院或社区医疗保健系统到进行复杂的心脏手术，都需要高度的组队协作。

伴随着复杂性的增加，我们看到世界越来越呈现出多元文化的特点。这里所说的既包括民族、种族意义上的多元文化（更多的国家在为跨国组织提供人才），也包括职业意义上的多元文化（专业化分工导致了鲜明的职业文化）。一些文化已经存在了很长时间，且会阻碍组队的努力，比如医生和护士之间的鸿沟；而其他鸿沟，比如信息技术带来的透明文化与传统等级制度下的控制型管理文化之间的差异，使得新一代的平等主义和开放性与旧有制度发生碰撞与摩擦。一个成长于崇尚完全透明的价值体系中的年轻工程师，和一个"我就是知道"信息即权力因此必须加以严格控制的经理——你如何才能让他们协作起来？

再加上来自多种国家文化的不同语言和思维模式的问题，我们就需要回到本书强调的最关键能力——学习。在今天和未来的世界里，组队的核心是学习。关于团队应该是什么样子、应该如何组织和运行，过去的老配方将不再奏效。这些老配方包括：重点关注团队的构成，识别每位成员是什么个人风格、有什么能力，然后把他们组合在一起，等等。其最明显的局限性在于：首先，复杂任务总是在变化的，因此我们难以预判应该测量何种个人风格或能力。其次，即便已经判断出完成某项任务需要某种能力，想要在人群中找到具备该能力的选手并将其招募到位也只会越来越难。本书极好地强调了组队工作必须聚焦于如何根据现有的团队资源去完成任务，而这无疑是一个学习的过程。

组队和学习是不可逆的趋势。愿你享受这一旅程。

埃德加·沙因（Edgar H. Schein）

前言

绝大多数人认识到：21世纪的知识型组织依赖于跨学科合作、扁平式组织架构以及持续创新。原因之一是专业知识的视野日益狭窄，许多学科已经拆分为更多的子学科。然而，遗憾的是，世界上亟待解决的问题并没有相应变窄。恰恰相反，它们变得更加复杂。这意味着许多挑战必须由跨学科的专家共同应对。产品设计、病患护理、战略规划、药物研究、救援行动等活动，都只是需要跨学科团队合作的冰山一角。

为了在变化无常且竞争激烈的全球经济环境中取得成功，组织必须能够学习。几乎所有领域的专业知识都已成为移动靶，不断变化，难以瞄准。为了持续与其保持同频，人们必须成为终身学习者，而真正的成功将属于那些能够掌握新技能并想象出新可能性的人。员工必须在执行工作的过程中吸收新知识，甚至创造新知识。由于上述过程通常发生在一起工作的个体之间，因此，集体学习——发生在小团体内部，由小团体作为主体的学习方式——被看作组织层面学习的首要载体。所以,想要在复杂且充满不确定性的商业环境中获得优势,人们在共同执行的同时还需要共同学习。这一新情况对领导者、专家以及组织内的其他所有人员都产生了深远影响。

然而,对于上述现实的认知并不总会导致新工作方式的产生。许多组织依然坚守自上而下、基于指令和控制的管理方式,这种方式曾在工业时代助推了企业的增长与盈利。其核心原则包括确保控制、消除差异、奖励合乎规则的行为,而这些都阻碍了协作与组织学习。从结果来看,即便是由卓越的管理者领导的伟大公司,在面临极其复杂多变的环境时也可能遭遇失败。大多数商业领导者会认同他们的员工是重要的,也会宣扬听取员工反馈的价值。这些领导者欢迎员工表达观点,也能够看到为了提升生产效率或创造更多的创新产品而开会讨论的价值。然而,尽管出发点是好的,但是他们往往未能重塑工作的实际执行方式。本书将探讨这种认识与实践之间的鸿沟为何持续存在,并提供能够填补这一鸿沟的领导力框架。

协同与学习需要组队

"组队"一词被刻意创造出来,是为了研究集体合作到底是如何展开的。它提供了一种全新的、更灵活的方式让组织完成互相依赖的任务。不同于传统的团队概念,组队是一个动态的过程,而非一个静态的实体。试着想象一张流动的网,上面是相互连接的个体,他们在临时组建的团队中改变现状、解决问题、发起创新。与人相处,倾听不同的观点,协调各方行动,共同决策——这些要素被组队融为一体。为了有效地组队,每一个人都需要有意识地去关注他人的需求、角色和观点,且对其始终保持高度灵敏。于是,我们需要学习如何更好地与他人建立关系,以及如何在融合不同观点的基础上做出决策。因此,组队呼吁我们要两手抓——既要发展情感性(感觉,feeling)技能,又要发展认知性(思考,thinking)技能。在分布式领导的撬动下,组队的目的是拓展专业知识和技能,让组织和它们的客户都能从中获益。

本书讲述了通过组队帮助组织取得成功的基本活动和条件。包括:工作如何完成,领导者如何推动工作进展,以及安全的人际环境如何让人们不再束手束脚从而专注于创新。贯穿全书的模型和指南为读者提供了一套用以理解并应对集体学习的动态性支持框架。本书研究并描述了成功将组队融入组织环境所需的心态,提供了一套有助于发展以团队为单元的学习架构的领导实践,并给出了成功跨越边界(也就是那些最常见的阻碍协作的边界)进行团队合作的具体策略。此外,本书还研究了系统性地改进现有知识的群体过程,并解释了如何有效利用这种新的集体知识来改进组织的日常运营。

在过去的20年里,我在医院、工厂、高管团队以及美国国家航空航天局(NASA)航天飞机项目中进行了一系列深入研究,研究主题是"组队和组织学习"。此外,我还撰写了十多篇案例研究，探讨了在制造业、金融服务、产品设计、电信、政府和建筑等各领域中的组队和学习主题。把这些研究放在一起，我们可以看到不同的组织文化将如何抑制或促进组队、学习和创新。本书重新定义了知识经济中的成功执行应有的模样，并展示了最优秀的组织是如何在维持高绩效标准的同时快速学习的。

在研究组织学习的过程中，我遇到了一些非凡的领导者，他们找到了使组织变得更具响应力和竞争力的方法。在本书中，你将会见到很多这样的人。我所研究的领导者并非都是首席执行官或大型机构的负责人。这里面有很多人是"中层领导"：他们领导项目，发起改进，帮助其他员工成长，从而为组织带来改变。在这些研究过程中，我也遇到了那些在大型跨国组织中真心想要做出改变却受到阻碍的人，他们同样令人印象深刻。某些案例中，这些领导者只是从错误的角度考虑了他们的角色。他们认为自己需要提供答案，但实际上他们更应该去提出正确的问题。

领导者与学习者

读者们一边思忖着扁平式组织架构和分布式领导，一边可能会开始琢磨：强大的领导力是否将变得无关紧要？事实情况正好相反，且本书从始至终都在强调这一点。在大型组织中，组队的一系列动作——无论是冒险、直面失败还是跨越边界——往往难以自然发生。这意味着在当今复杂、不断变化的环境中，比以往任何时候都需要领导力。这种领导力有两种形式：一种是大写"L"的领导。大写"L"领导通常由高级管理人员担任，涉及影响整个组织的决策和活动。这种角色对于有效的组队至关重要，通常包括塑造组织文化、确定方向和制定目标。

然而更多时候，我们需要的是小写"l"的领导。这种领导方式是由组织中的各级成员实施，而非仅由顶层管理者实施，尤其是那些在一线执行关键任务、直接影响客户体验的一线管理者。这种领导关乎发展他人的技能和塑造高效的流程。在"l"领导中，那些高度参与到协同活动中的人可以帮助确保组队的有效发生。有时，这些领导者在项目或部门中有正式职责，而有时他们仅仅是看到了发挥领导力的契机并采取了行动。在组队语境中，"领导力"就成为一种既在组织的最高层出现也在一线操作中出现的活动。

本书作为一份资源，既着眼于实用，又基于研究，为各类型、各层级以及未来的领导者提供了定制的内容。实践者需要的是能直接将其应用于他们自身工作环境的策略。为此，本书提供了适用于各类私营或公共组织的观点理念、解决方案和实践策略，以帮助那些希望研究或推动组队以更好提升绩效的领导者——无论是高管、经理人、团队和项目领导者，还是一线管理者，他们都在试图创造一种可以鼓励和支持组队行为的环境。本书的另一个目的是帮助人力资源专业人士促进协作、培训人员进行组队和实施组织学习。

此外，研究商业管理和组织行为的学者和学生会发现本书是课程设计和研究的有用资源。在构思"组队"这一概念时，我整合了相关的学术资料和实证证据（其中的诸多发现以前仅刊登于学术期刊），为的就是让本书可以得到更多人群的关注。过去的这些年我开发了各种教学工具来加深学生对商业问题的理解、激发课堂讨论的活力，这些工具也在书中扮演了重要的角色。比如，学生会发现第8章的三个案例研究对于弥合理论和实践应用的差距非常有用。

本书概述

一个组织应该有能力预知并适应环境变化，这样的想法虽然听起来很有道理，但要落实到实践中却极为困难。很多成年人需要重新学习"如何学习"这件事；同时，在学习"如何组队"的过程中，每个人都需要一些外界帮助。对于大部分个体而言，要全身心地参与一个目标明确、思想开放、协同合作的过程，就必须放下一些旧有的习惯。那些使上述宝贵品质得以实现的人类行为，则需要我们精心培育和打造。本书分为三个部分，详细探讨这些问题。

第一部分聚焦于组队，描绘了推动组队活动的核心要素，同时回答了以下问题：组队是如何运作的？要想学会组队，需要付出什么？人们在组队时会做些什么？组队又是如何促成组织学习的？本部分揭示了组队面临的挑战，并且展现了优秀的组队是什么样的。第 1 章开篇定义了组队，探究了其为何对当今复杂组织来说尤为关键，然后提出了一种理解学习和知识的新框架。第 2 章详尽地描述了组队过程的每一个步骤，揭示了组队的脆弱性，并确立了四种可以推动组队和学习的领导行为。

第二部分深入剖析了这四种领导行为。这里的重点是探讨组队中人的因素，近距离地检视人们在各种组织环境下是如何一起工作的。具体来说，第 3 章研究了框架的力量，以及领导者如何通过框架构建来推动有效的协作和学习。第 4 章着重探讨了心理安全感如何推动产生成功组队所需的态度、技能和行为。详述了当今的工作场所存在的恐惧严重到了何种程度（虽然人们嘴上不这么说），以及这样的恐惧对于问题解决来说是何等碍事。第 5 章解释了为何失败是组织学习的重要组成部分，并提出了针对性的实践方案来应对失败带来的挑战。第 6 章进一步探讨了打破学科、部门、公司甚至国家之间边界的重要性与挑战，并展示了我们跨越边界时可能创造的奇迹，比如该章开篇提到的 2010 年智利圣何塞铜矿矿难中成功营救 33 名困于 2 000 英尺地下深处矿工的"不可能"故事。

第三部分的重点是从个人和人际行为转向组织层面的落地。第 7 章整合了之前各章的经验与策略，提供了一个新的执行模型，包括诊断、设计以及实施迭代过程的具体步骤，以确保组织能够持续学习和改善。根据过程知识的层次，本书进一步详细阐述了不同业务环境的特征与属性。用一个详细的案例研究揭示误判过程知识的风险，以及实验的重要性。第 8 章提供了三个案例研究，检视了学习可能带来的不同成果，包含流程改进、问题解决和创新。在第一个案例研究中，我们看到的是激励和赋权引领公司实现扭亏为盈的领导实例。第二个案例研究描述了激发组织中上上下下的人共同解决复杂业务中的棘手问题的领导实例。第三个案例研究集中于支持创新的领导行为，这种领导力让促成创新产品和流程的组队协作得以发生。

为了帮助读者理解和应用这些理念和框架，书中加入了一些特殊的内容，包括：

- 包含关键策略、定义和差异的图表和清单。
- 基于我几十年的广泛研究收集的最佳实践而总结的具体领导策略的提纲表格。
- 为主要观点增加背景并提供额外资源的专栏。
- 有助于阐述关键教训并引发反思的概述和真实实例。
- 帮助读者回顾关键概念的章节总结部分。

本书旨在为那些试图提高协作并推动长期成功的人提供一份触手可及的资源。本书的设计使实践者可以轻松地浏览每一章并找到特定的主题或策略。这意味着读者可以按照需要在章节之间跳转，获取他们需要的信息。按顺序阅读每一章也有好处：不同章节之间链接清晰，所介绍的概念也相辅相成，可以帮助读者深入理解组队、学习和绩效之间的关系。

无论读者选择如何使用本书，我希望本书主张的创造更乐观、集体化的气氛能帮助改善组织行动。当领导者赋权而非控制，提出正确的问题而非提供正确的答案，关注灵活性而非死守规则，他们就会进入更高级的执行层次。当人们知道自己的想法受到欢迎，就会提出创新的方式来降低成本、提高质量，从而为有意义的工作和组织成功打下更坚实的基础。

艾米·埃德蒙森

目录

第一部分 组 队

第1章 一种新型工作方式   2
团队是名词,组队是动词   3
"组织执行":工业时代的眼泪   6
知识经济时代,学习已迫在眉睫   12
组队需要学习,学习需要组队   17
"组织学习":超越"组织执行"   20
"学习型执行":新型组织运作方式   24
理解业务的过程知识光谱   26
一种新型领导方式   34
领导力小结   37
经验及行动   38

第2章 组队,为了学习、创新与竞争   39
组队的过程   44

组队成功的四个支柱	46
组队的收益	51
影响组队的社会与认知障碍	56
当冲突在升级，我们可以做什么	63
促进组队的领导力行动	73
领导力小结	77
经验及行动	78

第二部分　组织学习

第3章　善用框架的力量　80
什么是"认知框架"	81
变革项目的框架构建	86
重构变革中领导者的角色	90
重构变革中团队成员的角色	93
重构变革项目的意义	97
学习型框架 vs. 执行型框架	100
改变框架	102
领导力小结	110
经验及行动	111

第4章　让团队感到安全　113
信任与尊重	117
学习和组队需要心理安全感	124

　　　　等级制度对心理安全感的影响　　　131
　　　　培育心理安全感　　　136
　　　　领导力小结　　　147
　　　　经验及行动　　　149

第5章　更好地失败，更快地成功　　　151
　　　　失败不可避免　　　152
　　　　微小失败很重要　　　154
　　　　为什么从失败中学习如此困难　　　157
　　　　不同情境，不同失败　　　164
　　　　具体失败，具体分析　　　168
　　　　以学习的姿势应对失败　　　172
　　　　从失败中学习的策略　　　175
　　　　领导力小结　　　188
　　　　经验及行动　　　189

第6章　组队跨越边界　　　191
　　　　组队无界　　　197
　　　　有形边界和无形边界　　　200
　　　　三种类型的边界　　　204
　　　　组队跨越常见边界　　　209
　　　　引领跨界沟通　　　220
　　　　领导力小结　　　224
　　　　经验及行动　　　225

第三部分　学习型执行

第 7 章　将组队与学习融为日常　228
- 学习型执行　229
- 运用过程知识光谱　236
- 案例：当业务情境发生变化，Telco 如何应对　241
- 学习永无止境　249
- 保持学习的脉动　262
- 领导力小结　265
- 经验及行动　266

第 8 章　领导者，使组队发生　268
- 席梦思：引领常规业务组队　269
- 明尼苏达州儿童医院：引领复杂业务组队　277
- 艾迪欧：引领创新业务组队　290
- 领导力小结　298
- 未来展望　300

致　谢　304

组 队

第一部分
TEAMING

第 1 章

一种新型工作方式

说起"团队"(team)这个词,你脑海中可能首先浮现的是一支体育队伍——足球运动员在球场上紧紧地站在一起,篮球运动员在全场紧逼防守中积极配合,或者棒球运动员完成一次挽救比分的双杀。在竞技体育中,优秀的团队是由那些学会了相互信任的个体构成的。假以时日,他们便能够发现彼此的优缺点,从而更像一个整体互相打配合。同理,组建乐队、室内小型乐团或大型交响乐团,也需要天赋各异又互相依赖的乐手。一首交响乐想要演奏顺利,离不开弦乐、木管乐、铜管乐和打击乐的密切配合。即使是独奏表演,交响乐团的表现也和每一位乐手的贡献息息相关。成功的演出源自乐手们互相补充、整体和谐地呈现。正如所有优秀的团队一样,他们无一例外地呈现出整体的协同性。整体大于个体之和。身处其中的成员明白,无论成功还是失败,他们都是一体的,一荣俱荣,一损俱损。

在今日复杂多变的商业环境中，公司和组织的成败取决于能否创造出大于个体之和的整体。激烈的竞争、无孔不入的变数以及对持续创新的需要，让组织比以往任何时候都更加强调彼此的互赖、更深度的沟通与协同。无论是应对外部机会还是改善内部流程，"组队"都是组织能力至关重要的基石。这一章的目的是帮助读者更深地理解，为什么在当今的环境中，组队以及组队所需的行为，对于组织成功来说如此关键。为了更好地展示组队的过程与价值，本章从组队的定义入手，进而开展历史溯源，同时提供一个理解组织级学习（organizational learning，区分于后文提到的"组织学习"（organizing to learn）概念）与过程知识（process knowledge）的新框架，阐释为什么这些概念对于今天的领导者来说如此重要。

团队是名词，组队是动词

无论是运动团队还是音乐团体，二者都是边界明确、静态的个体集合。与过去大多数工作团队一样，他们在一起练习或表演时都身处同一个地方。团队成员相互学习如何互动，他们建立了信任，并且知道彼此的角色。关于如何设计和管理这些静态绩效团队（static performance teams），许多影响深远的组织效能理论都强调了三点：稳定的边界、充分设计的工作任务，以及精挑细选的团队成员。

哈佛心理学家理查德·哈克曼（Richard Hackman）是团

队有效性研究领域的杰出学者，他明确了团队结构对提升团队绩效的重要作用。根据这一有影响力的观点，充分设计（well-designed）的团队需要具备以下要素：清晰的目标，经过充分思考并促进团队协作的任务，拥有与之匹配的技能与经验的团队成员，充足的资源，以及可获得辅导与支持的通道。根据哈克曼的理论，设计做得对，绩效自然会水到渠成。这一模型把团队看成独立存在的实体，在明确定义的团队边界内寻找可解释其绩效表现的因子。另一研究由麻省理工学院（MIT）的德博拉·安科纳（Deborah Ancona）教授开展，他发现团队成员如何和团队边界外互动也是影响团队绩效的重要因素。这两种观点在设计和提升团队有效性方面都发挥过重要作用，至少适用于如下情境：管理者有足够的前期准备时间和日常运营时间，以投入到组建稳定的、充分设计的团队中。

在上述说法中，团队是一个名词。团队的定义是已建立的固定的一个群体，成员合作追求共同的目标。但是如果一个团队组建得很快，且解散得几乎同样快，那按照上述定义，这还是一个团队吗？举个例子，假设你在一个应急服务机构（如治安、消防、急诊救护和海岸警卫）工作，每个班次人员都会变动，而且支持每个专案或客户的团队都会彻底重组；又比如，你可能被派到一个临时项目组，而这个项目组是为了解决某个特殊的生产问题组建的；又或者，你是管理团队的一员，你和群体里的其他管理者共同承担公司层面的某个管理议题，你们的职责分工时而独立、时而重叠。以运动团队和音乐团体为代表的静态绩效团队,可以安排高频的演练和练习场次——而当你缺乏这样的优势,又该如何创造出高质量的协同呢?

答案就是组队(teaming)。

组队是一个动词。它是一个动态的过程,而非一个边界明确、静态的实体。组队更多依赖于团队协作的心智和具体实践,而非团队的结构与设计。组队是即兴的团队协作。它需要团队在无稳定结构的情况下进行协调和协同。这样一来就无法享受到稳定结构带来的好处,因为许多机构(如医院、电厂和军事基地)都需要在职人员能够灵活组合,稳定的团队构成极其罕见。在越来越多的组织中,由于工作性质不断变化,许多团队几乎刚成立不久就会解散。此刻你正在一个团队中工作,但几天后,甚至几分钟后,你可能就去了另一个团队。

快节奏的工作环境需要那些知道如何组队的人,当潜在的协作契机出现,无论时间地点,他们都具备足够的技巧和弹性去采取行动。他们也必须具备推动事情的能力,以便在下一个类似情况到来时做好准备。当然,组队仍然需要传统的团队建设技巧,比如发现并澄清彼此的互赖性,建立信任,以及搞明白大家要怎么互相配合。不同的是,成员间往往没有时间去细致地倾听彼此的个人故事、既往经验,从而奠定知根知底的基础;也没有时间靠一起共事来打造共同的经历。取而代之的是,人们需要培养并运用新的能力,以便快速分享关键知识。他们必须学会清晰而频繁地提问。他们必须进行微小的调整,将不同的技能和知识融合到及时推出的产品和服务中。

为什么管理者需要关注组队呢？答案很简单。组队构成了学习型组织的底层引擎。要想在持续变化的世界中可持续发展，组织需要学习，这个道理如今人尽皆知。然而相较之下，人们却并不那么了解组织到底是如何学习的。本章在后面会讨论，组织是一个复杂实体，很多组织遍布全球，涉及各专业条线，开展着多元的业务。让如此复杂的组织去"学习"究竟意味着什么？一个组织学习的过程，是说不清道不明的，至少无法套用个体学习的有关说法。此外，当个体学习发生时，也并不意味着组织面向客户交付其产品及服务的方式注定会发生改变。这一直是学术界难解的谜题，却又一直吸引学者们前赴后继，沉迷其中。

本书为"组织学习究竟如何真正发生"的问题提供了一个务实的回答：通过组队而发生。产品和服务是通过互相依赖的人、彼此嵌入的流程而提供给客户的。组织想要进步与创新，关键的学习活动就必须发生，且依托于上述更小颗粒度、更聚焦的行动单元。尽管存在着显而易见的变革必要性，但许多大规模组织仍然会被一个强有力的心智管理，我称之为"组织执行"（organizing to execute）。

"组织执行"：工业时代的眼泪

假如回到1900年，站在底特律的大街上，你既能看到马车，又能看到电车。而仅仅十年后，就基本只能看到汽车了。

尽管在效率和可靠性方面并不完美，但汽车的风行吹响了一个令人兴奋的新世界到来的号角。曾有过一段短暂的时间，生龙活虎的马匹和机械化的马力试图共享街道，因而时常发生灾难性的事故。渐渐地，很多人发现新旧世界的"撞车"不可调和。当年轻人怀揣着一份可以找到制造业工作的希望而涌入城市，街道愈发拥挤，这种不可调和就愈加明显了。

在这一转型期间，对于普通工人来说，新的工业时代会在多大程度上颠覆社会秩序尚不明确——需要新的服从形式，前所未有地遵守程序，以及一种全新的推崇控制的心态。自给自足的农民和小商贩们，世世代代都在对抗天气与疾病的不确定性，并从中找到生存之道，此刻他们正悄无声息却又不可阻挡地转变为秩序遵守者、指令跟随者，从冷漠无情的大企业那里定时领取薪水。

随着福特公司发明了流水线，组织执行终于找到了令其大放异彩的舞台，并一路高歌猛进：因为流水线上的工人只需要专注于让齿轮与零件适配，再让零件与齿轮适配。福特的管理方式强调常规程序，这一方面使得流水线工人的工作没有技术含量、枯燥乏味，另一方面造就了福特的流水线生产流程既可靠又可预测，其新颖程度不亚于福特的产品本身。世纪之交，古老的自给自足的生产方式被机器大工业时代更小单元、更易重复的劳动工序代替，这种工序使大规模生产成为可能，并催生了我们今日所熟知的产品和服务。福特公司的成功依赖于对员工高度管理控制的模式，今日被称为"命令–控制"型的管理模式（command-and-control management）或自上而下的管理模式（top-down management）。自上而下的管理实践是一种更广义的组织方法论中的一部分，这种方法论体系也被称作"科学管理"（scientific management）。

科学管理

福特作为大规模生产时代的先驱，有一位智力上的伙伴，那就是弗雷德里克·温斯洛·泰勒（Frederick Winslow Taylor），泰勒的效率方法和科学测量手段完善了福特流水线生产方式。泰勒和他的追随者们设计出一系列方法，将不可预测且昂贵的定制生产转换为更有效率、更经济的批量生产方式。由于产品的生命周期较长，企业可以放心投入时间去设计出近乎傻瓜式的执行系统（比如机器制动的生产线），而不用担心投资回报率的问题。稳定的生产周期不再是奢望。从产品到流程，甚至是客户，都呈现出统一的面貌，因为这最大限度地降低了实时响应意外状况、技术变化或客户需求的必要性，可谓幸运之至。泰勒使用实证研究的方法，透过两本有影响力的著作（《车间管理》(*Shop Management*) 和《科学管理原理》(*The Principles of Scientific Management*)），宣扬了他的管理与生产模型。

正如现今管理者所熟知的，小单元、重复性作业方式的最大优势是透明。小而重复的工作内容很容易监控。同时，员工的产出也易于衡量。有一种假设认为：公司的绩效产出，等于成千上万个充分设计、充分执行的个体任务产出总和。这一假设成为管理理论的主流，也契合了当时的经济现实。时至今日，特别是提到效率、生产率等问题时，大多数的管理者和公司领导层仍然理所当然地秉持着由福特公司和泰勒最初发扬光大的这套管理假设。具体来说，很多人认为，衡量并激励那些个体具体且差异化的绩效表现，是管理者能力至关重要的体现。然而，这一信念在某些情况下并不准确，亦无助益。

福特和泰勒的遗产

对效率和生产率的热衷，带来了工作场所的两大重要变化。首先，它催生了对职业经理人的需求，他们能够监督巨量复杂工作的完成。其次，它灌注了一种对员工的不信任。管理者需要开发和实施一套方法，以确保员工完成工作时确实遵守了特定流程，而对个体绩效进行客观衡量是一个相对容易的抓手。通常，越努力的员工绩效就越好。在以福特设计的流水线工厂为代表的大规模生产场景中，工人们无从寻觅做决策或发挥创造力的机会，一切都如此透明，因而恐惧可以驱动员工工作，且行之有效。无论这种恐惧是来源于主管的惩罚，还是对金钱损失的厌恶，管理者都能够通过威胁和恐吓员工以确保高生产率。如果这种方式真的给企业带来了代价，那这些代价还并未被人们明确地看到。

这带来的首要问题是：当今的管理者在管理实践中过度依赖恐惧。随着泰勒主义在全国的工厂遍地开花，组织氛围变得沉闷阴郁。泰勒主义是冰冷无情的。每一个个体的价值都被他为组织作出的实际贡献衡量。正如全美汽车工人联合会曾描述的那样:"每一位福特汽车工人都明确地意识到,自己是在持续的监控之下工作的,一旦落后于部门的快节奏就会受到严厉警告。"甚至到1940年,距离福特早期的高光时刻已过去数十年,生产线上的工人依旧会因为工作时微笑而被开除。

对于企业主和管理者而言,他们却有微笑的理由。1908年流水线组装一辆车所需的最短时间是12小时28分钟。整个流程经过泰勒理论的重组之后,1913年流水线的组装时间缩短至93分钟。诚然,工人们在白天陷入恐惧、夜晚怀有怨气是事实,但同样真实的是,泰勒主义为工业世界带来了前所未有的效率提升和财富创造。

现代工作场所中的恐惧

遗憾的是,严苛的管理实践并非仅仅停留在遥远的过去。2010年5月突然爆发的一系列员工自杀事件,使得富士康工厂的状况暴露在公众视野之下。一位接受采访的员工说:"每天我都在重复自己昨天做的事情。我们一直被骂。这里非常艰苦。"根据报道,工厂实行12小时站立式轮班,上厕所要征得同意,为达到每日的生产配额,员工需要承受无尽的压力。

资料来源:http://www.bloomberg.com/news/2010-06-02/foxconn-workersin-china-say-meaningless-life-monotony-spark-suicides.html。

恐惧与惯例从来都不是蓝领工人的专属。福特工厂的工人可以被看作 20 世纪 50 年代"组织人"（organization man）的先驱，这个术语是由社会学家威廉·怀特（William Whyte）创造的。*让体力劳动去个体化的手段，同样也能让白领工作去个体化，它们并无本质区别。与流水线工人相似，被办公室捆绑的组织人同样受到规则、流程、等级结构及恐惧的约束。无独有偶，组织人的形象不仅仅出现在社会学家的笔下，小说家和文学创作者也描绘了大型组织中的工作，那是一幅同时被单调与焦虑填充的画面。美国文学长期以来将银行家和管理者刻画为组织人，他们与其蓝领工人一样，都是机械中的齿轮，变得越来越不像人。约翰·马昆德（John P. Marquand）、辛克莱尔·刘易斯（Sinclair Lewis）和约翰·奇弗（John Cheever）的作品很有代表性，他们描绘了那些在日常苦工中与家人和朋友疏远、需要通过幻想或服药来释放的男性。穿灰色法兰绒套装的男人——来自斯隆·威尔逊（Sloan Wilson）1955 年的小说《穿灰色法兰绒套装的男人》（*Man in the Gray Flannel Suit*）——跟他们流水线上的同行一样，受到规则、流程、等级结构和恐惧的束缚。组织人在流行文化中也毫不褪色——例如，在热门电视剧《办公室》（The Office）中，他们成为讽刺的对象；在氛围压抑的电视剧《广告狂人》（Madmen）中，他们化身青年才俊唐·德雷珀（Don Draper），在 20 世纪 50 年代的商业世界中困顿挣扎。

---

* 威廉·怀特著有同名书 *Organization Man*（中译本《组织人》），指被异化的劳动者。——译者

从整个社会来看，我们习惯于忍受基于恐惧的工作环境。虽然大多数时候这种想法是错误的，但我们仍然相信恐惧可以带来控制，控制可以带来确定性和预测性。我们并不能立刻看到恐惧造成的代价，这部分会在第 4 章详细探讨。事实上，很多管理者相信：没有恐惧，员工便无法自发努力地工作。

传统模式下的组织强调计划、细节、角色分工、预算、日程，这些都是管理确定性和预测性的工具。如果我们对于通往目标的道路了然于胸，那么上述传统模式能够发挥极佳功效。尽管这种组织环境对流水线工人及组织人行之有效，但在今天的知识经济时代已经不再是一项竞争优势了。一百年前，关于工作以何种方式完成，人们经历了一次深刻的认知重塑；如今，波诡云谲的工作环境再次召唤一种新的心智模式（mindset）。这不仅仅是一句口号，而是一种新的认知方式和存在方式。

知识经济时代，学习已迫在眉睫

无论用何种标准衡量，通用汽车（General Motors，GM）都算是世界上最成功的企业之一。通用汽车于 1908 年在密歇根州弗林特市成立，在其运营的前十年，收购了其他 20 多家刚起步的汽车公司。在 20 世纪 20 年代的极速扩张中，通用汽车超过福特成为美国最大的汽车制造厂商。至 1931 年，通用汽车已跃升为世界第一的汽车生产商和销售商。在那个经济高速增长、管理思想由预测性和控制性主导的时代，通用汽车创下了

76年连续保持这一领先地位的辉煌纪录。通用汽车让旗下的不同品牌共享零部件，创造了惊人的规模效应，业绩增长在20世纪40年代一路高歌猛进。到20世纪50年代，通用汽车已经占据了美国近60%的汽车市场份额，并拥有全球销量第一的品牌——雪佛兰。1955年，通用汽车连续20次登上《财富》500强榜首，成为全球最大、最赚钱的公司。1970年，通用汽车的规模几乎是第二大公司埃克森美孚（Exxon Mobil）的两倍，几乎是通用电气（General Electric，GE）的三倍。到20世纪80年代，通用汽车拥有35万名员工，经营着150家汽车装配厂，每年销售超过950万辆汽车。

凭借成功的执行，通用汽车取得成功并不断壮大，最终成为汽车行业的霸主。在这个过程中，它的组织模式也备受赞誉、享有盛名，并被尊崇为专业管理的典范。自信于其成功道路背后的智慧，通用汽车始终践行着集中化管控和高产量运行，这方面的能力也日臻成熟。但是，在通用帝国之外，周遭的世界开始剧变，尽管有着打磨完善的执行系统，通用汽车开始逐渐失去其地位，此刻是21世纪初。在21世纪的头几年，通用汽车销售情况持续恶化，于2008年被丰田汽车夺去其"造车之王"的桂冠。经过多年的衰退，终于在2009年，当通用汽车申请破产时，举国上下一片哗然。

不确定和不可预知

像众多在工业时代占据主导地位的公司一样，通用汽车对于自身惯例和实操的调整都很缓慢,没有跟上市场变化的节奏。在任何行业,延续成功都是困难的。长期努力地工作,人们确实会感到倦怠,但这并非困难所在。真正的困难在于,能够促成组织高效执行的管理心态,同时也会抑制这个组织的学习和创新能力。当目光局限于"把工作完成",也就抑制了实验和反思,而这些因素才是组织在不可预测且持续演化的商业环境中持续成功的关键。类似的命运也降临到同时代其他工业巨头身上,如美国钢铁公司(U.S. Steel)、宝丽来公司(Polaroid)、美国无线电公司(Radio Corporation of America,RCA)、米其林轮胎(Michelin)和联合碳化物公司(Union Carbide)。

巨头们的陨落史历历在目,但大多数高管仍然相信:只要有稳健持续的执行力,就一定可以实现客户满意和财务业绩。他们认为:管理者哪怕稍作懈怠,也是以身犯险。劳动生产率必须不惜一切代价来维持!无论是在全国各地的商学院和MBA课程里,还是在流行的管理文献中,这种信念依然存在,令人称奇。对执行力的偏爱体现在组织内外:人们对度量标准(metrics)和底线(bottom lines)有一种几近虔诚的关注度。有着数十年从业经历的高级管理人员往往被灌输这样一种信念——绩效是天赋加努力的简单数学公式,它的产出能够被轻易衡量。

在大多数大型组织中,这种思维模式从高层下渗到各个层级。关于如何生产出顾客想要的产品和服务,如果已有的知识是丰富的、清晰的,那么这样的思维模式就能够充分发挥作用。

但是，当关于如何达成期望结果的知识还在发展中，或者仍在急剧变化，即使是最精密的计划和最有纪律的执行也不能保证成功。在这些情况下，强调执行的传统组织模式就会摇摇欲坠。这促使人们去寻找新的组织方式——一种充分考虑到技术发展、全球化、各种专家知识和客户期望等各方面巨大变化的组织方式。

在不确定性下茁壮成长

随着客户期望持续变化和竞争日益全球化，许多公司在剧烈变化的环境中艰难求生。技术的快速发展和法律环境的变化大大降低了各种行业的准入门槛，从而引入了新的、更敏捷的竞争对手。现在你可以看到超市、百货公司和殡仪馆开始提供金融服务，以前这项服务被银行垄断。同样地，通信公司进军电视业务，而电视公司反过来提供电话服务。竞争压力加剧意味着，即使是之前相对稳定的行业，也开始经历出乎意料且集中爆发的变化，面临着全新、前所未有的挑战。

因此，正如管理学和系统动力学权威专家彼得·圣吉（Peter Senge）所说："未来的组织想要真正胜出，必须去深挖如何激发其各级员工的承诺度和学习能力。"对于大多数行业来说，确保竞争力的一项当务之急是在知识成为"移动靶"（moving target）的不确定环境中，人们仍然能够学会新技能。让我们来看看医学领域惊人的知识扩张：如果你在1960年从事医学工作，只需订阅几本前沿期刊，大概率就能够跟上领域内的文献研究。那一年，仅有百篇关于"随机对照实验"（最佳医学实践的黄金标准)的文章发表。今天,这个数字变成了每年超过10 000篇。如今,一个普通工程师佩戴的腕表,其算力和内存比20世纪60年代NASA阿波罗计划整个工程师团队所拥有的还要强大。

再见了,泰勒和福特……你好,复杂适应性系统

核心问题是,与医疗保健、技术、科学和工程以及其他诸多领域相关的知识正以前所未有的速度爆炸式增长,以至于今天的工作场所与福特和泰勒的工业化制造时代大相径庭。大多数领导者和管理者意识到,不学习的组织会被那些更具创新性和适应性的竞争对手甩在后面。在动态的环境中,成功的组织不能够被当作精密控制的机器来管理,而应被视为一个复杂适应性系统。

在过去的几十年里,学术界对研究复杂性科学的兴趣越来越大。复杂适应性系统(complex adaptive system)这一术语描述的是具有动态和适应性特征的系统,就像那些在自然界已存在的生态。当一个系统有许多相互作用的部分时,它就是复杂的。反馈环路(feedback loops)是复杂系统的标志物。反馈环路意味着A部分对B部分有影响,而B部分又可能影响C部分,C部分又反过来对A部分产生影响。综合来看,这些交互作用产生了不可预测的动态变化。当我们尝试理解(先不说去预测)在上述系统中会发生什么,而我们对事件关系的预期却是线性的、单向的,即"A影响B,B影响C,然后反应链到此为止",那一定会得到错误的结论。

复杂适应性系统可以自我调节。值得留意的是,它们不总是以我们偏好的方式变化,但确实会根据外部和内部的触发因素作出反应。从胚胎到蚁群,再到医院,都能够看到这类系统的身影。这类系统的共同之处是:它们都由相当数量的相似元素组成(无论是细胞、蚂蚁还是人类),并且它们会进行自组织(self-organize)以应对内外部干扰(通常称为扰动)。

正如其在自然界中的同类,企业和其他类型的组织也是复杂适应性系统。它们确实可以自我调节,但若想实现潜能最大化,其领导模式就必须更加深思熟虑。一个新的、互联的、知识密集的工作世界对人们提出了诸多要求,而正如本书始终强调的,组织中管理者的自发反应常常对其造成干扰。正如我们所见,经典的管理理论往往过于重视控制,并将组织视为机械系统。

学习迫在眉睫,组织必须摒弃把控制作为终极目标。适应力的生成是一项基本的组织能力,我们需要拥抱它。我们也需要具备灵活性和判断力。面对源自技术革新、客户偏好变化或复杂系统的不确定性,组织需要一种行之有效的管理方式。要想成功,组织必须从组织执行转向一种可以支撑协作、创新和组织学习的新型工作方式。

组队需要学习,学习需要组队

简而言之,组队是一种工作方式,它将人们汇聚在一起以产生新想法、探求答案和解决问题。但是，人们必须学会如何组队；在大多数组织中，这并不是自然而然的事情。组队是非常值得花精力去学习的，因为在一个正常运作的企业中，它对于改进、问题解决和创新都至关重要。学习和创新涉及的复杂的相互依赖性，要求人们具备必要的人际沟通技巧，方可协调分歧、跨越专业术语屏障、反复探讨某个想法或问题，直到解决方案出现。所有这些活动都需要组队的支持。在今天的组织中，学习只有人们互惠互赖才能发生，因为想要搞定事情，必须反反复复地沟通与协调。

组队能够帮到任何企业实现提升，若是局面符合下列任一特征，想要成功就绝对离不开组队：

- 工作需要人们在最少监督的情况下协调多个目标。
- 人们需要迅速切换场景，同时还要保持高度沟通和紧密协调（这基本上是组队的操作型定义）。
- 需要整合多学科视角。
- 需要跨越分散的地点进行协同配合。
- 由于工作本身的多变特质而导致提前设计的协调计划无法落地或不切实际。
- 必须快速处理、整合并有效利用复杂信息。

虽然组队特指一种动态活动，而不是传统的、边界明确的团体结构，但它的目的和收益依然是根植于团队和团队合作的基本原则之上的。团队的好处之一是：团队可以根据需要，整合多元的专业知识来完成诸多重要任务。一开始，团队研究和项目实施的重点是重组生产流程。后来，团队合作越来越多地延伸到工厂车间之外。管理团队制定公司战略；销售团队面向复杂的多国客户销售因地制宜的服务；产品研发团队创造出突破性的新技术。每一个例子都涉及具有不同背景和专业知识的人们，他们相互依赖地工作，以实现一个具有挑战性的目标。可能每个人的任务在互赖的程度和所需的协作量方面有所不同，但他们都需要协调与合作。

在组织中，利用团队来解决问题或形成新战略的做法已经盛行了十多年。2003年，制造业运行协会（Manufacturing Performance Instituе，MPI）的制造商普查报告显示，70%的受访组织使用团队这一形式来完成它们的业务目标。正如团队领域的咨询顾问兼畅销书作者格伦·帕克（Glenn Parker）在同年指出的那样，通用主义（generalism）已经取代了专业主义（specialization），协作已经取代了自治，赋能已经取代了权力，团队合作已经取代了个人主义。

然而，团队及组队的过程并非一帆风顺。尽管以团队为主要形式完成任务的频率正在稳步提高，但团队有效性（team effectiveness）却没有跟上步伐。在之前引用的MPI报告中，只有约14%的受访组织将它们的组队努力评价为"高度有效"，而超过一半（50.4%）的受访组织将它们的团队评价为"部分有效"。亦即，超过1/3的团队被认为是无效的。这份调查报告以及其他一些研究共同表明：尽管利用团队来完成相互依赖的工作是有价值的，但发挥出团队的巨大潜力远比许多人预期的更有挑战性。因此，在许多组织中，成功的团队合作仍然是难以把握的。当某种特定的领导方式缺席，应对不确定性和模糊性的正确学习行为往往就不会发生。看起来，组队需要的是一种新型的领导方式，能够支持直言不讳、提出问题和分享想法。简而言之，组队背后需要一种领导心智，去构建和培育一个有利于学习发生的组织场域。我使用"组织学习"（organizing to learn）一词来描述这种领导心智以及相应的做法。

"组织学习"：超越"组织执行"

众所周知，要保持竞争力，学习是必要的。组织学习（organizing to learn）指的是一种领导方式，它鼓励关键的组队行为，以促进集体学习的发生。为了博采众家之所长，将这些知识运用到新场景、新挑战，以及对结果进行评估，人们需要协作起来，而组织学习可以支撑起这样的协作。组织学习是在面临不确定情境下前进的一种方式。在某些组织环境里，相较于变化和实验，人们更重视稳定和成功，在没有把握的情况下采取行动带来的可能是前途未卜的命运。

对个人或团体而言，学习是一个获得信息、寻求理解或提升能力的积极过程。同时，学习也是一个行动和反思的过程，在这一过程中，行动被不断落地、评估、迭代，以达到预期的结果。针对不同类型机构的研究结果表明：员工个体积极采取学习行为将会带来显著的组织绩效提升。然而，企业中的大部分工作都需要通过多名员工之间的协调行动来完成。成功开展工作所需的知识形态多样，并分布于多个地点。为了成功，团队必须接触到这些知识，就如何最佳运用它们形成共识，然后以协调的方式行动——因为正是在协调行动的过程中，新的洞见才得以浮现。这意味着，在团体中工作，人们需要高频的集体学习。

这种集体学习具体包括：收集、分享或分析信息，从客户或其他人那里获得反馈并展开反思，以及积极地进行实验和尝试。集体学习经历中的个人学习行为包括以下内容：

- 提出问题。
- 分享信息。
- 寻求帮助。
- 不断试错来进行实验验证。
- 讨论错误。
- 寻求反馈。

这些学习行为使团队能够获取适应和改进所需的数据，并进行处理。通过集体学习，组织可以察觉出环境的变化，了解客户需求，提高成员对某种情况的共同理解，或发现他们先前行动的效果。而这一切的前提是团队成员愿意承担人际风险，比如讨论错误。这就需要领导者努力营造出一种环境，使得分享、实验和学习的行为得到支持和鼓励。

组织执行这种古老的心智模式已经存在了一个世纪，难怪许多领导者会在习惯或培训的驱使下采用这种方式。诚然，组织执行有很多优点，特别是它对纪律和效率的强调。然而，它也有很多风险，尤其是在高度不确定或复杂的环境中使用时。在此类情况下，组织学习才是成功的关键。表 1.1 突出展示了两种方法的关键差异，并识别出领导者在指导员工、引领组织时可采用的两种截然不同的思维模式以及相应的管理实践。

表 1.1　组织执行与组织学习的对比

管理方法	组织执行	组织学习
招聘	顺从者、规则遵循者	问题解决者、实验者
培训	先学后做	边学边做
衡量产出	你做得对吗？	我们学到了吗？
安排工作	独立的专业知识	整合的专业知识
员工的自由裁量权	让员工在选项中做选择题	让员工在试错中进行实验
赋权意味着	如果特殊情况需要，员工可以偏离"脚本"	根本没有"脚本"，即兴发挥吧！
过程目标	消除偏差	利用偏差来分析和改进
饮水机旁的闲聊	关于天气	关于工作
业务目标	现在就赚钱	延迟赚钱
何时有效	前进的道路是明确的	前进的道路并不明确

当生产流程被很好地理解并被可靠地使用时，组织执行是有意义的。在这种情况下，管理者通过评估候选人是否有意愿且有能力遵守既定程序，可以做出聘用与否的决策。新员工通常要经过一段时间的培训，以使他们快速上手，然后根据被交办工作完成的好坏来衡量绩效表现。为了使这种衡量可行，工作被进一步细分，这样就很容易看到谁做了什么，以及做得如

何。在这种背景下，任务可能需要员工成功地执行几个选项中的一个（比如从快餐店的菜单上给顾客提供正确的餐点，或者对呼叫中心的一个特定账单查询予以正确的回应）。有时，如果特殊情况发生，需要对客户的情况做出更客制化的回应，则有必要稍做偏离（例如，呼叫中心的接线员可能要温柔地问客户："我好像听到有婴儿在哭，您想让我晚点再打过来吗？"）。在饮水机旁偶遇的闲聊中，例行任务在身的员工可能会谈论他们的个人生活或天气，而不会谈论他们的工作。组织执行归根结底是要消除不必要的偏差，使流程尽可能高效——尽可能少地对员工的时间、材料和其他宝贵资源造成浪费。效率是盈利能力的一个关键来源。组织执行充分到位，生产流程将畅通无阻。

相反，若生产流程尚待完善，管理者则必须进行组织学习。如表 1.1 右侧所示，他们需要雇用愿意实验的人，而不是墨守成规的人——尝试新任务时，很多问题会不可避免地浮现，前者会不断地解决这些问题。新员工入职后，不是接受大量现有流程的培训来适应新角色，取而代之的是被邀请直接开始工作，从而帮助发现或发明新流程。绩效评估的是他们在这方面做得如何——包括犯错误和从错误中学习。当前方道路不明，员工做出尝试，遭遇失败，进而找到替代方案，就能拿到还不错的绩效；而想要拿到优秀的绩效，员工在做出尝试且遭遇失败之后，不仅需要找到替代方案，还需要让同事知道其中发生了什么，包括成功之处与失败之处。这个发现的过程通常需要人们整合不同领域的专业知识，以找出工作的新方法。提前拿到剧本是不可能的。人们必须通过尝试各种事情来即兴创作，也必须把这种多样性作为学习的来源。当协作学习已经发生，员工若是在饮水机旁相遇，很可能会谈起自己遇到并解决了什么问题，更重要的是，还有哪些问题仍需得到帮助。饮水机旁的同事成了一种资源！

在某些维度，组织学习和组织执行有一些相似之处，它们同样注重纪律、尊重系统、关注细节。然而，进一步看，它们背后的组织心智模式是完全不同的。相较于确保流程被遵循，组织学习更强调如何帮助改进流程。当领导者采用组织学习的方法时，他们的关注点不是比竞争对手更有效地制造产品，而是比竞争对手更快地学习。此时的目标是找出哪些是有效的，哪些是无效的。最重要的是，当组织学习的心态与组队相结合时，这样的结果我称之为"学习型执行"的运作方式。

"学习型执行"：新型组织运作方式

"学习型执行"是一种将持续学习与高绩效相结合的组织运作方式。简单地说，学习型执行意味着在完成工作的同时，还要研究如何把工作做得更好。某种程度上，它将学习心智和学习行为融入严谨的执行，使员工、管理者和领导者可以做到他们的极限。这种方式有助于推动改进，但下文将提到，它也部分依赖于与完成眼前工作相关的过程知识的状态。学习型执行通常需要靠组队（作为工作方式），并且因组织学习的领导力实践而实现。

学习型执行将持续的、不显眼的、小规模的学习融入日常工作——该特征是学习型执行的本质定义。它是"行动中反思"（reflection-in-action），而不是"行动后反思"（reflection-after-action）。从建筑业到医学界，来自各领域训练有素的个体从业者已经欣然接受"行动后复盘"的思维习惯，但学习型执行描述的是团队或组织而不是个体。相较于在长时间的行动后开展重度且耗时的行动后复盘，或是以吸取经验教训的形式分配繁重的任务，有的组织已经可以熟练地在执行过程中因地制宜地植入学习流程）。图 1.1 说明了组队、组织学习和学习型执行之间的关系。

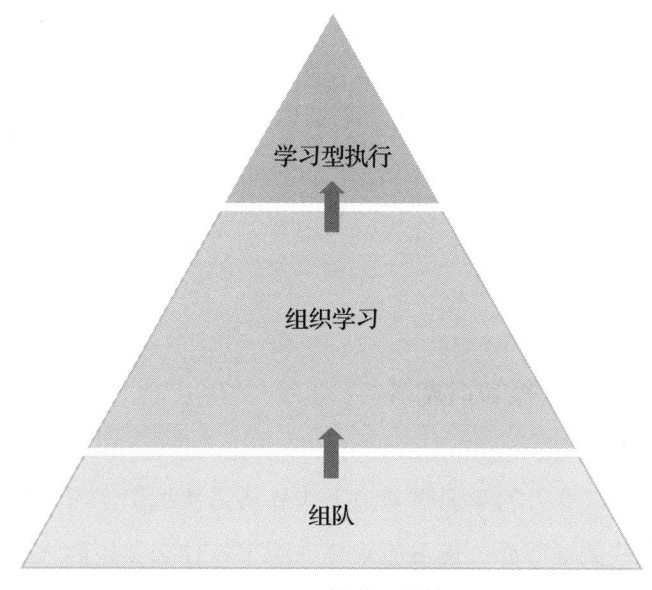

图 1.1　组队是学习的基础

在图 1.1 中，组队是基础。它包含一系列快速协作、调整和学习所需的人际互动和行为。但要促进学习，要有一种鼓励团队合作和集体学习的人际行为的领导方式。组织学习位于金字塔的第二层。它可以帮助领导者赋能、聚焦和应用组织层面的学习。学习型执行处于顶层，它代表了一种以组织为单位的运作方式，即在提供产品或服务的同时持续而系统地学习。因此，学习型执行是一种运营体系，它将学习融入日常工作中，以满足不断变化的需求，促进长期的成功。

正如前言所概述的，本书分三个部分展开，分别对应金字塔的三个层次。第一部分介绍了一种新型工作方式（组队），第二部分解释了一种新型领导方式（组织学习），第三部分描述了一种新型组织运作方式（学习型执行）。如同建立一个真正的金字塔，成功实施组队首先要夯实基础。在此情况下，这个基础包含了理解在各种工作环境下对组队努力应抱何种期望。"过程知识光谱"（process knowledge spectrum）综合运用了知识成熟度、工作类型、不确定性等诸多因素，是锚定工作环境和业务运营设置的重要工具。

理解业务的过程知识光谱

显然，今天的知识驱动型工作场所需要组织学习，而这引发了一些关键问题：学习应聚焦在哪里？什么类型的学习是人们最需要的——是就实质上已建立完善的流程进行持续改进的能力,还是修复破损流程所需的问题解决能力,抑或是创造一个全新流程的创新能力?不同公司,甚至同一公司的不同部门,回答是不同的,这与它们在过程知识光谱中所处的位置密切相关。

所谓过程知识,指的是关于如何实现预期结果的知识,这个结果可以是一辆汽车、一个汉堡包或者一次成功的手术。对于如何达到预期结果,我们掌握的知识越多,这种知识就越成熟,比如如何制造汽车、如何治疗脓毒性咽喉炎。相应地,我们对如何做某件事掌握的知识越少,意味着过程知识越不成熟,比如,如何制造一辆没有碳足迹的经济型汽车或如何治疗渐冻症。当过程知识发达或成熟时,比如在制造业环境中,不确定性就很低。员工只要遵循一套既定的指令,就会得到相应的结果。而光谱的另一端是创新业务,在那里,令人着迷的知识还没有被发现。图1.2所描述的过程知识光谱,根据将目标转化为结果的因果关系成熟度来界定特定工作的特点。

常规业务　　　复杂业务　　　创新业务

不确定性

图 1.2　过程知识光谱

过程知识光谱的一端是大量的重复性工作,例如人们在快餐店、呼叫中心或装配厂随处可见的场景;另一端则是开创性的研究和探索,对于如何获得预期结果,我们知之甚少。这种探索可以是伟大的，比如治愈某种罕见的癌症，或设计下一代新能源车辆；也可以是小微创新，比如设计新型的厨房工具，或实施一个新的 IT 系统。由于之前实现目标的经验十分有限，要想有所进展就必须承担风险和勇于实验。光谱中间是复杂业务，以三级医院这样的复杂护理组织为例，有一部分过程知识是成熟的，例如抽血程序，但还有相当比例的知识是未知的或不断变化的，比如如何治疗一种罕见的疾病，或是预计每天可能出现的病患组合。在这类环境中，组队就不仅是"有挑战性"的了，而且是特别"有价值"。

过程知识是如何渐变的

我研究过的大多数工作场所都可以归类为复杂或创新业务的组织。它们位于过程知识光谱中间或偏右的位置。不过，我也花了不少时间来研究大规模提供各类服务（诸如快餐、计费服务等）的组织，以及生产汽车和笔记本电脑的工厂。受到这些不同环境之间对比的启发，我在图 1.2 中列出了知识的差异和分类。

常规业务

对于笔记本电脑、烤面包机或汽车这类产品，每个装配厂都依赖于充分发展且精确编码的知识来生产它们。这里并没有太多不确定的空间。不过学习仍然是有价值的，它关注的焦点是改进和使现有流程更精准，成本更低，耗时更短。简而言之，成功等于效率的提高。

然而，常规业务也并非总是四平八稳。新的机器和产品经常需要人们去解决临时性的问题，以开发出新流程，继而快速标准化。一旦问题得到解决，消除了磕磕绊绊，就可以制定新的标准，新产品或服务就会成为常规业务。过渡期窗口短暂，因而对于组织执行的过程来说，组队和组织学习变得不可或缺。

复杂业务

客户何时出现，带着何种需求，以及一些不可预测的交互作用，这些都使得复杂业务十分具有挑战性。在某些情况下，关于"如何产出大部分具体业务结果"的知识已经相当成熟，但很多情况本身是难以预测的。因此，任务的组合是不断变化的。通常情况下，新旧任务会进行互动，其结果可能新鲜奇特，可能出人意料，也可能问题重重。

在这种情况下，最突出的学习形式是问题解决。我和哈佛同事安妮塔·塔克（Anita Tucker）一起，发现绝大多数问题是工作过程问题（work process problems）：阻碍任务完成的因素，通常是材料、技能、时间的短缺，或其他干扰源造成的。复杂的组织也面临着更大的问题和更迫在眉睫的挑战，如安全运行核电站或管理太空探索项目。学习可能涉及收集数据，以更好地理解客户何时出现、带着何种需求的模式，提升可预测性，并设计出不那么混乱的操作。尽管如此，要从复杂业务中消除所有不确定性是不可能的。在复杂环境中，不停地解决问题是一种生活方式！

创新业务

在创新业务中，学习的主要目的是实验和创造新的可能性。成功孕育于新颖性之中。新的、突破性的产品开发迭代越来越依赖于协同组队，大家共同面对一系列复杂议题的挑战。新产品之所以称为新产品，是因为其开发过程没有过往蓝图可借鉴。要在越来越短的周期内开发出能够盈利的新产品，除了本身的挑战以外，也天然地给组队带来了压力。

创新业务往往有着野心勃勃但又不够清晰的目标，因而需要人们进行实验、试错和头脑风暴。设计师、工程师、营销人员和研究人员积极地不断地学习，以想出新产品和新服务的点子，帮助他们的公司保持竞争力。团队的边界可能是松散的。整个过程中，个体可能会在不同的时间点加入或离开项目，而且个别团队成员的角色可能会随着项目的进展而改变。许多任务的定义、分配与即兴发挥，必须发生在行进过程之中（而非提前）。这是在学习创造新的可能性，而不是在一个狭窄的领域获得繁复精深的专业知识。一路走来，失败是常有的事，也是意料之中的。对于像生物技术公司这样的研究型企业，可接受的失败率可能远远超过90%。

根据过程知识类型配置学习活动

一个人从事何种性质的工作，因而需匹配哪种学习优化路径，会受到其工作本身、所在部门或整个组织在过程知识光谱上所处位置的影响。如前所述，当过程知识成熟且不确定性低时，学习应该集中在改进上，追求更高效地执行已知流程。当过程知识非常有限且不确定性高时，学习及合作就要侧重于创新和发现。

然而实现却没那么简单。几乎每一个组织，尤其是规模较大的公司，都有不同的部门或分支，它们处于光谱的不同位置。举个快速直观的例子，某公司的邮件收发室可能是常规业务，而它的 IT 部门是复杂业务，研发部门是创新业务。

大规模组织的运作多样性

事实上，大多数组织——尤其是大多数大规模组织——在其范围内都涵盖了光谱上三种类型的业务。以丰田为例，其高效的装配工厂闻名于世，凝结了大多数人对汽车企业的想象——这个行业属于常规业务。但是，这是否意味着丰田只能在常规业务空间里施展呢？答案是否。像丰田这样成功的大型全球性企业，必然包括复杂业务和创新业务。丰田有一个庞大且充满活力的研发机构，该机构研发了第一款广泛使用的混合动力（电动和汽油动力）汽车——普锐斯，这使丰田在开发创新的、理想的"绿色"汽车方面比竞争对手领先好几年。跟其他诸多制造公司一样，丰田的新产品研发过程始于跨职能的组队，联合研发小组先搞清楚产品最终应该是什么，然后确定详细的规格。接下来，一组组相互联系的小团队开始解决这些详细规格所产生的问题。最终，把新的设计提案移交给生产环节。要把一辆引领时代的汽车从概念推向市场，需要了解客户的偏好，设计新的功能来满足这些偏好,弄清楚哪些现有的部件需要保留,并与零部件供应商合作开发全新的部件,同时还要确保内部和供应商提供的部件都得到整合和测试。除了复杂性,再加上地域、文化和政策法规的多样性,创新挑战的难度等级可见一斑。同样清晰的是,所有从事新汽车设计的人都在做着一件自己从未以相同的方式完成过的事情。"新颖"成为这一过程的主旋律,需要人们突破一系列的组队障碍,进行广泛的头脑风暴、沟通,并在过程中做出诸多艰难决策。

管理一家汽车公司的创新工作显然是复杂的,但这种"复杂"不同于我所说的"复杂业务"。如前所述,复杂业务是一个混合体,一部分是被人熟知的流程,另一部分是新奇的状况以及意外事件。像丰田这样的公司,供应链管理也许是复杂业务的最好例证。诸如采购零部件和向经销商交付车辆等活动都是事先设计好的,并对是否达到预期结果进行严格监控。然而,它们仍然受到许多计划外事件和干扰的影响,如天气状况、自然灾害、供应商的问题、经销商提出的意外要求等。汽车供应链是高度复杂的,一辆普通的汽车由大约20 000个零件组成,其中任何一个零件不可用都可能无法完成汽车制造。汽车供应链涉及多个层级的供应商,总数达到数千。正如日本2011年的地震和海啸所表明的那样,供应链的运转非常容易受到破坏。组织机构需要时刻保持警惕,以预期、检测及应对突发事件,这与管理一家城市医院急诊室的医疗交付(尽管规模大不相同)并无二致。

丰田的多样性并非独一无二。表1.2是来自不同行业的一些公司的示例，其共同点是业务构成多元，横跨过程知识光谱的各个阶段。

表1.2　组织是如何集常规、复杂及创新业务于一身的

组织	常规业务	复杂业务	创新业务
汽车公司	装配厂	供应链管理	未来汽车的设计和开发
计算机芯片制造商	制造厂	供应链管理	下一代芯片的设计和开发
个人电脑公司	装配厂	大客户支持和服务	未来计算设备的设计和开发
快餐公司	餐馆	供应链管理	未来产品和服务的研究和开发
大学	宿舍管理	建筑施工项目	研究实验室、课程重新设计小组
太空探索机构	付薪操作	太空任务	开发未来的项目
机场	安保、食品服务	空中交通管制	未来规划
医院	抽血操作	急诊	实施EMR[*]

领导者想要帮助组织学习，其手段必须与该组织的过程知识状态相匹配。在工厂里行之有效的管理技术和信条，会削弱实验室里的发明创造过程；同样，用管理实验室的方法来管理工厂，也可能会让生产力陷入灾难性的后果。让我们一起来探

---

[*]　EMR（electronic medical record）是电子化的患者健康信息系统，相比于传统的纸质病历，EMR能够提供更高效、准确和及时的信息管理，从而提高医疗服务质量和患者安全。——译者

索领导者应当如何转变他们的心态来帮助组织学习,而无论他们在过程知识光谱上处于什么位置。

一种新型领导方式

20世纪的公司与国家大都单打独斗、各自为战,虽然我们如今早已远离这种格局,但这一格局的最初诞生本身也脱胎于时代的剧变。回顾一下一个多世纪前发生的更早期的社会巨变:从以手工艺为基础的、地方性小农社群发展成了工业化、跨国的生产系统。更早时候的农民和手工业者,也经历了类似的漫长岁月,才逐渐从认知和情感上适应了大规模生产和组织中的等级控制。今天,放下那些对于老板理所当然的期望,即他们应该拥有答案、奖励遵循规定流程、禁止失败,同样具有挑战性。在工业时代,以生产效率最大化为目标的心智还能保持运转良好;但在知识经济时代,工作中越来越少的部分能够受益于这种心智。不过,这是否意味着它将逐渐淡出历史舞台,不再主导管理思维?不,没那么简单。

使得这种转变特别困难的是,大多数人带着这种过时的心态工作,而从未思考过这种心态本身。这一心态框定着我们对自己和他人行为的解释方式,用战术上的忙碌掩盖战略上的懒惰,也时常决定着我们对失败的回应。尽管嘴上不这么说,我们仍然期望自己和他人第一次就能把事情做对。我们认为失败是不可接受的。我们向下面的人发号施令,并从上面的主管那里寻求指示。我们倾向于顺从大多数人的意见，而不是冒着冲突或失去工作的风险直言真相。

在许多方面，旧的心智是舒适和令人安心的。工作职责是固定的。目标是明确的。标准是客观且不可改变的。职业发展是在一个明确的、等级分明的阶梯上"爬格子"。以亨利·福特（Henry Ford）为代表的企业家，积累了大量财富，因为他们知道如何利用高层人员的力量，直接向下面的工人发布命令。当工作主要由个人完成，且知识基础稳定时，这是有意义的。最棒的工人能快速准确地完成他的任务，而且个人业绩可以准确地与工人个体绑定起来——这在今天是很罕见的。管理者的工作就是监督一个已知过程中的重复步骤，然后根据表现进行奖惩。

今非昔比。今日的高效领导者，即使跟过去常规密集型组织中最成功的管理者放在一起来看，也是很不同的。这种不同始于对"人"的基本看法。工业化本质上是对工人的"低幼化"；而在知识经济时代，只有当各个层面的员工恢复到自尊自主的成人状态，组织才可能运转良好。传统的工业化工厂系统雇佣的是那些在家庭中抚养孩子、投票选举政府官员、拥有自己家宅资产的成年人——这些人在方方面面占据着"责任"的核心位置，频繁地做着种种决策。然而，在工厂的高墙内，他们却被当作孩童。在工作中，他们必须征得同意才能上厕所，上下班打卡以核实工作时长，只有在允许的情况下才能进食，只得听令，不得提问。

今天，在工作中进行组队的人应该是负责任、有担当精神的个体，他们彼此尊重，理解冲突不可避免，并愿意承担解决上述困难的责任。为了更好地组队，领导者必须信任他们所领导的人。如果一位商店经理命令她的员工每半小时就巡查一遍停车场以清理垃圾，那么她对工作持有的心智是陈旧的。相反，了解新工作方式的店长应该让她的员工知道，他们有责任保持停车场无垃圾，并相信他们会想出实现这一目标的最佳方式。后一种方法（虽然可能会出现错误和紊乱）同时也建立起一种相互尊重的环境。信任加上尊重，使工作环境变得对组队和持续学习有利。

面对诸多技术和地缘政治对工作场所的重塑，许多领导者很难理解组队和持续学习已成为一种生活方式的现实。放弃过时的、理所当然的权威和等级制度的观念是需要付出努力的。当工人在某个大陆的工厂工作，而他们的公司总部却在另一个大陆时，授权意味着什么？当知识以电子形式传播，它就不能以一种整齐划一、容易控制的方式传递下去了。相反，它正以无序的方式被创造和分享。这就要求工作人员知道如何实验，如何独立思考，如何在没有既定规则的情况下工作，以及如何快速适应。在学科内部，知识本就已经迅速变化；而为了在新的工作场所中完成工作，我们必须经常对知识进行跨学科整合，此时的知识会变得更加混乱和不确定。为组队及学习创造一种适当的环境所需要的管理技能和心智期待，与重复性任务环境所需要的是不同的。曾经，自上而下的管理对福特和泰勒可能是奏效的；如今，管理者需要成为问题的解决者和实验者，而不是单纯听话的"乖孩子"。

领导力小结

对如今在快节奏商业环境中运作的组织来说，学习能力无疑是至关重要的。想要依靠现存的知识和技能取得成功，必须基于一个前提：你确切地知道某项工作的实现过程，并且你可以预期该过程在相当长的时间内会保持相对固定。而在今天的环境中，上述情况是例外，而不是常态。

取而代之的是，人们需要动态的、灵活的团队，结合员工的优势、经验和知识来实现组织目标。当答案还在探索，当过程还在发展，在岗（on-the-job）场景下的组队和学习才是最关键的。这种组队和学习的发生需要领导者具有想象力和勇气，能够在没有答案的情况下保持前进，他们不仅要提供明确的方向，而且要容忍风险和失败，还要明确邀请大家密切合作。

为组队和学习创造良好氛围的领导者，能够更好地通过持续改进、问题解决和创新来实现和保持组织的可持续发展。贯穿全书，您将读到很多组织和公司的故事，它们成功进行组队，创建出提升生产率和利润率的学习环境。下一章会重点讨论在组队中的社会、认知和组织层面的障碍，并阐述克服这些障碍的必要做法。

经验及行动

- 在当今 VUCA 的商业环境中取得成功,需要灵活、协调和协作。

- 组队是一种动态的工作方式,在没有稳定团队结构支撑(或固化限制)的情况下,提供必要的协调和协同。

- 组队及其相关的人际互动行为支持组织学习,并需要正确的领导心智来实现最优结果。这种工作方式允许员工在个人和专业方面成长,而传统的自上而下和流水线模式将工人视为必须被告知做什么及如何做的"乖孩子"。

- "组织学习"代表了这种领导心智。它鼓励人们大胆发言,提出问题,分享想法,以促进集体学习。

- "学习型执行"是一种将持续学习纳入日常工作流程的运作方式。"学习型执行"通常发生在团队中,并通过"组织学习"的领导实践来被支撑。

- 过程知识光谱是对业务环境进行分类的有用工具。个体的工作、团队或整个组织在光谱中的不同位置,决定了根据不同业务环境来匹配适当的组队和学习的目标。

第 2 章

组队，为了学习、创新与竞争

周五，在一家大型城市医疗中心，一位病人在接受了重大手术的几天后白细胞数量突然飙升，这意味着可能出现了危及生命的感染。病人呼吸困难，脸色煞白。为确定感染源，主治医生要求对病人的腹部和胸部进行 CT 扫描。预约单在午后就开好了。

接下来四天的情况生动地揭示了，当各项工作相互依赖却没有组队时，可能会产生多么严重的后果。遗憾的是，在医院里，组队失败是常有的事，且往往性命攸关。

CT 扫描由一系列独立开展的步骤组成，每个步骤由不同的专科医生执行。这些独立个体也许并不把自己视为团队的一员，但如果他们把自己当作高绩效团队的一员来协调行动，而不仅仅是完成一系列独立操作任务的专家的话，程序就会开展得更顺利、更安全。整个程序的执行涉及若干医务人员的工作，每个人的专业领域不同，肩负的任务不同。首先，由于病人术后尚未恢复进食，所以需要一名专家技师小心翼翼地将鼻胃管通过鼻子穿入胃部。然后，由另一名技师带着便携式 X 光机来到床边，快速拍摄病人的胸部和腹部图像，该操作（连带其他一系列操作）的目的是确保鼻胃管放的位置正确。接着，由另一名有执照的放射科医生看这张 X 光片，在液体被送入管子之前确认好管子的位置。接下来，护士会给病人注射造影剂，造影剂必须放置至少 1 小时，但不能超过 6 小时，然后病人才能被送到位于放射科的巨型 CT 扫描仪上。这一连串的任务如果执行顺利，就可以拿到有助于指导病人治疗的影像。

在大多数医院里，CT 扫描程序的展开过程很少被视作团队工作。这里所说的团队是虚拟意义上的。团队成员没有面对面的交流，尽管每个人都意识到自己负责的步骤是嵌在一连串程序里面的，其他专科医生也牵涉其中。像这样的虚拟团队，当它仔细协调成员之间的行动以确保每项任务及时完成，并以病人的安全和医生的诊断便利作为首要考虑因素时，它本质上就是在组队了。

遗憾的是，这种情况下，配合协同通常只能撞概率。在医生要求进行扫描的一两小时后，第一步操作的技师来到床边，插入了鼻胃管。插管过程迅速而专业，管子插得比较顺利，但也给病人造成了一些不适。差不多 1.5 小时后，X 光技师过来拍摄图像，以便放射科医生检查确认管子的位置。

现在已经是下午 5 点了，明天就是周末，放射科医生还没有看到该病人插完鼻胃管的 X 光片。病人的家属在一旁边观察边等待,询问值班护士什么时候能知道 X 光片的结果并让病人进行 CT 扫描。护士没有回答,只是不置可否地耸了耸肩。在她看来,放射科医生都是按照自己的节奏而非她的时间表来做事的,甚至不会根据病人的需要来安排。不过她同意跟进催促一下这个病例。

下午 6 点 30 分,X 光片被读取,结果是鼻胃管已正确放置,从而允许护士注入造影剂。差不多 3 小时后,准备好注入造影剂的病人还没有被带到扫描仪前。护士向家属保证,如果放射科周末不开门,可以使用急诊室的 CT 扫描仪,所以病人还是会得到检查。又过了 1 小时,并没有专科医生来执行这项任务。晚上 10 点刚过,病人的血压开始急剧下降,需要护士把他转到重症监护室(ICU)进行更密切的观察。此时,当天获得CT 扫描结果的希望已经破灭,因为病人的情况太不稳定,无法进行扫描。

第二天中午,病人的情况终于足够稳定,可以转出重症监护室,回到他原先的病房。鼻胃管虽然还在,但造影剂早已失效,必须重新注射才能完成扫描。遗憾的是,现在是周六,而CT 扫描只有在紧急情况下才会在周日进行。

下午 3 点,护士通过电话提醒医生,病人现在已经插上鼻胃管近 24 小时了。病人开始呼吸困难,而这根管子似乎加剧了该状况,同时也增加了感染的风险。外科医生建议尽快拔掉管子,毕竟,如果要再次进行 CT 扫描,可以重新插管。

尽管这个任务看似简单，但医院的政策规定必须由医生来拔管，因此护士需要找到一位住院医生来操作。2小时后，一位住院医生被找来完成这项任务，实际的拔管过程只用了短短几秒钟。

周二，即最初的CT扫描预约单填写完四天之后，整个CT扫描程序再次启动，这次成功了。病人的感染源终于得以确定，而这个信息本该在四天前就拿到。这种低效率和给病人带来的额外风险，我们应该怪谁？事实上，没有一个人有错。每个人都胜任地交付了属于自己的那一份任务，且他们在同一天需要面对不同病人、不同医生执行许多类似的任务。出于种种务实的考量，这些人并没有意识到自己是一个临时虚拟CT扫描小组的成员，而仅仅认为自己是放射科或科室护理小组的成员。

在这种情况下，个人主义的工作观念究竟从何而来？跟大多数医院一样，这家医院是按部门来纵向划分的，而"部门墙"成为相互隔离的专业"深井"，遮蔽了部门间存在横向协同关系的事实。虽然诸多关键流程都会涉及来自多个部门的人员以及工作任务，但每个"深井"只关注在其内部能够熟练执行的、独立于外界的、专业化的任务，职责在于做好培训和管理。理想的情况是，每个人都能意识到其他人的角色和作用，能够在最佳时间、以最佳方式完成自己的任务，从而支持整个流程——这才算得上是组队。但更常见的情况是（在该案例中就发生了），每个人都在尽可能高效地执行任务，以满足自己专业部门的需求。造成的结果是，这次 CT 扫描的直接劳动量远低于 2 小时，但花了近 100 小时都没完成。

医疗护理的交付需要经过诸多程序，这要求人们进行动态、实时的组队，而很多医院的专业深井式组织结构无法支撑这样的组队需求。如果人们在执行这些程序的时候不加判断、缺乏数据敏感度，就可能会对需要特殊护理的病人造成伤害。虽然不确定性并非高到离谱，重大失败亦非常态，但失败的可能性确实潜伏在各个角落。这就是复杂业务的本质。系统各部分之间的相互影响和无处不在的系统故障，都有可能带来危险，每个人都应对此加以了解，并设法规避。因此，在全球最顶尖的医院中，员工越来越积极地参与到组队之中。他们运用着独创性、判断力、思想实验和韧性等技能——这些技能对于传统管理手段来说是难以衡量的，甚至是无法衡量的。如今，许多组织和公司认识到组队和持续学习的必要性。遗憾的是，管理心智和组织结构并没有进行相应的转变，使得从事复杂互赖工作的人们并没有识别出这种相互依赖性。

在接下来的讨论中，我会探索促成组队的过程和行为特征，也会解释组队在社会层面、认知层面和组织层面遭遇的阻挠。组队需要唤醒、沟通、信任、合作和反思的意愿。这些看上去似乎都是简单的特质，却时常遭到人类天性的阻挠。借助心理学的研究，我将解释后者的根源，也会说明如何克服这些天性从而实现组队。在本章的最后，我将提出四种领导力行动，来帮助克服上述天性造成的负面影响，撬动组队，并促进组织层面的学习。这四项行动的提出，背后是数十年来从各类组织中收集的数据，其中涉及的工作类型跨越过程知识光谱的不同位置。践行这四项行动，将有助于培养一种鼓励成功组队所需行为的组织环境。

组队的过程

本质上看，组队是一个学习过程。当人们必须靠互动来协调想法和行动，事态的起承转合就无法精确复刻。因此，参与其中的人总是需要进行学习。团队中的学习涉及沟通、决策、行动和反思的螺旋循环；上一个循环的结果会对新的循环产生影响，如此这般滚动循环直到达到预期产出为止。当团队成员参与其中，他们会贡献并整合各自领域的知识，找到高效使用新集体知识来改变组织惯例的途径。

除了学习的关键作用之外，搞清楚组队如何在需要相互依赖的场景中启动，并逐渐成为风气，同样重要。还记得上一篇CT扫描失败的案例吗？这一案例中的组队失败，是因为参与工作的个体之间缺乏跨专业和跨任务串联的意识。考虑到部门间确实存在着不同限制条件、不同优先级这一现实，如何才能使跨职能组队成为可能，共同完成常规任务和新型任务呢？图2.1描述了组队在协同工作中展开的顺序。

认识到组队的必要性是第一步。只有当人们意识到完成整体工作离不开与他人的相互依赖，组队才会发生。当人们理解到

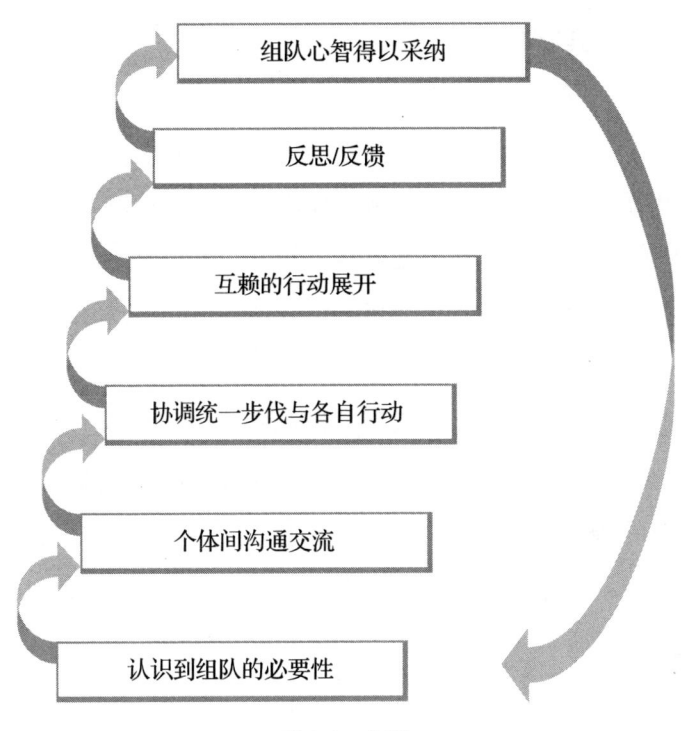

```
┌─────────────────────┐
│   组队心智得以采纳    │
└─────────────────────┘
┌─────────────────────┐
│      反思/反馈       │
└─────────────────────┘
┌─────────────────────┐
│    互赖的行动展开     │
└─────────────────────┘
┌─────────────────────┐
│  协调统一步伐与各自行动 │
└─────────────────────┘
┌─────────────────────┐
│    个体间沟通交流     │
└─────────────────────┘
┌─────────────────────┐
│   认识到组队的必要性   │
└─────────────────────┘
```

图 2.1　组队

协同的必要性时，沟通会变得顺理成章，尽管可能仍有"部门墙"的存在。个体会主动与那些他们需要互相合作以有效完成工作的人取得联系，并开启一场关于如何协调各自任务的对话（通常很简短）。接下来，相互依赖的行动就会展开。然后是反馈和反思，可能是单纯地承认对方的贡献，也可能是建议做出改变从而让事情更好地向前发展。习惯成自然，慢慢地，组队的心智或多或少会成为第二天性，而回头来看开启组队流程的第一步，也就是认识到组队的必要性，从此将自动触发。

组队成功的四个支柱

当人们应用并整合专业知识来执行复杂的任务或是开发新问题的解决方案时,组队就应运而生了。它通常是一个流动的过程,可能涉及与他人一起做事、解散,并立即加入另一个小组。一旦部分或全部工作完成,组队就告一段落;但组队作为一种思维方式,或者说是一种工作方法,可以无限期地持续下去。组队在许多"临时组织"中是常见的,在这类组织中人们需要进行创意劳动,如制作一部电影或协调复杂活动,再如举办一场专业领域的会议。在这样的过程中,人们需要进行协调,无论是提前计划好的还是临场发挥的,因此多方选手得以聚到一起进行组队。

成熟老练的组队操作往往意味着需要整合一系列学科的视角与观点,在学科背后不同的心智模型间游刃有余地沟通,并能够管理好人们在一起工作时产生的不可避免的冲突。从根本上说,组队是一个"学"(探询、好奇、倾听)与"教"(沟通、连接、澄清)相关的人际技能发展的问题。因此,组队既是一种接受积极协作的心态,也是一套专门用于分享和整合知识的行为。有时,组队需要远程协调,这既增加了沟通不畅的可能性,又带来了创新空间。我研究的一家化学公司利用分散在全球各地的团队进行创新,克服各种沟通障碍,开发新的产品和流程,实现了比在单一地点开发产品和流程更广泛的商业价值。无论是面对面的交流,还是基于通信技术的沟通,成功的组队都涉及清单 2.1 中的四种具体行为。

> **清单 2.1　推动组队成功的行为**
>
> - 直言不讳：组队能否成功，取决于个体之间坦诚、直接的对话，包括提出问题、寻求反馈和讨论错误。
> - 协同：组队需要人们拿出协同的心态和行为来推动这一过程，不仅需要既定组队单元内部的协同，而且需要内外部的协同。
> - 实验：组队涉及一种试探性的、迭代的行动方式，承认个体之间的每一次互动都有其天然的新颖性和不确定性。
> - 反思：组队有赖于对流程和产出进行外显的观察、提问与讨论。这样的反思需要持续发生，且体现工作本身的节奏，无论是每天、每周还是依项目具体情况而定。

直言不讳

坦诚的沟通使团队能够吸纳多元视角并激发个体的知识。包括提出问题、寻求反馈、谈论过失、寻求帮助、提供建议，以及讨论问题、错误和担忧。尤其当人们面对难题或失败（无论何种类型）时，直言不讳是非常关键的。当人们愿意直接而开诚布公地互相交流时，更有可能具备理解共享工作所需的全局视角，也更有可能产生改善工作过程的想法。我们在这里说的"直言不讳"（speaking up）是指一种人际行为，它使共同的见解可以从开诚布公的对话中涌现和生长出来。面对组队的各种考验，直言不讳都能够发挥关键作用，帮助人们确定适当的行动方向。同样，直言不讳对于帮助人们掌握新的概念和方法也是十分重要的。关于经验、洞察和疑问的对话，有助于理解新的实践以及如何执行它们。尽管多数人认为自己很直截了当，但实际上，在工作场所直言不讳的行为比你想象的要罕见。

直言不讳并不如你想象的那么普遍

我和康奈尔大学的吉姆·德特尔特（Jim Detert）教授曾研究过工作场所的发声及沉默，结果显示：在工作中直言不讳的行为比大多数人想象中的要少。通过对某家全球化的高科技公司中数百位高管、经理和主管的访谈，我们发现几乎每个人都能想起在某些特定的情况下，他们没有对可能很重要的、与工作相关的问题发表意见。他们中的大多数人都受过良好教育、思虑周全，他们横跨了公司各个部门、专业领域，甚至来自不同国家。为了解释人们经常做不到直言不讳的原因，我们分析了数百个具体事件，并找出了在科层制环境中潜藏着的关于得体行为的"理所当然"的信念，这些信念的影响十分深远。尽管我们研究的大多数人都认为自己很直率，而不是犹豫不决或畏首畏尾，但他们仍然在工作中对一些可能重要的想法有所保留。从这项研究开始，我们接着做了更多的研究，发现在工作场所中直言不讳是非常少见的。对于直言不讳的抗拒，似乎是由人类天性与现代经济的特定现实共同决定的，且这样的客观限制同时被人们主观放大了。从进化的角度来看，人类天生会高估而非低估某些特定类型的风险：从并不存在的威胁中"逃离"是一种更有利于生存的策略，好过在发生真实风险的时候不逃离。同时，我们继承了某些情感和认知机制，导致我们回避那些主观感知上会对自己心理和物质幸福造成风险的事情。在工作场所中，害怕得罪上级是很自然和普遍的，这意味着组队所依赖的直言不讳的行为必须得到培育，而不是假定它已经存在。

协同

协同（collaboration）是一种与同事一起的工作方式，其特点是合作、相互尊重和共同目标。它涉及分享信息，协调行动，讨论什么有效什么无效，并不断寻求输入和反馈。组队依赖于部门内或部门间的协同行为，或更大范围组织内或组织间的协同。显然，没有协同，组队就很容易破裂。制订计划所需的信息将变得不足，计划的执行也将受到糟糕协同的影响，比如本章开头讲到的医院的例子。良好的协同心态对于紧随协同行动之后的共同反思也至关重要，因为它使得人们可以进行充分的、深思熟虑的专业意见分享，并促成基于任何一种经验发展出的更广泛和更深入的学习总结。试想一下，如果一个产品研发团队不能很好地与营销团队协作，因而无法听取重要的客户偏好或反馈，那将有什么后果呢？

实验

实验（experimentation）意味着不要期待第一次就能做对。实验是一种行动方式，其说法从科学家那里借用而来，核心是从行动的结果中学习。在组队中，实验行为涉及主动接触他人以评估自己的行为对他们的影响，以及测试自己的想法对他人思维的影响。实验是组队的一个重要维度，因为互赖行动天然存在着不确定性。当然，这也是学习的重要组成部分，本章后面会对此进行探讨。

反思

反思（reflection）是一种批判性地检视行动结果的习惯，以评估成果并发掘新的想法。一些团队每天都在进行反思；另一些团队则在项目不言自明的"课间时段"进行反思，对于运动队来说是比赛的中场休息，对于医护人员来说则是查房后在表格中对病人治疗的方方面面进行记录。项目组可能只在项目完成后才明确地进行反思和复盘。美国陆军在军事演练后进行的"行动后回顾"即是明确的反思会议，使用严格的结构化方法来评估实际发生的情况与计划或预期之间的差距。反思并不一定意味着要通过大量的会议来深入分析团队的过程或表现；相反，它通常是迅速且务实的。比如，行动中的反思是对某个过程进行批判的、实时的检验，从而对其做出调整——无论是基于出现的新知识，还是对来自工作本身的细微反馈进行响应（后者更为常见）。反思，作为有效组队的基础，指的更多的是一种行为倾向而非正式流程。例如，在一项关于外科团队的研究中，我发现有正式反思会议流程的团队与没有这种会议流程的团队在结果上并无差异。在成功的团队中，成员会就他们的观察与思考进行持续反思并大声地说出来，以求找到更高效的共事之道。然而对于某些类型的团队而言，等到有结果产出再停下来去反思团队的过程，也许是一个更合适的选择。在这种情况之下，更结构化的方式（比如正式的项目总结）极具价值。

以上就是成功组队的四大支柱行为。在工厂车间、手术室和公司会议室的玻璃桌旁遇到的挑战，无论就工作性质本身而言，还是从现象、体感来看，都有很大的不同。然而，在这些不同的语境中，直言不讳、协同、实验和反思都是至关重要的行为。在所有这些场景中，领导者自身如果能拥抱这些行为，以身作则，就会使其他人更容易以支持组队的方式行事。不过，除了这些行为倾向之外，领导者还必须理解实际组队过程周期性、螺旋式上升的特点。

组队的收益

摩托罗拉在 2004 年推出的 RAZR 手机（历史上最成功的产品之一），正是成功组队的产物。2003 年，全球手机市场竞争进入胶着状态，摩托罗拉开始着手打造有史以来最轻薄的手机。电气工程师罗杰·杰利科（Roger Jellicoe）被选中领导这个团队。杰利科的任务不仅是设计出史上最薄的手机，而且要创造一件艺术品般的设备——像珠宝而非单纯实用的物品。他选择了机械工程师加里·魏斯（Gary Weiss）共同领导该项目，因为他知道他们可以高效共事。20位摩托罗拉工程师受邀加入了这次组队，他们需要在极具挑战性的截止日期前完成交付。要不是这群来自不同地点与小组的人们聚在此处开展协同工作，恐怕没人会注意到这个距离芝加哥一小时车程的角落。

直言不讳和实验是他们成功的关键。大家没有保留任何想法或批评，在不断的实验和辩论中，种种可能性与产品原型涌现出来，经历尝试、推翻、更改、微调以及打磨而不断完善。核心的挑战是风格与技术的整合。团队做了许多权衡，主要是外观和功能之间的取舍。他们拒绝简单的妥协，而是面对棘手问题全力以赴地推动更精巧的解决方案。通过实验不同的参数配置，团队想到了可以把电池放在电路板旁边（之前的手机是把二者叠在一起）以减少厚度的方案。这个主意奏效了，实现了超薄设计，让手机极具魅力的同时因此得名"RAZR"（刀锋）。当时的人体工程学专家对于手机应该做成多宽才能握起来舒适有自己的观点，而项目团队的创新解决方案实际上忽略了专家的意见。在尝试更宽的手机模型之后，他们得出结论：专家的看法不对。反思从一开始就被植入了组队的过程中。每天下午4点例会开始，小组讨论当天的进展，并报告诸如天线、扬声器、键盘或光源等部件的状态。会议计划安排一个小时，但经常持续到晚上7点多。这些会议是团队聚焦沟通和辩论的主要机制。在这样的会议中，报忧和报喜同样容易，于是每个人都能够积极地贡献自己的想法和批评意见。工业设计师克里斯·阿诺特（Chris Arnholt）的薄壳设计对团队的成功至关重要，他曾经把草图带到会议上，却发现自己对手机风格的最初想法既不实用又不容易被工程师理解。在随后的组队中，阿诺特和工程师共同敲定了一种可行的设计。

该项目最大的挫折是未能赶上最初设定的截止日期，但人们的等待最终被证明是值得的：仅仅在几个月后（速度整体来看仍是较快的）的2004年底，摩托罗拉便推出了RAZR这款史上最薄的手机，并在随后的两年内卖出5 000万部，四年内卖出1.1亿部。

RAZR的故事充分展示出组队的心智和行为与项目绩效之间的正相关性。其团队成员来自不同的专业领域，全力以赴地投入到工作中，共同去完成一件全新的、令人兴奋的、了不起的事情。如今，许多组织依靠组队的方式来跟上快节奏、全球化的环境。为了应对不可预见的、复杂的问题，我们需要回应组织中每个人的不同需求，同时利用好每个人所掌握的不同信息，因此今天的组织中有相当比例的工作需要人们共同做出决策。理论和实证研究已经明确识别出组队对于组织及员工的一些好处，这些好处大体上分为两类：更好的组织绩效，更投入的员工。

更好的组织绩效

无论是由设计师、营销人员和工程师组成的新产品研发团队,还是由外科医生、护士、灌注师和麻醉师组成的心脏手术团队,组队对于组织学习和绩效的好处都是显著的。具体来说,组队可以帮助组织发展新的规则,实施新的技术,以满足不断变化的环境需要。这类组织变革需要组队,因为需要跨部门和跨学科去建立理解和协调。正如哈佛大学社会与组织心理学教授理查德·哈克曼(Richard Hackman)和我所认为的,团队是组织最好的变革推动者(change agent)。根据大多数变革管理模型,必须有一支变革领导团队或变革实施团队,以推广更好的想法、获得更深的认同。但人们不应止步于此。真正重要的不只是团队的建立本身,还有这些被选中的人如何合作,并与组织的其他成员合作,以一种动态的、学习导向的(learning-orientated)方式帮助创造变革。变革代言人必须倾听、协调,并不断根据彼此的意见调整计划。这自然会提高不确定性,并需要对反馈保持持续关注和敏感。于是,组队的这些核心行为能够促进新知识、新流程和新产品的创造,从而驱动组织绩效。

当新知识被很好地派上用场时,绩效就会提升,背后的推手仍是组队。在关于心脏手术团队的研究中,我和我的同事发现:相比于那些采用自上而下管理模式的外科团队,展现出组队行为的团队在新技术实施的成功率上遥遥领先。我将在第3章详细展开这部分探讨。通过组队,人们能够弄清楚为了使新程序发挥作用,需要改变哪些旧流程。无独有偶,我后来研究了23家医院重症监护室的几十个质量改进项目,发现组队和学习带来了显著的改进。尽管查阅研究文献以寻找最新的医学知识很重要，但在实施变革方面最成功的反而是那些将自己投入人际连接并且在连接过程里学习的人，而这样的学习行为是组队的关键。他们进行沟通、协调、提问、倾听，并进行实验——不仅在团队内部，而且跨越了团队的边界。在这样的过程中，新的知识萌生，热情被点燃，团队成员因此受到激励，为了提升照护患者水平而做出了行为和流程上的改变。在这两项研究中我们发现：心理安全感（将在第 4 章详细探讨）使组队和学习成为可能，并会带来更好的绩效表现。我在医院以外的工作环境中也发现了类似的结果，包括制造业、产品开发，甚至建筑设计与施工领域。

更投入的员工

组队对员工的工作体验也会产生积极影响。与拥有不同知识和技能的人直接互动，会使工作变得更有趣、更丰富和更有意义。在组队普遍存在的组织中，员工可以互相学习，更全面地了解工作从开始到结束的过程，更好地发现和把握改进的机会。例如，在第 8 章会详细讨论席梦思床垫公司，通过引入团队培训，提高了员工的技术和人际交往能力，因此，员工也更加了解其他部门的同事在制造过程中的贡献。一旦每个人都开始了解同事整天都在忙活什么，为什么会有困难，以及各自的任务是共同作用于一整张床垫的生产、销售和分销运营，他们就会更享受工作，而且更有成效。

组队也会让组织受益，因为它允许人们整合各自的知识来创造新产品或实施新程序。组队使得专家团队一起工作，共同提高质量，降低运营成本，并提升客户满意度。通过组队的工作方式，具有不同态度、价值观和信仰的员工可以在一种相互尊重、共享知识和共同目标的环境中工作。想象一下，这一切同时发生，改进与创新循环上演，且不断迭代、自我调节，组织的未来将胜券在握！

要是真这么简单就好了。

影响组队的社会与认知障碍

我曾经花费非常多的时间研究在医院里工作的人，他们的工作环境特别具有挑战性。协同的需求巨大，时间紧迫，利害攸关。通过了解一流的医院如何有效管理固有挑战，我们这些局外人可以学到很多。医学知识和最佳医护实践涉及范围广且在不断更新，而人们必须进行高风险、跨学科的沟通与行动——通常还是在面临巨大时间压力的情况下。然而，遗憾的是，即使是在医院这样几乎时刻需要组队的环境里，合作和信任也面临诸多挑战。

想象一下忙碌的急诊室：救护车可能随时送来一位生命垂危的病人，他的症状也许是前所未见的。门诊、分诊、护理部、内科、化验室、外科和药房等若干部门的医护人员必须协同起来工作，让病人得到有效的救治。这些医护人员必须迅速解决相互冲突的意见和工作优先级。他们可能之前合作过，也可能从未谋面；有的人经验多，有的人则可能刚入行。尽管如此，人们的不同个性务必"相容"而不是"相克"。人们必须依靠他们的集体智慧和专业知识去做判断，而不是依靠管理层的指挥来决定该做什么。这些忙碌的临床医生有时会做出错误的诊断，这不足为奇。但真正的问题不只是他们有时可能诊断错误。问题的根本在于他们可能由于未能有效地联合诊断而做出错误判断。

工作越认真，张力越紧绷

林肯中心爵士乐团的艺术总监温顿·马萨利斯（Wynton Marsalis）在谈到与其他爵士乐手的合作时说："总是会有张力出现。工作的一部分就是处理张力。如果完全不紧张，那么说明你对正在做的事情不够认真。"

当然，在今天的组织中，组队有时会进展顺利。人们能够意识到他们之间相互依存的关系，并有效地开展工作。他们自由地表达想法，推进集体工作中由自己负责的那部分，对他人想法与行动的回应也是考虑周到的。然而事情并不总是这样发展，组队有时会破裂，协同会失败，各种信号混杂在一起，或者相互冲突的意见使得对话脱轨。无论是在常规、复杂，还是创新业务语境中，刚开始大家都对组队抱有很大的希望，但最后却失败了。那么，有效组队的障碍都有哪些呢？

人们并不总是和睦相处

当人们一起埋头苦干时，难免产生冲突。组队要求参与其中的人能够建设性地管理好这些冲突。功能良好的团队是强大的，但很少是稳定的。组建团队很难，维持团队同样很难。许多任务一开始在技术上就很复杂，而随后呈现出来的相互依存关系使其更加复杂。性格、领导力、资源分配、知识和背景的差异——这些方面遇到的问题都会加重误解或引发系统性的功能紊乱。恐惧是组队的主要障碍之一，这在第 4 章会着重讨论。同样，缺乏明确的、共同的目标也会抑制组队所需的努力行为。组织层面的因素，如官僚主义、层层管理或互相矛盾的激励系统，也会阻碍组队。组队有多么必要，就有多么艰难。

对个人来说，重复交付一个明确的、权责清晰的任务，远比想办法怎么与他人一起进行复杂的、相互依赖的工作容易得多。相互依赖的工作需要通过来来回回的沟通协调才能做好。当我们相互依赖时，这必然意味着我们不能像"独行侠"一样，自顾自地做事情。如果能够意识到这件事情，人们就会变得更加谦逊，而很多人实际上回避这一点。人们可能很难兼具向他人学习所需的谦逊与好奇心。事实证明，认知、人际和组织因素都会阻碍团队中的有效学习。这是一个残酷且略带讽刺的现实：我们的成功取决于有效的协作和学习，二者是组队的本质；但无论对于个人还是我们创造的社会系统来说，它们都不会自动出现。接下来的章节将重点研究阻碍组队的认知层面和结构层面因素。

沉默比发言更容易

当领导者陷入默认的"按我的方式来做"的管理风格时，

除了影响力最大或权力最大的那个人之外，其他人都会选择沉默。然而，在今天的经济环境中，沉默是致命的。沉默意味着好的想法和可能性没有露头的机会，问题也不会得到处理。沉默会给组队拖后腿。大多数人觉得有必要去管理一种风险，我称之为"人际风险"——害怕别人看轻他们。尤其在工作场所，更尤其在上司和其他持有正式权力的人面前，他们会让伤及自我形象的风险降至最低。最小化形象风险的一个简单策略是：只在确定自己正确时才发言，避免承认错误，当然，也不轻易提出不确定的问题或试探性的想法。这种策略对个体或许有效，能避免给他人留下不良印象，但对于组织和客户显然是不利的。

嘘……老板来了

研究表明，等级制度天然就会显著抑制地位较低的人发声。我们对权力异常敏感，同时也努力避免在权力高位者面前表现出任何不足，这首先是基因决定的，然后是社会塑造的。这种行为大多是无意识的。因此，在大多数组织中，即使最高层的领导说他们欢迎员工的反馈，即使员工确实具备相关知识和培训来提供重要的意见，他们仍然可能因为害怕负面的后果而保持沉默。

然而，研究也表明，领导者可以通过特定的行为和举措来促进员工直言不讳。最重要的是，当领导者明确表示他们尊重员工时，员工会更容易主动分享他们的知识。更具体地说，领导者通过承认自己需要他人的知识和技能，发出真诚可信的邀请,让人们开口说话。特别是,如果想要成员主动报告或讨论错误,就更需要积极鼓励。简而言之,在组织中,直言不讳并不是自然而然的事情,但是它能够发生,且确实发生过,尤其当领导者积极垂范、邀请并奖励坦率和开放。与此相反,当领导者不易被员工接触到,或是不承认自己脆弱的一面,员工将抗拒组队行为带来的人际风险,不愿"惹祸上身"。

分歧下的认知偏差

直言不讳也会带来挑战。只要人们开口说话,彼此自由交流,就一定会有分歧,有时甚至是看似无法解决的冲突。分歧本身并非问题;问题在于当分歧出现时,人们不自觉为其赋予的意义。我们所有人都曾有过这样的经历:当有人不同意我们自己深信的某个观点时,我们会立刻给这个人扣上"动机不良"、"性格有缺陷"或"能力有问题"的帽子。在这样的情况下,我们可能会说"他不懂"或"他只考虑自己"。

我们自己的观点似乎是如此正确,以至于别人的不同意见似乎是不理性的,更有甚者是在故意捣乱。正如社会认知研究所解释的那样,这就是为什么冲突可能成为有效组队的障碍。但它并非一定如此。冲突可以是对时间的浪费、对人际关系的腐蚀,也可以是建立新的理解、尊重和信任的契机。一起来看看心理学家发现的两个常见的认知偏差:朴素实在论和基本归因错误。

朴素实在论

我们都容易陷入朴素实在论(naive realism)。这是心理学家李·罗斯（Lee Ross）创造的术语，指的是一个人"坚定不移地相信自己认清了某种不变的、可知的、客观的现实，而其他人并没有——但只要他人是讲道理的、理性的，就会准确地感知到这个现实"。因此，当其他人误解我们的"现实"时，我们得出结论，这一定是因为他们不讲道理或不够理性，而且是"通过自我利益、意识形态偏见或个人变形的滤镜来看待世界"。于是，问题就来了。

朴素实在论的后果之一是：人们往往高估自己的观点在人群中的共识程度，导致他们错误地认为其他人也赞同他们的观点。例如，有人可能会说，"我们需要大力遏制碳排放，以防止全球进一步变暖"，或者说，"大家都知道我们有世界上最好的医疗系统"。社会心理学家称这些为虚假共识效应（false consensus effect）。这样的假设通常不被注意，直到有人提出不同意见，遭到意外的反驳。这意味着，如果有人回应说"我不认为人类活动对气候变化有影响。温度波动已经持续了几千年"，那么他可能会自发地得出结论，认为回应者思想封闭，头脑有问题，或者更糟。同理，有人可能会对第二句话做出回应，"如果我们有最好的医疗服务，为什么我们国家的人口预期寿命在世界排名第 36 位？"他会私下里认为回应者要么无知，要么受人误导。对大多数人来说，要是发现朋友或同事在自己关心的问题上与自己意见相左，通常会感到意外且不悦。

基本归因错误

第二个使我们难以有效应对冲突的认知错误被李·罗斯称

为基本归因错误（fundamental attribution error）。这个现象描述了我们未能认识到事件的情境性原因，而是倾向于过度归因于个人的个性或能力。这种认知错误导致的结果之一是：我们倾向于解释他人的短处，认为这与他们的能力或态度有关，而不是与他们面临的情境有关。也就是说，我们认为是人造成了问题，而不是情境带来了问题。每一位多孩家庭的父母，都听到过孩子说"不要怪我，这是他的错"。在工作场所，同样的事情也会发生，即使这些话不那么直接和明确。

当我们解释自己的失败时，会做完全相反的事情。一旦意识到这一点，我们几乎都会觉得可笑。也就是说，我们自发地把它们归咎于外部因素。例如，如果我们开会迟到，我们可能会埋怨自己无法控制的情况，比如早晚高峰。但如果一个下属开会迟到，我们会认为他没有对项目做出承诺，或者认为他缺乏条理。在归因这枚"硬币"的两面，我们不费吹灰之力地凭直觉做判断，基本上没有意识到还有其他原因。尽管这种不对称性很自然，有时还很有趣，但它确实给组队带来了不少问题。首先，当我们把出错的事情归咎于别人时，对问题进行富有成效的讨论就不太可能发生。更糟糕的是，我们倾向于认为自己已经准确地评估了情况及其原因。其次，我们开始看轻他人，然后可能会减少全心全意与他们组队的动力。

这种错误之所以称为"基本"，是因为它本质上是普遍的。几乎所有人都会这样做，而且是不假思索地这样做。事实上，我们需要付出认知上的努力来打断它，并思考："她在去开会的路上是否遇到了意外的交通情况？"这意味着保持开放，刻意打断归因过程。如果我们真的经常停下来想一想，就很可能嘲笑自己这么快就得出了不善意的结论。但是，当人们没有停下来去反思自己对他人能力或意图所做出的这种贬损式的归因谬误时，组队显然会苦不堪言。

张力与冲突

人们存在分歧，一些认知结构会加剧分歧——这之所以成为一个问题，本质上是因为它会给团体造成张力。可以预见，组队的过程会产生张力。虽然并不轻松，但张力并非总是坏事。它可以唤醒创造力，打磨想法，并完善分析。但有一点需要注意：要将张力转化为积极的结果，需要有耐心、智慧和技巧。因为我们大多数人都会自然而然地抵制紧张局面和它们带来的冲突。

当冲突在升级，我们可以做什么

没人喜欢被反驳，人们天然希望别人同意自己的观点。当我们抵制冲突的观点，或者缺少必要的技能来将张力转化为创造力与卓越表现时，就很容易退回到旧有的、自上而下的思维方式。当有明确的负责人来化解分歧、平息矛盾时，集体行动会更容易。当利害关系重大，且相互冲突的意见叠加上不确定性，似乎难以保持冷静和逻辑。组队要想成功，必须进行坦诚的对话。了解冲突的底层认知、行为和反应，对支持组队至关重要。

热认知与冷认知

认知心理学家珍妮特·梅特卡夫（Janet Metcalfe）和沃尔特·米歇尔（Walter Mischel）的研究表明：我们每个人都有两个不同的认知系统，通过它们来处理事件。梅特卡夫和米歇尔试图了解让人们延迟满足的工作机制，无论是完成目标还是控制体重，这都是一种关键能力。研究中定义了两种认知类型——热认知和冷认知，如表2.1所示。热认知系统一旦启动，就会引发我们的情绪化和快速反应。在这种情况下，人们常说他们说话或行事是一时冲动。相比之下，冷认知系统则是深思熟虑、小心翼翼的。当调动冷认知系统时，我们可以放慢速度，收集想法。冷认知系统是自我调节和自我控制的基础。因此，当发生冲突时（组队必然伴随着冲突），它是一个促进有效组队的必要工具。

表 2.1 冷、热认知系统的比较

热认知系统	冷认知系统
情绪性	"知道"
"冲"	复杂的
条件反射的	反思的
快的	慢的

续表

热认知系统	冷认知系统
唯快不破	谋定而后动
因压力而强化	因压力而减缓
刺激控制	自我控制

资料来源：Metcalfe, J., and Mischel, W. "A Hot/Cool System of Delay of Gratification: Dynamics of Willpower," *Psychological Review* 106, no. 1（1999）. Reprinted with permission of the American Psychological Association.

本能反应

当冲突升级时，组队会受到破坏，它不仅不会激发新的创意思考，反而会减缓进展。经常会看到这样的情形：人们在原地打转，把一个观点说了一遍又一遍。如表2.2所示，当如下三个条件同时存在，冲突通常会加剧：一是对有争议或有限数据的不同解读，二是身处高不确定性中，三是存在高利害关系。尤其是当人们持有不同的价值观或信仰体系，或被不同的利益和动机驱使时，对话会变得特别激烈。这可能会使冲突的某些方面难以得到有效的、通透的讨论，因为人们常常犹豫不决，不愿意提及他们期望从某个潜在的决策结果中获得的个人利益。

表2.2 冷话题和热话题的对比

	冷认知话题	热认知话题
数据	可获得的，相对客观的，有利于检验不同的解读	有争议的，无法获得的，解读是高度主观的，不同的解读难以被检验
确定性的程度	高*	中度至低度

续表

	冷认知话题	热认知话题
利害关系	低度至中度	高
目标	大体上共享	基于内心深处的信仰、价值观或兴趣而有所差异
讨论	讲道理的，基于事实的，同僚般的	往往是情绪化的，对哪些事实是重要的以及它们意味着什么缺乏共识，有可能是隐蔽的人身攻击

* 高确定性指的是目前的事实情况或近期的可能情况，可以通过事实和分析相对容易地阐明。

资料来源：Edmondson, A. C., and Smith, D. M. " Too Hot to Handle? How to Manage Relationship Conflict," *California Management Review* 49, no. 1 (2006): 6–31. © 2006 by the Regents of the University of California. Reprinted by permission of University of California Press.

某公司的高管团队就出现了这些情况，出于信息保密，我称其为制造业精英公司。该公司的八位高级管理人员开会诊断和设计企业战略，我在几个月的时间里对他们进行了观察研究。伊恩·麦卡利斯特（Iain McAlister）是公司处于困境中的核心业务负责人，弗兰克·亚当斯（Frank Adams）是公司一家小型子公司的总裁，子公司相对成功且拥有低成本的生产线，两人因业务陷入了争吵，并很快演变成个人冲突。

亚当斯率先发言。他直视着麦卡利斯特，告诉大家："未来的行业增长点是低端廉价产品。"这意味着如果向麦卡利斯特负责的核心业务进行投资，将会是一次失败的冒险。亚当斯的提议一出，麦卡利斯特自然感觉对方是冲着自己来的，他反驳说自己的数据表明情况正好相反：客户里面重视质量和设计的人占大多数，公司需要在核心业务上投入更多资源，以重新恢复业务对该群体的吸引力、重塑品牌认同。此时，冲突已经升级。

正如经常发生的那样，特别是在模棱两可的情况下，对同一事实的解读冲突会加剧真相的矛盾。对亚当斯来说，数据清楚地表明核心业务存在根本性的缺陷；显而易见，只有低端市场在增长。然而，麦卡利斯特对亚当斯的结论并不买账。在麦卡利斯特看来，这些数据指向的是另一件事：要扩大利润丰厚的高端市场的市场份额，就必须拿出智能的、有吸引力的产品，这才是公司一路走来的成功做法，至少大多数时候是行之有效的。按照麦卡利斯特的说法，这只是一个时间和承诺的问题。面对相同的现实，针对如何应对充满不确定的未来，两位高管得出了截然不同的结论。随着会议的进行，亚当斯和麦卡利斯特继续争论，将冲突的火焰烧得更旺，两人都不肯放弃自己原来的立场，双方僵持不下。

当冲突进入僵局时，讨论往往开始变得个人化。亚当斯认为，麦卡利斯特错误观点的背后，实则是他想要在公司内提升个人话语权。不出所料，麦卡利斯特也是这么对亚当斯盖棺定论的。两人都深受基本归因错误之害。更普遍的是，无论是指责对方的动机、性格还是能力，在这种冲突旋涡中，人们往往会暗自责怪他人，认为是对方导致了集体任务陷入停滞。

管理者如何能从多样化的视角中学习，克服制造业精英公司所遭遇的组队挑战呢？换句话说，当讨论重要议题时，我们如何给热话题降温？清单2.2列出了四种策略，可以帮助我们缓解冲突，并保障成功组队所需的合作努力。

> **清单 2.2　领导者如何冷却冲突**
>
> ● 识别冲突的性质。尽管对产品设计或工作流程的意见分歧是有用的，个人摩擦和个性冲突却会产生反作用。了解冲突类型之间的差异，可以使领导者更好地管理有争议的交流。
>
> ● 树立良好沟通的典范。在面对冲突，特别是激烈的冲突时，良好的沟通能够让双方在陈述和提问时换位思考，这使得人们了解分歧的真正基础，看到每个立场背后的合理之处。
>
> ● 确定共同的目标。通过识别并拥抱共同的目标，团队能够克服基本归因错误，从而发展出一种信任的环境，而不是任由尊重被侵蚀。
>
> ● 鼓励困难的对话。在良好沟通的前提下，进行真实的对话有助于我们建立有韧性的关系，搁置意识形态和个人差异。

区分任务冲突与关系冲突

团队冲突领域的管理研究学者认为，只要团队远离冲突的个人层面和情绪层面，冲突就是建设性的。关于产品设计的意见分歧属于"任务冲突"，这类冲突是有用的；而个体间的摩擦或是情绪化属于"关系冲突"，这类冲突不仅没用，而且还有反作用，应加以避免。这些研究学者主张：任务冲突通过引入不同的观点来提高决策的质量，而关系冲突会损害团体动力和工作关系。

当然,这听起来是很好的建议。但问题是,这个建议过于简化了。首先,正如我们刚刚在制造业精英公司案例中看到的,说起来容易做起来难。亚当斯和麦卡利斯特都在试图远离情绪,避免个人摩擦。两人都没有刻意把过去的恩怨或猜疑带到谈判桌上。他们想专注于事实,并打算基于逻辑和分析做出一个明智的团队决策。尽管他们原本的出发点是好的,但最终还是陷入了激烈的争执,双方都感受到了挫败,并怀疑对方别有用心。为何从好意的起点出发,团队合作还是经常走到这一步呢?

许多冲突来自深层的个人价值观或利益上的差异,却被掩盖在专业意见分歧之下。例如,如果部分高管认为好的销售受设计驱动(如麦卡利斯特),而另一些高管认为顾客主要是受价格的吸引(如亚当斯),那么设计与价格的对立就是一种价值观冲突。价值观是我们所珍视的信念,当自己的价值观被别人否定时,即便是无意的,我们也会有强烈的情绪反应。亚当斯为子公司不断上升的销售额感到自豪,而麦卡利斯特则为母公司沿袭下来的设计传统感到骄傲。每个人都相信其他人会和他们有一样的价值观,只要他们是理智的,即前文提到的朴素实在论,但每个人都失望地发现自己错了。同样,当涉及个人利益时,比如当某个部门成为裁员的目标,人们将难以驾驭自己的情绪。

相反,当问题是纯粹的任务冲突时,用心平气和的方式解决分歧是很容易的。在这种情况下,分歧很容易通过摆事实讲道理得到解决。人们可以通过计算和分析来清晰评估眼下所有选项的利弊，从而裁定意见分歧。在这种情况下，避免关系冲突而专注于任务冲突的建议是可行的，也是明智的。然而，当冲突将价值观对立起来时，对冲突背后的情感、价值观和个体挣扎进行换位思考的讨论不仅是必要的，而且是富有成效的。如果做得巧妙，这种对话可以使重要的挑战和争论取得有意义的进展，而其中的部分挑战与争论恰恰关系到公司战略的核心。

良好的沟通和共同的目标

从本质上看，组队是将来自不同背景的人汇聚在一起以解决问题、协调过程、提出新想法并推动创新。人际互动可能是既投入又猛烈的。鉴于这种强度，即便领导者竭尽全力地规避关系冲突，它依旧会不请自来，出现在看似以任务为中心的讨论中。对于制造业精英公司的管理团队而言，需要解决的核心问题是：业绩增长之道究竟在于提升产品设计质量，还是降低产品价格？接下来的剧情发展，离不开领导力的刻意运用。

在我的同事、出色的团队干预者兼作家戴安娜·史密斯（Diana Smith）的帮助下，制造业精英管理团队重新校准了方向。这群高级管理人员能够一起学习和实践有效管理冲突的技能。首先，麦卡利斯特和亚当斯各自诚实地自我检视：他们各自的立场在多大程度上是基于公司的最佳利益，其中又掺杂了多少个人利益的考量。他们还考虑了他们的个人价值观如何影响了自己的观点。亚当斯是公司相对新的成员,他听麦卡利斯特这位老前辈讲述公司对设计完整性的长期重视。麦卡利斯特对公司的历史感到自豪。其他几位在公司工作多年的经理也纷纷加入对话,讲述了公司如何成功渡过之前的危机和缓慢增长期的故事。他们还谈到了使公司发展壮大的标志性设计。

在换位思考地倾听之后,亚当斯对公司的历史和声誉表达了赞赏。这也是他当初加入本公司的原因。亚当斯说,他理解为什么核心业务对麦卡利斯特如此重要,但他同时也希望麦卡利斯特和其他同事了解他在之前一家公司的经验,运营的高效和管理的精简确实产生了惊人的效果。

现在轮到麦卡利斯特倾听了。在亚当斯讲述他如何助力上一家公司的一个部门发展壮大之后,麦卡利斯特对他表达了敬意,正是他的过往业绩和战略敏捷度使得整个领导团队让他加入公司。会议室中的紧张气氛瞬间消散,就像气球里的空气被放掉一样。通过分享各自立场背后的个人经历和深层缘由,麦卡利斯特和亚当斯开始建立对彼此的尊重和信任。两个人都发现,他们其实可以好奇地去探究对方,看看是什么驱动着对方持有这样的立场。有位高管之前一直没有发言,此刻终于开口,指出公司目前棘手的问题,面对的挑战与过往相比存在一些根本上的不同。另一位高管则建议列出关键议题,诸如:我们将如何竞争?我们将如何降低成本?我们是否需要重新定义公司的核心使命?

面对分歧,高管们曾不由自主地产生情绪化反应,而这次他们学会了如何反思与应对这样的反应。抱着实验的心态，他们开始愿意重新框定眼前的局面，也就是换一个视角来看待同一个问题。反思和重塑框架是冷却激烈冲突的有效方法。情绪会裹挟着人们走向冲突爆发，并最终使团队的进展骤停，而如果我们对反思和重塑框架加以练习，就可以建立一个冲突冷却系统，打断这一局面。

鼓励困难的对话

通过回避情绪和个人差异，并不能有效地驾驭冲突。我们需要保持开放性。这是一种组队技能，首先要有意愿去探索而非回避不同的信仰和价值观。它要求我们公开承认情绪反应，探索导致情绪反应的原因，而不是假装它们不存在。人们需要意识到在不确定环境下的知识密集型工作中，任务冲突和关系冲突是不可分割的。团队成员必须明白，"打赢嘴仗"通常不会产生最佳解决方案，相反，最好的解决方案通常涉及对分歧的某种整合与熔炼。当人们集思广益、真心实意地相互学习时，他们几乎总能想出一个比任何人单独想出的更优解决方案。这是组队的最佳状态。

当我们真实地分享自己的思考方式或动机时，便能够构建真挚且具有韧性的关系，而后者是有效组队的关键。在麦卡利斯特和亚当斯意识到各自的看法并非绝对真理的那一刻，他们开始愿意放下意识形态与个人分歧，至少是暂时放下，然后重新加入同事并思考一系列新的问题。当然，他们需要接受指导和发挥与领导力相关的技巧。

领导者如果不能建立起"矛盾冲突某种程度来说对组队是必要的,甚至是理想的"这一理念,那么除了在最常规的工作环境中,他们注定会失败。为了缩小理想的领导方式和实际呈现出来的领导方式之间的差距,更多的人需要学习领导力技能,以更直接和更有效的方式驾驭冲突。这需要承诺、耐心、犯错的意愿、自我意识,当然还少不了一些幽默感。至少,这包含了对自我的审视:在冲突的情境中,甚至是激烈的争吵中,我扮演了怎样的角色?我是如何造成眼前这个问题的?

促进组队的领导力行动

组队和学习不会自然而然地发生。相反,人们需要进行协调,建立一定的结构,从而确保从成员的集体经验中获得洞见,并将其应用于指导后续行动。研究显示,在不同的行业案例和组织环境中,组队和学习都取决于对领导力的刻意使用。理解并解决冲突,需要领导力;鼓励对错误的开放讨论和对话,需要领导力;坚持过程纪律的同时不忘持续探索和实验,同样需要领导力。简而言之,领导力是帮助团体达成共识和协同行动的支点。

在近20年对组队的研究中,我注意到即便在截然不同的环境下,成功的组队也展现出了惊人相似的路径。尽管我所研究的组织有各异的运营环境,且其中一些企业处于过程知识光谱上的不同位置，但在试图促进重大转型或技术创新时，它们经历的失败却是类似的。为了帮助组织领导者，我把从研究中获得的正反两方面经验综合为四种领导力行动。在清单2.3中，这些行动构成了一种领导方式的基础，我称之为"组织学习"。正如第1章所解释的，组织学习是一个框架，用于创造一个有利于组队工作和学习活动的组织环境，比如获取集体洞见，整合不同领域的专长，以及分析不确定的结果。

清单2.3　组织学习的领导力行动
- 行动1：为学习构建框架。
- 行动2：创造心理安全感。
- 行动3：学会从失败中学习。
- 行动4：跨越职业和文化边界。

这四种行动会在接下来的部分进行概述，并在本书第二部分详细讨论。事实上，这些领导力行动不单单是为了组队和学习。在几乎所有场景中，这些个人实践都可以直接转化为更优秀的领导力与绩效表现。然而，作为组合拳，它们是成功领导一场组队努力的基础，同时将提供一条将学习融入日常执行的可行之路。

为学习构建框架

构建框架对于引领必要的变革以激发人们成为积极的学习

者至关重要。致力于通过组队来实现组织层面学习的领导者，必须以一种激励他人合作的方式来构建他们主导的项目环境。但研究者普遍认为，我们在工作中自发形成的许多框架是自我保护的。这种自我保护的框架极大抑制了协作、学习和改进的机会。然而，人们可以学会重塑框架，从自发的、自我保护的框架转变为反思的、以学习为导向的框架。想要做到这样，需要团队领导者互相依赖，团队成员得到赋能，且团队有一个高远的目标。第 3 章将详细探讨构建框架的过程，并为那些致力于促进组队、促进集体学习的领导者提供诸多切实可行的工具方法。

创造心理安全感

组织想要在当今复杂和不确定的世界胜出，离不开心理安全的环境这一基本要素。心理安全一词描述了一种氛围，身处其中的人们可以自由地表达想法、交流感受，而不必担心受到惩罚。虽然听起来很简单，但在同事们目光如炬的注视下，提出问题、寻求帮助、容忍错误的困难程度可能会出乎意料。协调和整合复杂的任务需要人们提出问题、公开分享想法，并在不过度担忧他人看法的情况下采取行动，因此，组队在心理安全的氛围中会蓬勃发展，而在没有心理安全的情况下会日渐式微。第 4 章展现了团队领导者如何通过培养心理安全的氛围，塑造并强化组队工作和集体学习的有关流程。

学会从失败中学习

一项可能有难度却必不可少的组队活动是：从失败中学习。广义的失败包括组织中大大小小不按计划进行的事件。例如，装配过程中出现的瑕疵，新药未能通过临床试验，或是战略会议的分歧。从各种失败中学习虽然很困难，但很重要。没有人希望在同事面前出丑，而且很少有人愿意承认失败。然而，失败是组队和组织层面学习的一个必要方面。我将在第5章阐释，各种失败都为我们创造了机会，从中获取关于如何改进流程或产品的新洞见。对于各类组织来说，秘诀在于找到方法来收集这些潜在的宝贵信息并采取行动，而非忽略它、压制它。

跨越职业和文化边界

今天成功的团队不仅能够围绕共享的会议桌进行良好的协作，还能够跨越边界进行合作，并联系到拥有帮助团队有效应用资源的知识和信息的人。技术的快速发展和对全球化的愈发强调，大大提高了跨界合作在当今工作环境中的重要性。然而，让我们能够实现跨大洋即时通信的信息技术，有时会让我们产生一种盲目的自信，认为卓有成效的团队合作只需"点击一下"就可以实现。教育和其他社会化进程导致人们偏爱自己所处的团体、专业学科、地域或部门。如果忽视这些边界，即便是最善意的组队努力也将遭受意外的打击。第6章探讨了组队时人们必须跨越的各种边界，以及人们如何学会面对观点差异、技能差异和地域差异进行协作。

领导力小结

为了让组队正常运转，参与者必须愿意提问、发表建议和表达关切。这通常包含跨多个地点的协调，以及跨不同专业领域的沟通。尽管看似简单，这种协作努力却常常受到人们诸多天性的考验。认知层面、人际层面和组织层面的因素会妨碍有效组队。某些心理偏见和错误会降低人类感知、预估和归因的准确性，从而导致团体张力和人际冲突。然而，冲突是组队的天然组成部分。

有效应对组队带来的冲突，并非通过避免情感和个人差异来完成，而是通过培养探索不同信仰和价值观的意愿来实现。希望运用组队并推动相伴而生的学习的领导者，需要培养有效应对冲突所必需的领导技能。无论组队最终的成败如何，这样做都会对各类工作团队带来切实的影响。即使是在"截止日期是第一生产力"的工作环境中，培育一种充满信任和尊重的氛围、灵活性和创新能够蓬勃发展的环境，也会稳赚不赔。

这些领导技能尽管十分挑战且罕见，但对于获取集体知识、整合多样性的专业观点和分析不确定的结果等组队活动来说，它们都是至关重要的。我在本章末尾提出的四种领导力行动，将在本书第二部分进行深入阐述，它们有助于培养一种组织环境，鼓励成功组队与组织层面学习所必需的行为。这些行动构成了"组织学习"的领导方式的基础。组织学习是一个领导力框架,它能够优化组队,并确保改进和创新所需的合作学习。

经验及行动

- 虽然在当今的组织中,组队工作必不可少,但无论是团队还是组织,并非天生擅长组队。
- 成功的组队需要四种行为:直言不讳、协作、实验和反思。
- 这些行为的实现基于迭代的循环。每一轮新的循环都将继承上一轮循环的结果,如此往复,直至实现期望的结果。
- 组队有若干好处。这些好处可以分为两类:更好的组织绩效;更让人敬业、满意的工作环境。
- 组队需要协作行为,然而这些行为也会引发团体张力和冲突。如果领导者不理解冲突是组队的必由之路,不学习应对冲突的必备技能,就注定失败。
- 为了缓解冲突,领导者应该识别冲突的性质,树立良好沟通的典范,确定共同的目标,并鼓励困难的对话。
- 由于组队的挑战,应特别关注领导者的角色。组织学习的心智模式和实践方法既能促进组队,也能促进学习。
- 成功实施组织学习的心智模式涉及四个行动:为学习构建框架,创造心理安全感,学会从失败中学习,以及跨越职业和文化边界。

第二部分 TEAMING

组织学习

第 3 章

善用框架的力量

　　组队行为和正式组织架构的要求往往大相径庭，因为后者依据专业进行分工，人们的注意力更多地集中在老板而非同事身上。天然的认知偏见也会妨碍组队工作，而恰恰在各式各样的知识型工作中，有效的组队需要能够暂时搁置自发的假设，即"我的观点比别人的观点更准确"。因此，在许多工作场所中，参与组队可能让人感觉是一种不自然的行为。因此，这需要领导力来构建能够培育组队的土壤。

　　若要使人们做出实质性的行为改变，构建框架（framing）将是一个至关重要的领导力行动，尤其是对于促进组队和学习而言。构建框架有助于人们用积极、建设性的视角去解读与变化相伴而生的模糊信号，同时也能够帮助人们理解新的绩效预期。本章探讨领导者如何为新的倡议或变革项目构建框架，以支持成功的组队，并使人们参与到即将来临的学习和问题解决之中。

　　如果领导者致力于使组队成为组织级学习的重要活动，就必须建立一种激励协作的工作框架。从病人护理到新产品开发，在其中的许多情境里，再怎么强调协作的必要性也不为过，但我们不得不反复重申：人们往往只关心自己的任务，而没有充分意识到自己的任务是如何嵌入更大的企业集体图景中的。领导者不能假设每个人都以同样的方式理解工作，因此，必须积极地为他们构建理解的框架。领导者必须摒弃自上而下的、凸显组织执行力的权威管理风格，转而帮助人们认识到他们之间的相互依赖关系，鼓励随之而来的组队和学习，并提供相应的资源。领导者构建的框架是基于具体情境的，关键维度包括：关于参与者角色的基本假设，关于组队意义的基本假设。想要促成组队、加速学习，领导者可以旗帜鲜明地设置一些团队角色，其职责是支持团队成员的好奇心、及时响应以及协作。同理，领导者需要将"一次崭新的组队努力"、"组队努力大概率会面临的挑战"与"可以激发和团结团队成员的更大意义感"连接起来。将这些要素搭建起来的第一个基本步骤是理解种种认知框架——它们无处不在，威力十足。

什么是"认知框架"

面对某种情形，人们会抱有一系列的假设或信念，我们称之为"框架"。大多数情况下，框架是自动触发的。我们很少能意识到叠加在情境之上的自动化框架的威力，因为我们视其为理所应当。框架几乎总是存在，它由我们过去的经验塑造而成。

不知不觉中,既往经验已经影响了我们对当下局面的思考和感受。框架本身无所谓好坏。我们透过个人经历和社会环境的隐形滤镜,来理解周围发生的事情。问题是我们往往认为自己的框架代表了事实本身,而实际上它仅仅展示了一张主观的"地图"。事实上,每个框架都给出了其四周的现实图景。

心照不宣的解读

在复杂情境中,比如繁忙的医院病房、改进项目或战略会议,人们解读着一些模糊信号,对正在进行的事情品头论足。认知研究表明,这些不费吹灰之力的解读往往是心照不宣的(被视为理所当然,不会被明确意识到),但威力十足。一旦我们解读了某个情境,我们就认为自己理解了它的真正含义。此外,当我们与他人密切合作时,我们会形成共同的解读,这些解读也成为了理所当然的一部分。因此,在一个特定的工作场所,人们经常通过心照不宣的、有默契的解读来看待正在发生的事情。尤其是在针对工作场所谈话的研究中,研究者已经识别出一些塑造我们相互交谈方式的框架。这些框架让人感觉很自然,却使得我们难以从对方身上学到东西,尤其是在观点冲突的时候。在冲突中,大多数人都有一个隐性目标,即赢得胜利。很少有人的目标是尽可能多地了解对方观点的有利之处。在这个框架中,冲突被视为一场必须获胜的竞争,而非一个需要被理解和解决的问题。

其他学者用"心智模式"(mental model)或"想当然的假

设"（taken-for-granted assumption）来表达类似的意思，但"构建框架"一词特别适用于理解组队行为。"框架"和"构建框架"暗含"透过某样东西看别的东西"的意思。框架以一种微妙的方式将我们的注意力引向感兴趣的对象的特征。虽然我们的注意力在画上，但画框可以在不知不觉中增强或削弱我们对画面颜色和形状的欣赏。同理，领导者和管理者可以使用认知框架来强调或鼓励某些有助于推动组队和学习所需行为的具体特质。

关于构建框架的力量，有一个家喻户晓的故事。在纳粹集中营中，幸存者维克多·弗兰克尔（Viktor Frankl）坚韧地度过了奥斯维辛的折磨，他想象自己正在与外面的朋友和家人对话，分享着自己在此地见证了怎样的勇敢故事。作为一名精神病学家，弗兰克尔后来这样提及自己的转变时刻：他意识到，与其认定自己每分每秒都身处痛苦和恐惧中，不如重视这段经历——在这段日子里，充满着面向未来的愿景和希望。从那一刻起，他便可以在最恶劣的环境中坚持下去了。这是一个极端的例子，但弗兰克尔关于勇气和坚韧的伟大故事让我们看到了重构框架的可能性，它可以让我们以一种完全不同的视角来看待相同的境遇。

为学习而重构框架

心理学家和行为科学家已经确认了一系列替代性认知框架的力量。举例来说，当人们把一项任务框定为"绩效情境"（performance situation）的时候，会更厌恶风险，更不愿意在遇到障碍时坚持下去。面对同一项任务，将其框定为"学习情境"（learning situation）的人则不会这样。采纳"学习框架"的人不仅可以在不熟悉的、具有挑战性的任务中坚持更久，而且最终也会学习到更多。不仅如此，那些持有"绩效框架"的人参与实验和创新的程度较低，而且在困难情境下不太可能制定出新战略，相反，他们更有可能退回到从前使用过的无效策略上去。类似地，其他研究还区分了"促进取向"（promotion orientation）和"预防取向"（prevention orientation）这两种框架在处理任务或挑战时的差异。促进取向的特点是理想、目标和对实现这些目标的热切渴望。它反映了一种将新情境看作可以获得新知的取向。相反，预防取向的特点是不得不做的责任感以及对于损失的警惕，它反映了一种将新情境看作可能失去地位的取向。

幸运的是，框架是可以改变的。行为学家和治疗师已经开始研究重构框架的过程，从而帮助人们改变他们的隐性框架，并在他们的生活中取得更好的结果。其中一种方法是理性行为疗法（rational behavioral therapy），即引导人们尝试用更建设性的、以学习为导向的框架来看待他们自己。此外，管理学研究也探索了框架构建的过程，包括它实现的原理，以及它对于结果的改善是多么有力。最值得关注的是组织学习的开创性学者之一克里斯·阿吉里斯（Chris Argyris），他多年对管理者进行研究，识别出塑造了他们在艰难的、对抗性的对话中彼此互动模式的隐性框架，并对这些框架提出挑战。同样，另一位开创性的研究学者，曾与阿吉里斯共事的唐纳德·舍恩（Donald Schön）的研究也表明了人们如何通过框定自己的角色，从而塑造自身的行为，进而决定了他们能够实现的结果。

关于构建框架的文献摘录

以下文章和书籍是社会心理学、语言学、社会学和组织行为学相关的经典著作，从中可以学习关于构建框架的内容。

Argyris, C. *On Organizational Learning*. Malden, MA: Blackwell Business, 1999.

Benford, R. D., and Snow, D. A. "Framing Processes and Social Movements: An Overview and Assessment." *Annual Review of Sociology* 26 (2000): 611–39.

Entman, M. R. "Framing: Toward Clarification of a Fractured Paradigm." *Journal of Communication* 43 (1993): 51–58.

Feldman, J., and Lakoff, G. I. *Framing the Debate*: *Famous Presidential Speeches and How Progressives Can Use Them to Change the Conversation* (*and Win Elections*). Brooklyn, NY: Ig, 2007.

Goffman, E. *Frame Analysis*: *An Essay on the Organization of Experience*. Cambridge, MA: Harvard University Press, 1974.

Hammond, S. (1998). *The Thin Book of Appreciative Inquiry*. Bend, OR.

> Lakoff, G. *Simple Framing*: *An Introduction to Framing and Its Uses in Politics*. Berkeley, CA: Rockridge Institute, 2006.
>
> Tversky, A. "The Framing of Decisions and the Psychology of Choice." *Science* 30 (1981): 453–458.

在心理学研究中,大多数框架模型包括两种对立的选择:学习－执行,实现目标－自我保护,有益健康－有损健康,等等。在此基础上,一个既定的项目或任何协作性质的工作,都可以被框定为一个"学习机会",或者仅仅是"执行"。如果工作需要解决新问题,那么将其框定为一次"学习机会"将是一个合适的框架。如果工作只是完成常规任务,且协调工作完全程序化,那么"执行"框架就很适用。

至于采用哪一种框架,主要取决于领导者。认知心理学家发现了个体在构建框架时的习惯性差异;行为学家列示了种种帮助个体重构框架的途径,以此改善他们的健康状况。无独有偶,组织研究学者已经表明,领导者可以通过构建框架或重构框架,强有力地影响他人对情境的反应或投入。下面的例子将强调领导者的力量,这种力量可以影响同事如何看待一个项目的意义,以及如何理解他们在目标实现过程中的角色。

变革项目的框架构建

心脏手术适用于治疗年龄相关的或遗传性的心脏问题。该手术整合多种专业人员和一系列专业设备，并通过精心编排形成规范操作。外科医生在器械护士、巡回护士、麻醉师和灌注师的支持下，对病变组织进行实际修复。护士在手术前和手术中协助外科医生，麻醉师控制对病人的麻醉，而灌注师则运行人工心肺机。

一个典型的心脏外科部门每年要做数百次心内直视手术（open-heart operations），而手术室团队的一系列个人任务构成了一个明确的常规操作。这也许是医院中最稳定的常规操作了，它存续了非常长的时间，并且每家医院都很相似。面对这种业界普遍做法，一家医疗公司在几年前推出了一项新技术——微创心脏手术（minimally invasive cardiac surgery，MICS）。MICS 使外科团队能够以较小的创伤性方式进行手术，因此，哪家医院采用它，哪家医院就能获得潜在的竞争优势。然而，使用该技术需要对手术室团队的合作方式进行深刻的改变。

传统的心内直视手术拯救了无数人的生命，但手术的侵入性会带来痛苦和漫长的恢复期。标准的心脏手术包括打开胸腔，切开胸骨，停止心脏跳动，修复心脏的受损部分，缝合胸部伤口。MICS 提供了一种侵入性较低的方法，通过肋骨之间的小切口进入心脏。这个小切口迫使外科医生在一个严重受限的空间内进行手术。人工心肺机的管子必须通过动脉进入，不能直接通过切口，而且必须在主动脉中插入一个气球并充气，当作内部钳子。这些变化需要更多协调。正如一位护士所记录的："当我读到培训手册时，我简直不敢相信。它与过去的标准操作有如此大的不同。"这并不令人惊讶，因为采用新技术比预期的要困难得多。

四个团队：两种结果

为了更好地理解实施新技术面临的挑战，我研究了 16 家不同的医院，他们的心脏外科科室都在尝试采用 MICS。起初，我并没有打算研究领导者的框架构建，但到研究结束时，这成为解释医院成功实施 MICS 最有力的单一因素。接下来，我们从 16 个案例中选择了 4 个代表性案例来总结研究成果。与以往关于创新的研究一致，本研究对过往已验证过的与成功结果相关的因素进行了严格的变量控制。这些因素包括医院的创新历史、项目资源、管理层支持程度，以及项目负责人的组织地位等。其中三家医院由资深外科医生负责该项目（有两家医院的医生是各自部门的主任），另一家医院由一名新晋的、资历较浅的外科医生带领转型工作；两家是学院型医院，另两家是社区医院；两家有较多的管理层支持，另外两家的管理层支持则较少。如表 3.1 所示，这些因素都不能解释实施 MICS 成功与否的差异。

四家医院中有两家成功地采用了 MICS，而另两家最终放弃了这一努力。成功和失败之间的差异并不在于管理层支持、项目资源、项目负责人的组织地位或人们的专业知识。令人惊讶的是，差异甚至不在于医院类型和创新历史。相反，每个项目负责人对项目的理解框架不同，这导致了不同团队的成员对技术和团队协作的需求产生了截然相反的态度。在研究过程中，人们看待 MICS 的框架有三个维度，如清单 3.1 所示。

第3章 善用框架的力量 / 89

表 3.1 四家医院的概况及隐含框架

	1号医院	2号医院	3号医院	4号医院
医院类型	学院型医院	社区医院	学院型医院	社区医院
创新历史	丰富	有限	丰富	有限
管理层支持程度	反对	中立	充分支持	充分支持
项目资源	有点受限	充足	充足	充足
项目负责人的组织地位	科室主任	初级外科医生	科室主任	科室主任
团队成员如何看待领导者在项目中发挥的作用	领导者是熟练的高级外科医生，他说明了为什么要采用该技术，表达了对技术的信心，同时也表示自己需要获得来自专业团队的帮助	领导者是初级外科医生，他传递了对挑战的兴奋，并强调了其他团队成员的关键作用	领导者是熟练的高级外科医生，他过去多的经验相关匹马即可使单枪之奏效	领导者是熟练的高级外科医生，他会将新技术带来的挑战和变化程度降到最低
团队成员如何看待自己在项目中发挥的作用	他们是被领导者亲自挑选的专业人员和被高度重视的下属，其技能对成功至关重要	他们是团队的关键成员，没有他们，项目就会失败	他们是外科医生的新技术项目的执行者	非外科医生团队成员被视为发挥着相对不重要的作用
团队成员如何看待项目的目的	为了救助病人	赋能团队，从而完成该部门的宏伟目标	彰显领先的能力	为了保持与其他医院的竞争力
团队成员如何看待自己能否在行动中做到直言不讳	护士："能够直言不讳，我感觉很自在。"	护士："这里有自由和开放的环境，每个人都能提供意见。"	护士："如果你观察到一些潜在问题，你有义务直言不讳，但要选择合适的时机。"	护士："(人们)害怕直言不讳。"
项目结果	成功实施	成功实施	最终放弃	早早放弃

> **清单 3.1　成功构建框架的关键维度**
>
> ● 领导者角色：外科医生，即团队领导者，将自己定位为一个相互依赖团队的领导，还是一位个人专家？
>
> ● 团队角色：团队成员的角色，是被赋能的合作伙伴，还是熟练的支持人员？
>
> ● 项目目的：项目目的是激励人心的，还是防御性的？

相较于其他因素，这三个框架维度最终决定了哪些心脏手术团队会成功，哪些会失败。此外，如果缺乏这三个维度，我们将很难理解领导力行动是如何引导组织成员采取基于团队的、协作导向的方式来解读现实的。

重构变革中领导者的角色

一般来说，领导者是站在舞台中央的发言人。他们能够得出对关键绩效差距的理解与共识，也有资格讲清楚新方向或新举措代表的潜在机会。相较于同事或其他人，人们总是会特别关注领导者的一言一行。因此，当邀请他人参与探索不确定的新行动路径时，领导者可以刻意地使用构建框架的方式来集中注意力，激励行动。我所说的刻意使用，是指领导者应该以一种鼓励团队合作和促进相互尊重的方式来自我表达，这对于帮助他人分享信息、提出问题以及尝试各种可能涉及的新行为或新任务都至关重要。

互赖的团队领导 vs. 独立的个人专家

在成功实施 MICS 的案例中，心脏外科医生都旗帜鲜明地表达了：想要让新技术最终奏效，大家彼此需要互相依赖。特别是，每位领导者都会强调自己也会犯错，也需要他人给一些建议。这些领导者解释说，如果人们不能够像团队一样工作，那么 MICS 流程几乎不可能被编排和设计出来。

要知道在心脏手术领域，外科医生一直占据着受人尊敬的崇高地位。在进行传统的心脏手术时，外科医生对手术室团队、病人和手术过程都保持绝对控制。总体来说，这种自上而下的方式在该环境中运作良好。问题是，MICS 并没有以同样的方式开展。它需要更多的协同和互动。由于外科医生无法像过去那样直接获得完整的心脏数据，他需要团队中的其他人报告各种显示器和图像的数据来指导行动。这些成功的领导者并没有表现出他们因此觉得自己的专业被质疑、地位被挑战，他们只是由衷地认识到 MICS 的落地过程需要依赖他人，并表达出了这种需要。

在 1 号医院，身为科室主任的团队负责人强调，他已经为这个项目亲自挑选了优秀的人才。2 号医院的团队负责人是一位年轻的外科医生，他则更进一步，将 MICS 的实施描述为一个需要结构化和领导力的项目。他的领导力呈现为两种具体形式：管理一个项目，以及授权一个精心挑选的团队。他意识到 MICS

对他自己和手术室团队的其他成员来说是一种范式的转变：

> 外科医生视自己为合作伙伴，而不是独裁者，这一能力至关重要。具体来说，你必须根据团队中其他成员的建议来改变你正在做的事情。这是对手术室及其工作方式的彻底重构。你仍然需要有人负责，但整个过程是如此不同。

他进一步解释说，自己的角色必须从发号施令者转变为团队成员，他希望能够授权并激励团队中的其他人付出改变所需要的努力。他关注到了手术室内的动力模式。他说，"外科医生从高处发号施令的整个模式已经消失了"，"出现了一种全新的互动浪潮"。

相比之下，3号医院的外科医生负责人认为，MICS作为一项变革，必须由外科医生带头推动，并特别强调其技术特点。他是一位全国知名的外科医生，以前在MICS方面有丰富的经验，他在采访中解释说，自己不认为新技术有什么特别的挑战性。相反，他认为实施过程只是"培训团队的问题"。他没有改变自己与手术室团队中其他人沟通的方法，他认为这些人应该懂他们的工作，也没有做什么来指导团队成员完成过渡。正如一位团队成员所指出的，这位外科医生只是希望"我们知道正在发生什么"。

同样，在4号医院，负责人几乎不做任何辅导，也很难接近。一位护士将他的领导风格描述为"非常有规矩"，她补充说,"在手术室里表现得体是他最看重的事情。我们在两次不同的访谈中被告知,外科医生是'船长','他是主席,他就是这样管理的'"。遗憾的是,3号医院和4号医院的两位领导者都未能创造一个互相依赖的协作环境。他们的态度和行动传递出一种信号,其他团队成员在新技术实施上并不重要。

询问、倾听和学习

正如这项研究所显示的,为了成功开发出新技术或新服务所需的新常规,需要组队和学习;然而命令-控制的领导方式无法促成组队和学习。相反,领导者必须明确表达:在他们看来,成功的结果离不开自己与他人的相互依赖,自己是可能出错的,是需要与大家协作的。然而,对许多领导者来说,这需要重新调整对领导力这个概念的理解。为了成功改变甚至变革既有的工作方式,领导者必须以邀请他人充分参与的姿态来确立自己在项目中的角色。他们需要改变现有的层级关系,寻求帮助,倾听,并承认自己的局限性。这样做有助于创造一种更加开放的环境,让所有的团队成员都参与进来。此外,领导者在表达自身角色时的做法差异会直接且明显地影响其他人看待他们自己角色的方式。

重构变革中团队成员的角色

组建临时团队时,人们根据职位、专长或个性自然而然地担任各种角色。由于这种情况在所难免,周全地框定不同人在集体努力中应扮演的角色,对于建立一个有凝聚力的团队和有效的工作过程就非常重要了。特别是在一个高度细分的传统工作环境中,任务的相互依赖性是通过明确的角色边界来预先管理的,要转变成为以来来回回沟通为特征的工作方式可能非常具有挑战性。要想使人们真正开始组队,就需要一个全新的框架。

赋能的团队 vs. 熟练的支持人员

在3号和4号医院,心脏外科团队成员苦苦挣扎于新技术所要求的变化,尤其是外科医生并不承认有如此重大的变化。成员们不认为自己是有价值的同事和先锋学习者,而只把自己看作干活儿的人。真正的团队合作感、同事间的陪伴与协同感都是缺失的。在3号医院,外科医生占据着专家的地位,其他成员的视野因而局限于完成自己特定的、预设的任务,看不到在此之外也能作出真正贡献的可能性。问题并不在于专业性本身,而在于外科医生用什么框架来看待自己的专业性,这一框架导致同事们认为他们的看法并不重要。然而,其他人扮演的角色并不需要那么多的外科专业知识,而是需要在手术过程中持续沟通以评估和指导手术操作。团队的配置默认按资排辈,外科医生在该环节亦未发挥任何作用,本就不成功的框架因此进一步受阻。3号和4号医院的处理方式可以总结如下:

- 对整个项目的总体看法是:实施新技术与常规的手术室情况相比并无差异。

- 在手术过程中，人们理解的目标是"做好你的本职工作"。
- 在项目期间，对个人的期望是了解自己的工作，并知道如何与其他人的工作互动。
- 除了主刀医生，其他参与者被视为下属。

相比之下，在 1 号和 2 号医院，所有的手术室团队成员对项目的进程有一种深刻的主人翁意识，并相信他们在项目的成功中发挥着关键作用。非外科医生直属团队的成员也能自在地表达他们的观察和担忧，他们被纳入有意义的反思和讨论之中，不仅评估新技术，而且评估团队过程。在 1 号和 2 号医院，团队成员被视为在成功实施中发挥着重要作用，其处理方式可以总结如下：

- 对整个项目的总体看法是：实施新技术是一个尝试性、挑战性的机会，而且充满了未知数。
- 在手术过程中，人们理解的目标是"在确保病人安全的情况下尽可能多地学习"。
- 在项目期间，对个人的期望是在完成工作的过程中互赖地沟通和行动，并克服出现的任何挑战。
- 除了主刀医生，其他参与者被视为合作伙伴、有价值的队友以及克服新挑战的重要资源。

1 号医院的团队负责人第一步是组建一个特殊的新手术室团队。在选择了第二位外科医生来管理数据收集后，他授权其他三个科室的领导来选择其余的团队成员。每个科室都进行了深思熟虑的选择。例如，心脏外科护理负责人选择自己和另一位经验丰富的护士参加，因为新手术程序具有挑战性。这位护士说自己被选中是因为"外科医生认识到我们的知识有多么的重要"。

这种框架重构延伸到了手术室之外。灌注师和护士开始重新框定自己的角色——从"支持外科医生工作的熟练技师"到"阅读医学文献的思考伙伴"。正如 2 号医院的一名灌注师所说："如果有一个不寻常的病例出现，我会向外科医生询问，查看文献，并事先与外科医生交谈。外科医生愿意接受我因此不断打扰他们。过去人们对这种做法持怀疑态度，但现在他们已经变得期待和我进行这种互动。"

智力与情感的双重承诺

在临时团队项目中，构建角色框架的一个关键部分是：向成员传递他们被选中参与这个项目是有原因的。这可以建立起成员在实施过程中智力与情感上的双重承诺。这同时也是对他人的一种邀请，让大家除了帮助执行，还能参与到工作细节的塑造过程中。这也代表了一种内隐的觉察，即新技术带来了变革的需要，变革是艰难的，且每个人的行为都会影响变革能否成功。当领导者强调他们已经为项目亲自挑选了优秀的人才时，这就建立了智力与情感上的承诺。

相反，当领导者不能传递出其他人在项目中扮演的重要角色时，团队成员可能不会相信他们能够且将为项目的成功做出真正的贡献。团队成员本来能够预见到新技术新流程可以如何为工作带来有助于组织或客户的转型，也本可以帮助塑造这一过程——但由于上述信念的缺失，他们在这方面的能力大打折扣。框架实实在在地影响着人们的承诺，激励人们为变革付出必要的努力，承担相应的风险。这些观察指向了一个简单但无可争议的事实：只有当每个人都发挥作用，组队才会发挥作用。当个体作出承诺，将在集体中努力合作，以应对那些伴随创新和实施过程不可避免的挫折，学习才会发生。刻意的、积极的框架重构激励着团队成员加强沟通，从而削弱等级制度的限制。于是，个人动机与项目意义才能更紧密地结合。

重构变革项目的意义

即便员工在个体层面意识到了问题，但如果他们不理解也不在乎共同的意义，那么在集体层面也不太可能做出解决这些问题的努力。因此，有效构建任务的框架意味着要为"项目为什么而存在"提供一个令人信服的答案。项目的意义是什么？该项目为员工、客户或社会提供什么价值？领导者的任务是讲清楚这一意义，并使众人因其而凝聚。创造意义感的努力是否奏效，取决于领导者将组队的努力与项目长短期目标相联系的能力，因为这些目标能不断激励人们在新的、不确定的事情上坚持下去。正如个体会有主动型或预防型的取向一样，项目意义也经常以进取型或防御型的方式来构建。

进取型 vs 防御型

尽管在实施 MICS 的过程中，上文的四家医院都有各自的独特历程，但对于新技术的引入原因，可分为两类团队信念。成功团队的成员都有一种意义感，可以说这种意义感是由为病人或医院完成令人瞩目的成就渴望所驱动。1号医院重视患者利益，2号医院则以挑战极限和开拓心脏手术的新边界为动力。相比之下，两个不成功团队（3号和4号医院）的目标从根本上说是防御型和反应式的，它们都把技术看作必须要承受的负担。驱动它们的是对竞争的担忧，限制它们的是应对技术变革的焦虑。与1号和2号医院的情况相反，当领导者没有努力推行一种新的、鼓舞人心的信念时，防御型的信念便成为一种默认状态。

虽然1号和3号两家医院都是学院型的，都需要创新以保持领先的行业地位，但它们的团队对MICS项目有着根本不同的看法，因为两位负责的外科医生对新技术实施的意义有着完全不同的框定。3号医院经验丰富的负责人认为新技术所带来的变化相对来说是微不足道的，因此没有明确框定这一流程，也不觉得有必要激励手术室团队的其他人学习新的工作流程。于是，团队成员只得自己去猜测实施MICS的理由，而在这个信息真空中，没有一个人最终给出了足够可信的说法。相反，他们将每一种新的流程视为令人恐惧的负担。由于没有明确看到变革的意义，团队成员因此认为，项目对于项目负责人来说是有好处的，他可以因此站在技术的前沿；但对于他们自己而言，却无法唤起主人翁意识。

对比来看1号医院的团队成员。我单独访谈的每个人都表示,在做一些帮助病人更快地从手术中恢复的新事情时,他们都有一种兴奋感。护士们表示,他们很高兴自己被选中参与该项目,且因为挑战的存在而备受激励。1号医院的高级外科医生将团队的注意力聚焦于病人的福祉,借此激励他们去克服学习MICS将要面对的困难。他经常告诉大家自己对这项技术越来越有信心,而团队成员都相信病人会从这项手术中获益良多。一位护士兴奋地说:"每次我们要做MICS时,我都觉得自己被点亮了。我可以看到这些病人恢复得很好。这是一段非常值得的经历。我真的很感谢我被选中。"

在另外两家社区医院(2号和4号)也能看到类似的差异。在4号医院,团队成员认为实施MICS的原因是为了"跟上时代",同时避免在未来受到竞争压力的影响。心脏外科主任决定采用MICS,他解释说:"我们希望每个人都知道我们能做到这一点。这与营销有关。"其他人认为他实施MICS的原因完全是"形象工程"。正如一位护士所解释的:"他不想在与其他医院的竞争中输掉。"相比之下,2号医院的团队成员表示,他们相信MICS是一个令人兴奋的机会,不仅可以为心脏病患者也可以为手术室团队探索可能性。正如2号医院的灌注师所言,MICS的实施是"关于一群人可以共同实现些什么"的努力。

旗帜鲜明地传递意义

凝聚他人意愿进而自主贡献是一项核心的领导力任务。这意味着,在不确定的、动态的环境中,领导者必须激发和引领集体学习的过程。要做到这一点，领导者必须传递一种清晰且有说服力的意义，让团队的所有成员产生共鸣。通常来说，能够激励组队的意义是超越赚钱或自我保护的，它将提供一个明确的、进取的目标。若是心怀一种进取的意义，人们将因可以帮助他人而感到兴奋，团队成员也更能够扛住学习的艰难。通过旗帜鲜明地传递对新流程或新技术日益增长的信心，领导者可以确保团队成员认识到：他们正在朝着实现意义的正确道路上前进。

总的来说，构建框架包含三个维度：确立领导者的角色，确立他人的角色，以及确立共同的意义。它们在决定重要变革努力的成败方面发挥着关键作用。在环境层面，通过帮助他人塑造对角色和目标的认识，刻意地构建框架决定了是创造一种支持协作和鼓励坚持的环境，还是一种防御型的环境，隐含地将变革视为一种需要容忍的负担。在个体层面，基于框架构建的差异做法，可以一眼看出谁把自己视作正在踏上一场有价值的学习成长之旅，而谁又仅仅是为了完成、应付和交差。

学习型框架 vs. 执行型框架

在实现重大变革的过程中，如果领导者视他人与自己是相互依赖的，视他人为自己重要的合作伙伴，并提出进取性的意义，那么他们便是在采用学习型框架（learning frame）。在前文讨论的四家医院团队中，有两个团队采用了学习型框架。相比之下，在那些有防御型目标的医院，领导者视自己为专家，在即将到来的历程中自己比其他任何人都重要，他人不过是提供支持的配角，这便是执行型框架（execution frame）。表 3.2 对比了学习型框架和执行型框架的三个维度。

表 3.2　学习型框架和执行型框架

项目维度	学习型框架	执行型框架
就实施项目而言，领导者如何看待自己	在克服未来挑战方面，与人相互依赖很重要	知道该怎么做，并处在"告诉别人该做什么"的位置
就实施项目而言，领导者如何看待他人	他人是有价值的合作伙伴，为应对未来的挑战提供关键资源	共同行动者或下级
对项目所带来局面的整体认知，以及相应的心照不宣的目标	具有挑战性，充满未知数，是尝试新概念和新技术的机会。心照不宣的目标是尽可能多地学习，以便弄清楚接下来该如何行动	与正常情况相同，或"与正常情况没太大区别"。心照不宣的目标是把活儿干了

学习型框架涉及一种更具包容性、以探询为导向的领导风格，具备这种领导力的负责人在团队中扮演合作共事的成员角色。手术室里的其他人视自己为羽翼丰满的团队成员，对一项有意义的事业的成功至关重要。相比之下，采用执行型框架的团队则默认对项目采用了防御型目标：例如，避免被附近的医院抢走市场份额。领导者被定位为技术专家，其他人则是提供支持的配角。此外，在 1 号和 2 号医院，非外科医生的团队成员在手术室里可以自信而自在地畅所欲言；而 3 号和 4 号医院恰恰相反。同样，团队成员被邀请加入一系列有意义的反思会

议中,讨论 MICS 的进展,这进一步证实了他们对项目成功发挥着不可替代的重要作用。

当管理一个风险和不确定性都很高的项目时,采用并传达学习型框架的领导者会帮助建立一种促进学习和创新的正反馈合作环境。相反,无论是有意为之还是心照不宣,当工作被定位为第一次就要"做对"时,人们在过程中的学习能力会减弱,最终也难以真正做对。只有当参与者对变化保持开放态度、渴望找到最优解,并认识到其他人可能有不同的观点时,人们才最有可能在面对不确定性的情况下成功实施变革。当人们非常清楚其他人可能以不同的方式观察或解释某件事情时,他们就更有可能产生好奇心,并让对方参与到相关的讨论中来,探讨该如何尝试。这正是学习型框架的本质。能否做到先不谈,仅仅是想到此种可能性,就需要人们具备与生俱来或刻意训练的自我意识、协作精神和好奇心。遗憾的是,无论是在企业还是在其他组织中,这些特质和相应的认知框架都极少自发出现。

改变框架

普遍来看,研究人员认为人们带到工作中的许多自发框架本质上是为了自我保护。遗憾的是,保护是有代价的。自我保护的框架极大地抑制了学习和改进的机会。研究表明,人们可以学会重构框架,从自发的自我保护框架转变为反思或学习导向的框架。而人们一旦这么做,新的框架便不再是心照不宣的

（至少在一开始不是），而是被明确提出来应用于某个情境或项目，从而使框架自身行之有效。下面是构建和强化学习型框架的具体步骤和策略，它们可以帮助个体用一种新的方式来解读自我角色。

构建学习型框架

在那些采用学习型框架并成功实施 MICS 的医院中，集体学习的过程包括四个紧密结合的、循环往复的步骤。首先，由领导者招募精心挑选的团队成员，然后是筹备，接着是多周期的试跑，最后是反思。表 3.3 总结了这些步骤，并展示了新技术的成功实施者都会去做的具体活动。同时它还指出要完成这些步骤，我们需要哪些底层认知（underlying cognitions）作为支撑。

表 3.3　成功实施项目所需的活动及认知框架

步骤	活动	认知框架（内隐认知）	效果
招募	• 在项目团队成员的选择上，传递出刻意的姿态 • 沟通项目的意义	• 该项目将为组织或人们的工作带来意义重大的改变 • 除我以外的其他人对于项目是否成功扮演着重要的角色	• 参与者感到是自己团队的一部分，有共同的意义感，并感到对项目的承诺
筹备	• 开展线下会议，以探讨新技术或其他变化带来的影响 • 用新的行为进行练习	• 项目要成功，我们需要学习如何共事以及预判问题	• 参与者在项目团队中表现出越来越高的承担人际风险的意愿，并有动力在新奇和不确定的行动上花费精力

续表

步骤	活动	认知框架 （内隐认知）	效果
试跑	• 尝试新的概念、过程和工具 • 密切关注正在发生什么	• 在这个实施阶段的行动都是试验 • 不用总想着第一次就能做对 • 我对将要发生什么保持着好奇心	• 每一个事件、每一个行动都被看作学习的机会；人们保持关注与警觉，随时留意着哪些是我们可以创造的改变
反思	• 讨论试跑结果	• 这将有助于我/我们从过去的试验中学习 • 我想知道有没有什么事情是我忽略但其他人看到了的	• 参与者讨论他们做了什么、发生了什么，然后分析这意味着什么，并在需要时进行头脑风暴，提出替代方案

招募

招募（enrollment）的关键要点是向成员传达：他们之所以加入某个项目、承担某个角色，是被精挑细选而选中的。这会建立起人们对此项工作的智力和情感承诺。招募也是为了建立一种意识，即新技术会带来变革，变革是有挑战性的，每个人的参与都会影响变革是否成功。招募是一项基础的领导行动，它为接下来的项目历程奠定了基调。它是关于推进变革的第一次沟通，使团队成员对他们自己以及整个组织即将面临的情况形成第一印象。此时，如果人们认为自己的参与将影响结果的达成，他们对此或是兴奋不已，或是坚信不疑，那么这将会产生深远的影响。

筹备

筹备（preparation）包括：参加一场外部培训，进行内部的团队练习，或是召开一次快速的团建会议，从而了解他人的优势、劣势、希望和恐惧。根据项目的性质，筹备阶段应该讨论如何改变现有的常规，以便收集实现此目标的想法。更重要的是进行明确的实践练习，因其可以减少在"真实"情况下尝试新事物时遇到的实际的和感知到的风险，因为在这种情况下，客户或其他局外人可能会受到伤害或形成负面印象。实践练习也使团队成员得以完善自己的技能，并将各自的行动结合起来。在筹备阶段应该做的另一件事情是建立团队规范，也就是需要聊透以下话题：团队成员应该如何合作，如何鼓励大家就内心的关切和观察直言不讳，以及权力关系如何对团体产生影响。

试跑

团队学习过程中的下一步是对新技术（或是其他类型的变革）进行首次真正的试跑（trial）。这意味着在推进实际工作的同时，主动把这项工作本身也视作一次试验，相信我们从中可以学到很多东西。从这一步起，人们开始设想新流程或新技术将如何重塑组织的工作方式，并使其落地。这里的目标并不是在第一次尝试时就完美地执行，而是快速识别确保项目未来成功所需做出的调整或改变。试跑环节奏效与否，取决于参与者是否有好奇心与求知欲。

反思

与上一步骤相配合，试跑的过程中，有的部分会奏效，有的部分不会奏效，而如果此时辅以反思（reflection），那么人们将有机会同时从二者中汲取经验。在每一轮试跑过后，那些富有建设性的意见应当被吸纳，用于进一步可能的改进。

最后两个步骤（即试跑和反思）是学习循环的基础，这种循环将推动实施或创新的成功发生。对于新流程或新技术的每次使用都是一次试验，且每一次都可能细微区别于上一次，直至其彻底固化为新的常规。只有注意到这些差异，分析其影响，并在下一次试跑的设计中加以考虑，这些差异才能发挥出价值。如此一来，后续行动的设计将持续受益于上次试跑中所收获的新知。变化是通过迭代发生的。

强化学习型框架

若想学习型框架更加深入人心，其中一个要素是将其公开，而不是私下实践。无论是主导还是参与一个变革项目的具体实施，个体实践者如果希望遵循重构框架的策略，就需要对组织里的其他人公开自己试图要做的努力，即允许他人理解学习型框架，对学习型框架提供反馈，甚至是尝试亲身践行学习型框架。值得注意的是，这并不是领导者的典型做法；更多时候，他们不会向外界透露自己邀请他人参与的策略（即便意图是高尚的）。清单 3.2 提供了五个强化学习型框架的领导策略。

清单 3.2　强化学习型框架的领导策略

- 通过口头解释加视觉展示来推广学习型框架。
- 解释什么样的人际关系和合作行为是被鼓励的，并以身作则，以此来强化框架。

- 用接地气的语言来解释所期待的行为，比如"看到不对的地方就要说出来"或"有问题就打电话问"。

- 发起一些活动，例如，召开启动会，把团队聚在一起倾听个体在组队或学习努力中的诉求，以及培训大家如何有效处理人际冲突。这些活动可以促进新流程或新常规，并帮助团队成员建立信心。

- 使用装饰物，比如在项目的工作区域摆放显眼的标识，从视觉的角度强化学习型框架。

我们需要"理想员工"吗？

本章强调了刻意为之的框架设计。然而，对组织学习影响最强烈的，往往是无意识的框架。许多管理者脑子里都有一个想当然的"理想员工"的概念：他可以轻松地处理任何出现的问题（当然是在不打扰管理者的前提下），悄悄地纠正错误（自己的和别人的）且绝无半句怨言，表现得完美无瑕，并且对组织及其流程有着深刻的承诺。我经常把这位假想中的员工摆到经理们面前，然后问他们："这个员工有什么问题？"他们几乎总是回答："哦，他并不存在！"我的回答是：不，这并不是问题所在。他是存在的。每个大型组织都有几个这样不知疲倦、不爱出风头的人。但这不是真正的问题。这个所谓的理想员工的问题在于，他让组织学习变得愈发困难。

在学习型组织中，问题和错误是需要被公开的，这样每个人才能从中学习。无瑕疵的表现意味着延展不足。而且，组织流程需要人们对其进行挑战，而非盲目地遵循和执行。在对"医院为什么不从失败中学习"的研究进行反思时，安妮塔·塔克（Anita Tucker）提出了一个富有挑战的建议：如果一个管理者想要建立学习型组织，就必须重新框定他们自己心目中的"理想员工"，并且做好准备去拥抱那些不安分的、破坏性的质疑者。正是这些人撬动了组织学习，他们在不断质疑和改进，而不是机械地接受、重复当前的做法。

个体框架重构的策略

在此之前，框架构建一直被作为领导者的职责来讨论。的确，构建框架是领导者积极影响他人和塑造结果的最重要方式之一。然而，任何参与变革行动的人，无论担任何种角色，都可以帮助构建或强化学习型框架，从而发挥领导作用。面对重大变革，身在其位的领导者不应该是唯一需要将工作视为"协同学习历程"的人。若是团队成员普遍参与到学习心智的共创之中，不仅可以确保这一框架得到广泛分享，还可以帮助其他人建立自己的领导技能。

想要转变一个人的框架，最具挑战性的是：我们能否察觉到那些深藏不露、被视为理所当然的框架，它们决定了我们对情境的看法。如清单3.3所示，做出重新构建框架的决定是相对容易的。然而，另一个不得不提的重要挑战是：很多时候，人们习惯于将所处的环境或即将面临的任务视为负担。而应对这种固有困难已融为自我意象（self-image）的一部分，这可能会减弱他们的责任感，妨碍他们取得卓越的成果。例如，当工作出现问题时，人们通常会用"当时情况非常困难，工作没做好，也不是我的错……"这种想法来自我辩护，以掩盖自己的心虚，或者推脱来自他人的指责。对一些人来说，这种心态根深蒂固，很难转变，而对其他人来说，认识到一个心照不宣的、无益的框架的存在，可以使他们得到解放。尝试一个全新的、赋能型的框架成为个人成长和发展的一个可喜契机。清单3.3展示了四种策略，对任何面临组队、学习、实施新技术或推动组织变革挑战的人来说，都可以利用这些策略来帮助调整现有的认知框架。

> **清单 3.3　个体重构框架的四种策略**
>
> 为了在任何组队或组织级学习项目中取得更好的效果，请尝试使用以下四种策略来重构框架。
>
> - 告诉自己这个项目与你以前做过的任何项目都不一样，这是一个令人兴奋的机会，可以尝试新的方法，并从中学习。
> - 将自己视为取得成功结果的关键因素，但如果其他人没有参与的意愿，你就无法取得成功。
> - 告诉自己其他人对项目成功是至关重要的，他们所能提供的关键知识和建议，可能是你难以预想的。
> - 如果满足了以上三项描述，那就尽你所能去与他人进行沟通吧！

以上重构框架的步骤，如果刻意练习，就会发挥出比它们看起来更大的价值。在医疗领域的文献中，存在着一个广泛接受的共识：如果不改变引发行为背后的基本认知，就很难改变行为以获得不同的结果。因此，个体重构框架的四种策略必须在新的情况下反复使用，直至内化为第二天性（second nature）。

领导力小结

在促进组队和学习方面，框架构建是一个好的起点。思维方式塑造行为，而行为又反过来影响达成预期结果的效率。这种基本的因果关系已经在不同研究领域的成果中被验证，包括认知心理学、行为疗法以及组织学习。认知心理学家已经识别出不同个体在构建框架时的习惯性差异，行为治疗师也摸索出帮助个体重构框架以改善其情感和心理健康的方法。本章强调了领导者的力量。变革项目的团队领导者处于独特的位置，可以影响其他人对项目的看法，特别是他们如何看待项目的意义，以及他们如何看待自己在实现该意义中的角色。

无论处于什么管理级别，当领导者能够认识到其他人尤其是下属的重要贡献，并能根据组织架构层级换位思考时，学习型框架便能够形成。特别是，变革领导者需要促进对目标、意义、期待行为的共同理解。他们应该不断强调，团队成员是为项目而精挑细选的。进而，领导者应该强调自己与团队中的其他人在实现成功结果道路上的高度互赖性。同时，领导者需要明确地传递一种可以激活团队成员进取的意义。这种意义既要有说服力，又要有挑战性，然而又不能太有挑战性，以免引起群体怀疑或无助的情绪。

总体来说，领导者的角色、成员的角色和项目的意义是构建框架的三个维度，当它们同时作用时，将深刻地影响人们如何协作，以及如何形成对当前任务的共同理解。在大多数传统企业环境中，这种学习导向的认知框架及相应行为都不常见。幸运的是，人们的认知框架是可以改变的。本章的最后部分为构建和强化新的、彼此更加互赖的框架提供了策略，以鼓励团队成员相互协作、继续坚持。这些策略的目的是帮助领导者用一种学习导向的视角去构建工作项目，同时明确传递出这样一个事实：变革项目非常需要每个人贡献自己最佳的想法，提出自己最富有洞察力的问题。这种努力旨在帮助每个人公开坦诚地交流，而这将开启一个建立心理安全环境的过程，后者我们将在下一章讨论。

经验及行动

- 框架即诠释，人们依靠它来感知与理解自身所处的环境。大多数情况下，框架是自动发生的。
- 框架重构是一个强有力的领导工具，可以改变行为，并让人们加入到变革中来。
- 组织成员，特别是管理团队成员，如何构建一个项目的框架，决定着项目的成败。

- 如果一个新倡议需要组队和学习的支撑，那么为其构建框架的关键在于角色和目标：领导者的角色、团队成员的角色，以及组队合作的目标或意义。
- 在构建领导角色时，领导者必须明确地表达彼此相互依赖的关系，并表达自己也是会出错的，自己需要与大家一起协作。
- 在定义团队成员的角色时，领导者需要强调他们已经挑选了对项目成功至关重要的专业人才。
- 为了激励和团结团队成员，领导者务必传递一个明确和令人信服的项目意义。
- 构建学习型框架包括四个迭代进行的步骤：招募、筹备、试跑和反思。
- 强化学习型框架的策略包括：口头解释加视觉展示；用接地气的语言来解释所期待的行为；发起促进新常规的活动并帮助团队成员建立信心；使用装饰物来视觉强化框架中的元素。
- 为了达到更好的组队学习效果，可以尝试使用以下个人重构框架的策略：告诉自己项目是一个令人兴奋的机会；将自己视为成功结果的关键；告诉自己其他人对成功结果很重要；与他人沟通时，确保已满足上述三点。

第 4 章
让团队感到安全

2003 年 1 月 16 日，哥伦比亚号航天飞机从肯尼迪航天中心（Kennedy Space Center）成功发射，执行为期 16 天的研究任务。第二天，航天飞机工程师罗德尼·罗查（Rodney Rocha）回看了发射录像，发现似乎一大块绝缘泡沫从航天飞机的外部油箱上掉了下来，并砸到了航天飞机的左翼，罗查对此深感忧虑。视频图像受分辨率限制呈现出模糊颗粒状，无法判断究竟发生了什么。为了确定是否发生了损坏，罗查希望从侦察卫星上获得航天飞机机翼的照片。尽管获取这些照片必须得到空军的授权，但这一要求本身在技术和财务上都不是难题。但是，这确实意味着美国国家航空航天局（NASA）不得不向国防部请求帮助。

一开始，罗查用电子邮件向他的直属上司表达了对卫星照片的需求，并用黑体字加粗强调了紧迫性。当得知他的请求不太可能得到满足时，罗查写了一封尖锐的电子邮件："还记得随处可见的 NASA 安全海报吗？上面写着'如果不安全，就说出来'。是的,就是这么严重。"然而,他并没有将这封邮件发给任务主管,而只是与其他工程师分享。后来,他解释说:"工程师们经常被告知不要越级向上汇报。"

罗查呼吁关注绝缘泡沫撞击机翼的问题受阻,这让他感到气馁,也使他相信,向 NASA 表达担忧会让自己仕途受阻。因此,当时间来到航天飞机飞行的第 8 天,在一次关键的任务管理团队会议上,罗查决定不把自己的焦虑说出来。他曾热切地盼望其他有更大影响力的人能够提出他们的担忧。然而,机会错过了。这个问题再也没有在任务管理团队会议上被讨论。就在失去这次发言机会的 8 天后,航天飞机在重返地球大气层时发生了爆炸,导致机组 7 名宇航员全部遇难。很久以后,在接受 ABC 电视采访时,新闻主播查理·吉布森(Charlie Gibson)问他,在那次任务管理团队会议上为什么没有表达他对航天飞机安全隐患的质疑,罗查回答道:"我就是做不到。我的级别太低了……而她(任务管理团队负责人琳达·哈姆(Linda Ham))在上面。"他把手举到头上方比划着。

2003 年哥伦比亚号航天飞机的悲剧,反映了在工作场所不能直言不讳造成的极端严重的后果——尤其是无法表达出那些试探性的、未经证实的想法——这是一种极为常见以至于见怪不怪的组织动态。人们不愿意表达担忧,或是做出可能有损自我形象的行为,这一现象广泛存在于各类行业与组织。如果并非事关重大,对错误保持沉默是可以理解的,但在许多情况下,错误可能是致命的。试想,一位护士在脑海中一闪而过地琢磨病人的用药剂量是否过高,但她随即否认了这种可能性。当她思考是否打电话给已经在家休息的医生时,她突然回想起上次打电话给他时,他是如何不屑一顾的。在这一瞬间的犹豫中,她的大脑夸大了医生看轻自己的后果,而低估了病人受到伤害的可能性。

类似的故事不仅出现在这家城市医院,而且在某次军事训练中上演,虽然二者看上去是如此的不同。一名年轻的飞行员注意到高级飞行员可能做出了一个关键的误判,但是没有即刻指出这个错误,而是任其发展。这位年轻的飞行员不仅级别较低,而且每次飞行都要接受正式的监督考核。尽管这两名飞行员是驾驶舱中互相依赖的队友,但一想到需要向上级长官直言不讳,还是会产生很大的情绪压力。与护士不同的是,这位年轻的飞行员实际上是在无视自己生命安全的情况下选择了沉默。无独有偶,他的想法又一次违背了理性,低估了不发声可能导致的致命坠机危险,而过分放大了他因被斥责或被忽视而感到的不适。

即使是那些身居高位的人,也不能免于对直言不讳的恐惧。一起来看下面的例子:一位高级管理人员最近被一家知名消费品公司聘用,对于公司计划中的收购,他保留了自己的意见。作为高层管理团队的新成员,他提醒自己现在还是个外人,他选择保持沉默,因为其他高管似乎对收购都很热衷。几个月以后,收购失败,团队聚在一起回顾所发生的一切。在一位顾问的帮助下,每位高管都在思考自己可能做过些什么以促成或避免失败。这位曾经保持沉默的高管,现在已完全不再是外人,他透露了之前的疑虑。他对之前的沉默公开表示歉意,并解释说因为看到其他人的兴趣如此浓厚，害怕自己最终成为让众人避之不及的"不受欢迎人员"。

所有这些案例都向我们揭示了一个共同点，人际关系的恐惧会在极大程度上主宰现代工作生活，并阻碍协作，而协作在当下主流的知识密集型组织里又是如此强烈地被需要。人际关系的恐惧是许多失败的根本原因，它们与个体互动和社交风险紧密相关。这个问题很普遍。我的研究发现，在企业、医院和政府机构中，人际关系的恐惧经常导致决策不当和执行不到位。幸运的是，通过新思维、新工作方式的有效领导和实践可以创造一个心理安全的环境，缓解这个问题。

心理安全感（psychological safety）一词描述的是一种氛围，在这种氛围中，人们感到可以自由地表达相关的想法和感受。尽管向他人求助或接受自己的错误听起来很简单，但当这一切都在同事的眼皮子底下进行时，实际做起来可能会极为困难。然而，如果组队的使命就是实现跨越差异的协同，就必须进行坦诚的对话，并公开讨论难堪的失误。

接下来的内容会阐释心理安全感的构建，并研究打造心理安全环境的方法和行为。依托于广泛的研究，我首先对心理安全感进行定义并挖掘其基本属性。接下来，我会阐述心理安全感促进成功组队和组织学习的七种方式，并分析等级制度对心理安全感的腐蚀作用。在本章的最后，我会详细解释如何培育心理安全感，包括团队领导者如何通过培养一个开放、安全的环境来直接和间接地塑造与加强集体学习进程。

信任与尊重

简而言之,心理安全感让成员之间更有可能给出严厉的反馈,并进行艰难的对话,而不需要在真相周围蹑手蹑脚。在心理安全的环境中,人们相信,即使他们犯了错误,别人也不会因此而惩罚或看轻自己。人们还相信,当自己寻找信息或寻求帮助时,其他人不会怨恨或羞辱他们。这种信念是在人们相互信任和尊重的环境下产生的,它催生了一种信心,即群体不会因为个体的直言不讳而羞辱、拒绝或惩罚他。因此,心理安全感是一种不言而喻的信念,即当你提出问题、寻求反馈、承认错误或提出一个可能看似古怪的想法时,其他人会如何回应。绝大多数人都觉得有必要管理人际风险,以维护自己的良好形象,特别是在职场中面对那些有权对他们进行评价的人时。这种需要既是工具性(instrumental)的(职场晋升和奖励可能取决于老板及同事的印象),也是社会情感性(socio-emotional)的(我们只是非常单纯地希望被喜欢而不是被反驳)。

心理安全感并不意味着要营造一个像亲密朋友间的舒适环境,它也不意味着没有压力或问题,更不意味着一个团体必须要有凝聚力或对事物有一致的看法。研究表明,团体的凝聚力有时会降低人们表达不同意见或挑战对方的意愿。人们熟知的"群体迷思"(groupthink)指的就是这个问题。具体来说,在许多有凝聚力的群体中,人们不愿意打破群体对某一重要问题的共识所带来的和谐感。这导致他们按兵不动,或是不承认自己持有不同的观点，从而造成决策失误。耶鲁大学教授欧文·詹尼斯（Irving Janis）将肯尼迪总统1961年派遣古巴流亡者入侵猪湾的失败决策归因于群体迷思。相比之下，心理安全感描述的是一种氛围，在这种氛围中，有人提出不同的观点是正常的，而且是受欢迎的。对不同意见的容忍，使得团体更有可能产生富有成效的讨论，并及早发现问题。

我发现许多人在工作中保持沉默，其实他们是十分痛苦和沮丧的。在我所研究的人群中，大部分人不提供意见或反馈，并不是因为他们已经"放弃"或不再关心，而是出于一种微妙而普遍的恐惧：不知他人将如何看待自己，尤其是那些有权势的人。正如大多数人都有的体验，当我们面对一个"微行为"（micro-behavior）的决策点时，每个人心里都有一个"小账本"，在"算账"过程中，我们会快速地评估该行为可能带来的人际风险，驾轻就熟。为了进一步说明微行为决策点的含义，可以试想一下，当你正与你的老板谈话，会有一闪而过的内心戏："我是否应该对此说些什么？"在这个几乎难以察觉的思考过程中，你权衡了潜在的收益和潜在的损失。你会想："如果我说出来，我会不会受到伤害，感到尴尬，或者受到批评？"如果你很快得出结论，答案是否定的，那么说明你有心理安全感，你就会继续说出你的想法（如果你认为答案可能是你会受到伤害，但你还是说了出来，那么你表现出的是勇气）。通常情况下，选择说出来意味着要保持真我。也就是说，去表达你心中与工作有关的真实想法和感受，而无须过度地自我审查。

实际情况是这样：承认错误或寻求帮助在某个工作环境中可能是不可想象的，但在另一个环境中却很容易被接受，甚至是被重视。这两种情况之间的差异就是心理安全感的本质所在。

将工作中的印象风险（image risk）降到最低的简单解决方案是什么也不做、什么也不说，除非你确定自己是绝对正确的。当然，我是在开玩笑。它不仅限制了创造力，扼杀了创新，阻碍真实关系，而且造成了另一种致命的风险——业绩和安全风险。这在核电等危险行业尤其如此，承认错误和寻求帮助是避免灾难的关键。同样地，在医院这类性命攸关的组织中，如果人们倾向于保持沉默而非说出担忧，也会造成严重的问题。对于医院及其他高风险组织的广泛研究表明，只靠规则和既定程序，并不能完全消除错误。在缺乏心理安全感的情况下，错误可能无法被发现或修正。这并不是因为人们故意违规，而是因为我们的解读方式有其微妙之处，这既包括我们如何看待不确定性，又包括我们如何看待一起工作的同事。

工作环境中的人际关系风险

无论频繁或偶尔，公开或隐晦，组织中的大多数人都在以一种持续的方式被评价。当位高权重的人在场时，人们更容易因可能产生的评价而感到巨大压力，然而这种感觉并不会在有同行和下属的场合就消失了。清单4.1列出了人们在工作环境中面临的四种具体的印象风险。

清单 4.1 工作中的印象风险

以下四类担忧极大地影响人们直接表达的意愿：

- 被视为"无知"。当个人提出问题或寻求信息时，他有可能被认为是无知的。我们中绝大部分人都至少经历过一次这样的时刻：自己犹豫要不要问出某个问题——因为其他人好像也没有问问题，或是觉得自己其实理应知道这个问题的答案。

- 被视为"不胜任"。当承认错误、寻求帮助或接受实验带来的大概率失败时，人们有可能被视为不胜任。例如，如果你承认你尝试的东西没有达到预期的效果，就有可能向其他人发出信号，表明你技能欠佳、聪明不足，无法可靠地交付自己的工作。

- 被视为"消极"。为了学习和改进，批判性地评估当前和过去的活动和表现是至关重要的。然而，被视为消极的风险往往阻止人们提供批判性意见。人们常常认为，评判别人的表现会使他们显得过于挑剔或难以共事。此外，众所周知，坏消息很少能在等级组织中顺利地向上传递。

- 被视为"有破坏性"。由于害怕打乱或挤占他人的时间，人们避免寻求反馈、信息或帮助。特别是，个人往往不愿意寻求有关其表现的反馈，尽管从反馈中可以收获个人成长。除了因为担心可能会听到负面评价，这种不情愿也源自不想被认为是在打扰他人或是无法独立处理事情。

当我们在工作中直言忧虑或问题时，有可能被视为无知。无论对与错，人们可能期望我们已经知道答案或了解情况。同样，多数人凭直觉认为，说出错误或寻求帮助会导致人们得出他们不胜任的结论。而当有人说出问题或错误时，也会有被认为是消极的风险。大多数人都认为自己是在尽力工作，当别人给他们负面反馈时，会被认为是不准确的，所以信息传递者会被视为麻烦制造者。最后，在传递某些坏消息时，我们可能会冒着给人留下破坏性印象的风险。这在繁忙的组织中尤其如此，在正常的工作时间内，人们要完成工作任务已经很难了，因此，打扰别人似乎是在捣乱而非帮忙。

"正面打扰"

有趣的是，明尼苏达大学教授玛丽·策尔默-布鲁恩（Mary Zellmer-Bruhn）的研究表明，打扰有利于学习。一项对于90个来自制药和医疗产品行业的团队的研究发现，打扰促进了知识的迁移和新常规的习得。尽管直言不讳有这样或那样的好处，然而，由于固有的风险和恐惧，组织沉默是相当普遍的。在研究中，超过85%的受访经理和员工承认，尽管有不同意见，他们仍然曾经选择对某个问题保持沉默。

心理安全感研究简史

心理安全感的概念起源于早期的组织变革研究。1965年，麻省理工学院的教授埃德加·沙因（Edgar Schein）和沃伦·本尼斯（Warren Bennis，后成为南加州大学教授）讨论了创造心理安全感的必要性，以使人们在变革中感到安全并有能力改变。沙因在后来的一篇论文中写道，当人们遇到与自己的预期或希望相矛盾的现象时，心理安全感有助于他们克服防御性行为或"学习焦虑"。他表示，有了心理安全感，个人就可以一身轻松地专注于集体目标和问题防范，而不是总想着自我保护。

从那时起，其他几位研究者也开始探讨工作环境中的心理安全感。波士顿大学教授威廉·卡恩（William Kahn）在1990年发表的一篇有影响力的论文中提出，心理安全感能够使个人在工作中充分参与。他研究了心理安全感如何影响个人在组织环境中参与的意愿——也就是说，"在工作所赋予的职责角色中，调动自己的身体、认知和情感来表达参与意愿"，而不是脱离或"后撤并捍卫自我"。同时，卡恩认为，当一个特定群体中的关系以信任和尊重为特征时，人们更有可能相信他们会从质疑声中获益——这是心理安全感的定义性特征。

1999年，我提出了团队心理安全感这一术语，作为一个团体层面（group-level）的概念框架。我的研究表明，心理安全感通常着眼于团队这一层面，而并非是员工个体的属性。在系列研究中，横跨不同组织与行业，我发现：一群紧密合作的团队成员，比如同一团队或组队过程中的不同成员，对心理安全感的感知是相似的。这是因为在一起工作的人往往受相同的背景影响，他们的认知是在重要的共同经历中发展出来的。例如，如果人们在讨论错误时，他人曾表达过赞赏或是兴趣，那么就会得出结论：犯错不会招致轻蔑或嘲笑。此外，我的研究还发现，心理安全感的水平在不同的部门和不同的工作小组是不同的。这意味着，心理安全感不是一种个性差异，而是领导者可以而且必须致力于打造的工作场所特征。

心理安全感是团队层面的微环境特征

在几乎所有的公司或组织中，即使是拥有强大的文化环境，心理安全感在不同的部门之间也存在差异。例如，医院的不同楼层，公司的不同部门，或是连锁餐厅的不同店面，皆是如此。在某地区的公立学校系统中，心理安全感在不同的学校之间，甚至在同一所学校的不同教室之间都可能存在很大的差异。因为这是一个属地化的现象，心理安全感是不可能通过高层的授权或要求来改变的。相反，它是团队氛围的普遍维度，它的形成和两个因素相关：团队领导者的框架和行为，以及工作伙伴的日常行为和互动。

非正式关系（informal relationships）在心理安全感方面起着重要作用。如果你在工作环境中感到心理安全，你的同事也有可能感到心理安全。你可能是一个外向的人，与内向的人一起工作，或者相反。心理安全感与乐群性（gregariousness，一种人格特质）无关，它是关于你如何看待"做自己"以及"直言不讳"的可能后果，不仅在平时，也包括坏消息传来的时刻。

在生产线或后厨作业间,人们对彼此的感觉与他们的工作效率有很大的关系。研究表明,人们通常把温暖、可信度、道德看得比能力更重要。这大概是因为从进化的角度来看,与他人的能力相比,他人的意图对于我们的生存更重要。如果人们认为一个同事不温暖或不值得信任,他们将不太可能提出问题或以组队协作和学习所需要的方式进行互动,即使该同事被认为是有能力的。

学习和组队需要心理安全感

在心理安全的环境中,人们愿意提出想法、问题和担忧。他们甚至愿意失败,而且在失败的同时,他们还能从中学习。心理安全感的需求是基于这样一个前提:当知识和最佳实践处于不断变化和涌现的状态时,没有人能够在所有情况下都表现得完美。在具体的工作场所中,共同认可这一事实有助于建立心理安全感。但是,当思想和观点充斥着不确定性,尤其是当我们自己的观点与他人观点不一致的时候,哪条路的人际阻力更少,就走哪条路。这种情况可能发生在事关重大的时候(病人的健康、飞机的安全、高价的并购),也可能发生在无关紧要的时候(例如,没有把一个细微的改进想法传递给本可以采取行动的个人或团队)。无论哪种情况,如果一个组织的持续成功与存活都有赖于学习,但人们却保持沉默,那么该组织中的组队行为将会遭到抑制。

所以，在知识不断变化或员工需要组队协作的组织中，心理安全感是至关重要的。在研究环境因素、组织层面学习和团队绩效之间的相关性时，研究人员发现，工作场所的心理安全感能提供以下七大好处。清单 4.2 对此做了详细列示。

清单 4.2 心理安全感的好处

- 鼓励直言不讳。心理安全感使得人们不再那么担忧他人对自己可能招致尴尬的行为或举措将作何反应。

- 使思维清晰。当大脑因恐惧而被激活，大脑对探索、设计或分析的神经处理能力就会降低。

- 支持建设性冲突。心理安全感允许自我表达、建设性讨论和对冲突更周全换位的处理。

- 缓冲失败。心理安全的氛围使报告和讨论错误更容易，因此错误也得以更普遍地涌现。

- 促进创新。消除了对发言的恐惧，人们因而能够提出新颖的想法和可能性，而后者是开发创新产品和服务不可或缺的。

- 消除实现高绩效目标的障碍。有了心理安全感，个人可以专注于实现激励性目标，而不是过度自我保护。

- 增强责任度。心理安全感不是支持一种放任的气氛，而是创造一种氛围，支持人们承担必要的人际风险，以追求高标准和实现挑战性的目标。

鼓励直言不讳

关注职场心理安全感的最重要原因是它鼓励人们直言不讳。这包括提高学习行为出现的概率，比如寻求帮助、实验和讨论错误。多数情况下，人们没有意识到心理安全感是工作环境的一个具体维度：只是觉得说出自己知道的事情、问出自己想问的问题有风险，于是就干脆保持沉默。大多数人并没有花很多时间去思考"如何以及为什么会感到有风险"，但我发现，当被询问时，大多数人能很容易地用一些词来描述他们工作环境的特征。人们可以通过直觉感知到，他们身处的工作环境是否让人有足够的心理安全感。

使思维清晰

神经经济学家格雷戈里·伯恩斯（Gregory Berns）是埃默里大学的研究员和教授，他通过大脑成像实验证明，当大脑中通常处理疼痛的部分被恐惧激活时，大脑对探索性活动的神经处理能力会降低。低强度的恐惧会导致感知、认知和行为的变化，包括降低注意力以关注潜在威胁。同样，高强度的恐惧会引发大脑中的"战逃反应"（fight-or-flight），使得有效认知能力进一步降低。这意味着，当恐惧在神经系统中被激活时，员工分析、创新或沟通的能力会降低，而这些能力恰恰是获得最佳绩效所需要的。然而，一种心理安全的环境可以让大脑最大限度地发挥其神经处理能力，以实现清晰的思维和创造性的表达。

支持建设性冲突

正如第 2 章所讨论的，在组队中，冲突是不可避免的。心理安全感并不能确保无冲突的组队协作。事实上，相比一个不太安全的工作环境，心理安全的环境可能会导致更多的冲突和分歧。在这样的环境中，教师会表达其对于教学方法的不同观念，护士会质疑特定程序的使用，项目组成员可能会对责任的不对等表示不满。哈佛商学院教授多萝西·伦哈德-巴顿（Dorothy Leonard-Barton）称其为"创造性摩擦"，这种类型的冲突必须经由心理安全感的调节，方可促成讨论和创新所需的学习氛围。否则，这种冲突就是破坏性的，其特点是攻击性和可能带来的羞辱。在那些欢迎自我表达和建设性讨论的组织里，人们可能看起来会有些"难以相处"，因为大家非常直接。他们会坦诚说出自己的想法，并且不害怕被证明自己是错误的。

缓冲失败

当人们不得不面对失败时，心理安全感的重要性最能得以凸显。我是在一次偶然的情况下，发现了心理安全感与失败之间的关联。当我第一次研究团队合作时，我的目标是证明更好的团队合作会导致更少的错误。在关于组队如何帮助准确用药的研究中，我的假设是，合作越好的团队，错误率越低。然而，当进行统计分析时，数据结果却明确显示：领导有方、关系良好的团队犯的错误更多，而不是更少。这就产生了一个困惑：难道一个团队管理得越好，犯的错误就越多？经过更多的研究，我证明了与采取惩罚措施进行管理的团队相比，在有心理安全感氛围的团队中，暴露和讨论错误更加容易，也更为普遍。

促进创新

研究还发现，心理安全感是创新的关键。消除对发言的恐惧，使人们能够提出新颖而非传统的想法，这是开发创新产品和服务不可或缺的。社会心理学家迈克尔·韦斯特（Michael West）和尼尔·安德森（Neil Anderson）研究英国医院的高层管理团队时发现：组织里的氛围如果鼓励畅所欲言，那人们更能深度参与，从而提出更多的创新想法。同样，实验性社会心理学家莱斯利·简斯（Leslie Janes）和詹姆斯·奥尔森（James Olson）发现，相较于那些被幽默包围的人（这种幽默中并不带有对他人的嘲笑），曾目睹他人遭受嘲笑的人（即使仅仅是从视频里面看到这一过程）不仅更缺乏创造力、更容易顺从，也更害怕失败。同样，在第 3 章讨论的心脏手术团队的研究案例中，具有更多心理安全感的团队能够更好地进行创新。这是医院成功实施新技术的一个关键因素。

消除实现高绩效目标的障碍

社会心理学的大量研究表明，明确的、具有挑战性的目标对激励团队/团体的努力及成就有很大的好处。然而，人际关系的恐惧会像大石头一样，阻碍上述激励作用的实现。为什么呢？为了合作以及实现共同目标，人们需要做出某些行为，而一个人如果担心他人对自己的印象，就可能不愿意去践行这些行为。这种努力行为是没有脚本的，需要即兴发挥。成功的即兴表演需要接受做错事、做傻事、做无用功的可能性。此外，如果一个团体中工作的人不信任对方，心理安全感很低，他们就往往更关注实现自己的目标而不是合作目标。相反，以相互信任和尊重为特征的心理安全氛围会促进合作行为，促进对彼此专业知识的分享和使用。即使有强烈的愿望去设计更好的生产流程或实施新技术，要是没有某种程度的心理安全感，人们也会认为全身心投入必要的合作和探究以完成这类目标的风险实在太大，目标的实现因此阻碍重重。

增强责任度

有些人可能会说，在工作场所促进心理安全感会使人们难以承担责任。当然，如果员工彼此之间太过友好或亲近，陷入更适合在休息室而非会议室的行为中，业绩可能就会下滑。但是，培育心理安全感并不意味着创造一种放任的、松垮的或无纪律的组织氛围。它意味着创造一种氛围，让人们在承担改进和创新的必要风险时感到安全。心理安全感是团体人际氛围的一个组成部分，而责任度是另一个组成部分。责任度定义了人们在多大程度上被期待去坚持高标准、追求挑战性目标。心理安全感和责任度并不是一个连续光谱的两端，而是工作场所环境里的两个不同维度。为了帮助澄清这种关系，图 4.1 描述了四种组织状态。很少有工作场所是单一的类型,但对这四种组织状态本质的理解有助于人们从直觉上感知心理安全感和高责任度之间的联系。

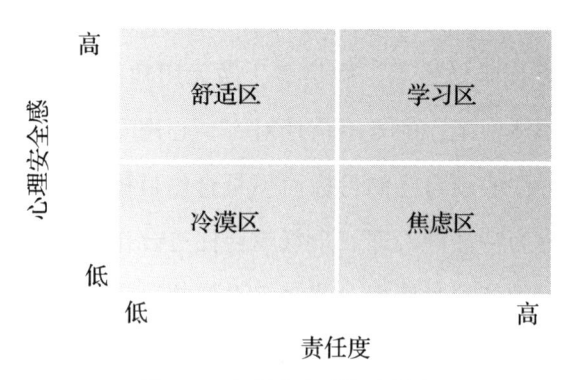

图 4.1 心理安全感和责任度

资料来源:Edmondson, A. C. " The Competitive Imperative of Learning," *HBS Centennial Issue. Harvard Business Review* 86, nos. 7/8 (2008): 60–67. Reprinted with permission of *Harvard Business Review*.

在心理安全感和责任度都很低的工作群体中(左下),员工往往对自己的工作持观望态度。自主的努力可能用于争权夺利,而不是完成共同目标。最容易让人陷入这个象限的组织是大型的、头重脚轻的官僚机构,身处其中的人们确实能够、也的确琢磨出了如何用最小的努力来完成他们的工作。在高心理安全感、低责任度的工作场所中(左上),人们喜欢彼此合作,真正地融洽相处,但很少感到有挑战性。因此,他们很少努力工作。家族企业和政府机构有相当比例(但肯定不是全部)位于这个象限。员工在"做自己"的时候很舒服,但没有一个强有力的理由来寻求额外的挑战,就很难促进学习和创新。人们称这个象限为"舒适区"。

在当今快节奏的工作场所环境中，业绩标准高但心理安全感低的组织（右下）太常见了。它们是滋生焦虑的温床。遗憾的是，这些组织中的管理者容易将制定高标准与好的管理混为一谈。在一个以不确定性和相互依赖为特征的环境中，高标准加上缺乏心理安全感，就会产生次优绩效（suboptimal performance）的结果。管理者错误地认为，强烈的绩效压力是确保优秀业绩的最佳方式，虽然这种想法往往是善意的，但他们无意中创造了一种环境，使员工不敢提出想法，不敢尝试新的程序，也不敢寻求帮助。当工作是明确的、个人化的，这样的做法是会奏效的；而当存在不确定性或出现了协作的需求，该做法则更有可能导致焦虑，而非成功。

当责任度和心理安全感都很高时（右上），人们就可以很容易地进行协同配合，相互学习，最终完成工作。当今一些最成功的组织已经开始致力于建立以高责任度和高心理安全感为特征的工作环境。为了做到这一点，这些组织已经摸索出了应对等级制度与心理安全感之间张力的方法。

等级制度对心理安全感的影响

正如第 2 章所讨论的，人们对权力和等级制度的强烈敏感既是基因决定的，也是社会塑造的。这意味着大多数人对于他们在职场权力等级中的位置再清楚不过了。此外，他们的位置也塑造着他们关于"在自己所处的团队或团体中在人际关系上冒险到底安不安全"的看法。遗憾的是，研究表明，在小组或部门中地位较低的人通常比地位较高的人感到更少的心理安全感。这使得他们在不确定某件事情时，不太可能向他人核实，更害怕错误会对他们不利，不太能提出棘手的问题，也不确定其他人是否重视他们的技能。如果组织一线的人要么很无知，要么缺乏想法，或者反过来，总是知道该做什么、该说什么，那么其实也还好。但在大多数组织中，压根儿就不是这样的。处于低阶的员工经常会遇到可以提问或发表观点的机会。领导层务必确保能让他们同时做到这两点。尽管时常把授权赋能挂在嘴上，但领导者可能没有意识到等级或地位差异所带来的恐惧，因此，并没有做足工作以确保在一个心理安全的环境中传递授权信号。

等级制度与恐惧

恐惧在等级制度中的作用由来已久。长期以来恐惧一直被用作维持控制的工具。如果等级制度下的人害怕那些有权有势的人，那么他们就会顺理成章地做当权者希望他们做的事。但是，正如本章会探讨的，恐惧作为一种激励手段存在深刻的局限性，尤其是对于知识密集型工作而言。

问题在于，天生嵌入等级制度中的恐惧，既不是人们拍拍肩膀就能轻松掸走的，也不会被心理安全感所取代。你也许会说，我们这是在与几千年来的基因驯化和社会发展规律作对。在自然界，首领占据着主导地位，等级较低的从属学会了一个道理：要想生存，就得自我保护。同样，人类在危险情况下的生理反应，包括心跳剧烈、肾上腺素飙升、大脑加速运转，以及渴望逃离等，都被经验确认为保障基本生存的必要条件，尽管它在当今的职场环境中早已失效。包括哈罗德·本森（Harold Benson，其研究包括如何帮助人们缓解生理压力）在内的当代心身医学实践者发现，当听到消防车的警报声时，人们身体做出的反应类似于面对一头袭来的狮子时的反应。其他研究表明，在个人或组织层面，恐惧会阻碍集体学习，它会导致处于从属地位的人们倾向于隐瞒自己还在犹豫的真实想法。毫不奇怪，这种"不想暴露自己"的欲望会阻碍组队合作的进程。在我们常见的话语体系里，直言不讳约等于"把刀架在自己的脖子上"。一想到这个，就很容易理解为何直言不讳从来不是我们的第一反应。

当等级制度抑制了发声

让我们简单回顾下本章开始提到的航天飞机的悲剧。作为一个工程师，一个需要与其他人一起发挥专长、共同合作的工程师，为什么无法做到对他所担忧的事直言不讳？一个原因在于NASA的等级文化。另一个原因在于团队的领导处理会议的方式。在任务管理团队会议上，团队负责人琳达·哈姆经常在会议开始就权威性地陈述她的观点，其中就包括她坚信发射任务并不会因为可能的泡沫撞击而陷入危险。这提高了其他人直言不讳的门槛。

即便这不是位高权重者的初衷，但是当他们开始以权威的姿态首先发言时，往往也会导致其他人进行更多的自我审查。同时，在有意无意中，管理者变得不那么愿意去跟有意义的不同声音进行交锋，体现为他们会去寻找他人对自己观点的拥护，而非诚实的质疑。哈姆正是这样做的，她在任务管理团队会议的几个关键时刻上要求卡尔文（Calvin）提供自己的意见，从而支持她自己的想法——泡沫撞击不存在安全问题。卡尔文在NASA工作了38年，是一位非常资深和受尊敬的元老级人物。他强烈质疑泡沫撞击会给飞行任务带来危险。可悲的是，哈姆没有考虑到卡尔文的专长是在航天飞机硬件表层的其他方面。卡尔文的表态使其他有想法、有见地的工程师更难以直言不讳地反驳这一压倒性的观点了。

缺乏心理安全感

如果问人们是否喜欢在一个有心理安全感的地方工作，可以猜测大多数人都会做出肯定的回答。谁不想在人际关系风险低、学习行为受到赞赏、个人和集体绩效高的地方工作呢？然而，一项研究发现，在众多国家的不同行业中，工作场所心理安全感的中位数为76（满分100）。这表明，全球有相当比例的劳动力受雇于心理安全感程度偏低的组织，这些组织的心理安全感并不足以支撑真正的团队合作和组织学习。

在承认 NASA 的航天飞机项目缺乏心理安全感的同时，一些人认为，持不同意见者因为缺乏勇气而没有直言不讳，这是他们的责任。前宇航员吉姆·巴吉安（Jim Bagian）是这样说的："本应该，本愿意，本可以……这些都不重要。彼时彼刻，有人问你了，但你退缩了。你要是退缩了，就不能怪到别人头上，只能怪自己。可没人拿枪指着你。"但美国空军前部长希拉·维德诺尔（Sheila Widnall）却建议，探询的责任恰恰在于领导者，而不是等待其他人站出来提出异议。领导者的工作是引导其他人，正如她所解释的：

> 我总是对工程师们说："不要仅仅给我一张密密麻麻的'担心清单'，说出你的担心，要有可操作性，尽可能精确，尽可能量化。告诉我你想让我做什么。你想要什么数据，你想要什么测试，你想要什么分析？"在哥伦比亚号的案例中，工程师们确实以可操作的形式表达了他们的担忧。他们说他们想要照片。这就是一种可操作的行动。它是基于对潜在风险的正确判断，对实际发生的、被观察到的事实的判断。在我看来，工程师们在处理非常复杂的系统的时候，就应该这么做。

在心理安全的氛围中，开展有意义的对话既不需要过人的勇气，也不需要卓绝的鼓励。领导者，尤其是那些领导复杂行动的领导者，有责任努力创造一种鼓励表达的团队氛围。在创造这种氛围的过程中,有许多挑战需要克服。心理安全感是一套无形的、人与人之间的信念,无法用某个简单的管理杠杆来撬动。领导者可以采取一些行动来建立心理安全感,我们后面会展开;但重点是,一个全新的、更开放的环境不能简单地通过授权、培训或依靠行政命令强制执行。这有助于解释领导者所信奉的理念与他们在实际工作中的表现之间的差距。理智上,领导者可能会赞同心理安全感及它带来的益处(员工发声和参与),但要放弃在等级制度中象征着主导地位的高声或威严的表情并不总是容易的。而对于其他人来说,驻足停顿,站在自己的立场上直言不讳,也不是一件容易的事情。相反,逃离到安全的沉默中去更容易,也更自然。

培育心理安全感

"领导者如何提高组织中的心理安全感水平?"阿瑟·瑞安(Arthur Ryan)提出了这个问题。他是保诚集团(Prudential)的首席执行官,将这家保险投资行业的"百年老店"运作上市后,他曾这样问自己。瑞安环顾了日益复杂、竞争激烈的金融服务行业,他得出结论:保诚集团想要成功,需要改变其被员工戏称为"保守礼貌"(pru-polite)的审慎文化。尤其是对于一家上市公司而言,瑞安坚信,其成功运作需要员工之间直接、坦诚的沟通。这意味着要创造一种具有心理安全感的环境,使他们能够公开辩论问题和分析客户需求。

为了提升心理安全感，瑞安要求人力资源部创建一个旨在鼓励员工说出并分享自己想法的项目。该团队提出"言而无忧"倡议，成员铆足干劲设计并实施了一系列整合培训项目和定期召开的员工会议，希望能够让工作氛围更加具有心理安全感。保诚集团的许多人（包括高级经理和一线代表）都对这些努力给予了积极评价，但文化的实质性改变却很缓慢。一项内部调查显示：在与直言不讳相关的得分项上，分数非常稳定，未见起色。这里的主要教训是：无论出发点有多好，都不可能通过一些短期专项，响指一打，就让心理安全感突然出现。

在研究这项工作时我注意到，很多员工对于"鼓励员工说出自己的想法并分享"这一目标拍手叫好，但并不真正理解"言而无忧"倡议所主张的"坦诚"将如何直接影响到绩效改善。我的结论是：直接地、外化地聚焦于"生产"心理安全感并不能带来我们需要的改变。要是瑞安向整个组织中的管理人员发出邀请，请他们帮助员工看到金融服务业的工作任务是如何发生变化的，情况又会如何呢？例如，他们可能会强调分享专业知识、探询、尽早排查金融市场酝酿中的风险变得愈发重要，或者关系管理在提高客户满意度和产生财务回报方面的作用。采用这种方法，我们就聚焦在了工作本身——它是如何变化的？下一步需要做什么来应对？而不是将重心放在心理安全感上。

保诚集团的变革团队可能过度聚焦于为直言不讳创造心理安全感，反而被束缚住了。瑞安的指示，或者说这个团队的短视（只聚焦在自己的专业知识领域），使得他们没有对焦到不断变化的商业环境中的真实需求。相反，他们把文化变革当作了目标本身。这一失误大概率阻碍了保诚集团工作环境变革的进程，也凸显了领导者对于心理安全感可发挥的强势作用。

创造心理安全感的领导角色

领导者，无论级别，中层尤甚，是打造具备心理安全感的组织的关键角色。研究已经充分表明，领导者能够影响组织的文化。领导者对事件的回应将会影响其他成员对"合适行为"和"安全行为"的感知。显然，当权者发出的信号将深度影响其他人分享自己想法、观察的意愿和能力。当团队领导者以充满支持、以辅导为导向、不设防的姿态对问题和挑战进行回应的时候，团队成员很可能会觉得这是一种安全的环境。相反，团队领导如果表现得专制或苛刻，将降低其他人的心理安全感，从而阻碍他们为集体努力做出贡献，各自有所保留。

距离员工最近的经理、主管或老板对心理安全感的影响最大。这些权威人物以微妙或明显的方式，塑造了团队或小组的互动基调。因此，他们也必须参与进来，成为构建更开放工作环境的主要推动者。他们必须采取实际行动，使工作场所在心理层面更安全。"采取实际行动"是关键。心理安全感是一种通过共同经历形成的共识。各级和各类组织的领导人可能会宣称"我希望你们有问题就来找我"或"你可以随时推门进来找我"。但在大多数情况下，这种模糊立场无法触发有意义的改变。正如保诚集团案例所揭示的：心理安全的环境无法通过指令、指南和口号来创造。为了落地心理安全感所需的实践与条件，领导者必须付诸行动。

培育心理安全感的领导行动

研究明确指出：领导者能够通过促进心理安全感的行为方式来创造更有效的团队合作和学习环境。研究还揭示了一系列激发直言不讳和鼓励人际交往风险的行为和举措。领导者必须传达他们对员工的尊重，特别是承认员工带来的专业知识和技能。他们需要鼓励直言不讳和不瞒报问题。通过这种方式邀请他人参与其中，领导者要触发心理安全的环境，并且形成支持。相反，领导者如果作风专制、难以接近或不承认自己的脆弱性，就会导致团队成员不愿意分享想法或审视错误。想要建立一种重视提问和表达意见的环境，可以参考清单 4.3 的行为和举措，它们可能并不总是符合直觉，但简单易上手。

> **清单 4.3 建立心理安全感的领导行为**
>
> 想要建立高绩效、富有心理安全感的组队与学习环境，你需要：
>
> ● 贴近员工，平易近人。领导者通过保持与团队的接触以及亲身参与，鼓励团队成员共同学习。
>
> ● 承认当前知识的局限性。当领导者承认自己不知道某事时，他们展现的真诚谦逊会鼓励其他团队成员效仿。

- 展示可能犯错的一面。为了创造心理安全感,团队领导者需通过承认自己也可能犯错来表现对失败的宽容。
- 邀请参与。当人们相信他们的领导者重视自己的意见时,会更投入,对领导者的回应也会更积极。
- 留意失败时刻,视作学习机会。领导者鼓励团队成员拥抱错误,以富有成效的方式处理失败,而非惩罚那些出于善意承担风险却事与愿违的人。
- 说话不绕弯子。用语直接,指向具体行动,从而激发直截了当、不避锋芒的讨论,最终促成学习。
- 设定边界。当领导者明确规定可接受的行为时,人们在心理上会感到比边界模糊或不可预测时更安全。
- 对越界行为问责。当人们越过预先划定的边界、不遵守既定标准行事时,领导者必须以公平且一致的方式对他们问责。

贴近员工,平易近人

领导者通过保持与团队的接触以及亲身参与,鼓励团队成员共同学习。在第 3 章介绍的心脏外科手术团队中,一名手术室护士这样描述带领团队的外科医生:"他非常容易接近。就在办公室里,两秒就能找到他。他总是可以抽出五分钟来解释你不懂的地方,而且从不让你感觉自己问了蠢问题。"与此形成鲜明对比的是,在一个没那么成功的团队中,一位外科医生要求非医生团队成员如果有事要说，不要直接跟他说，而是通过他的住院医生（仍在培训中的初级医生）来传达。通过行为，这两位外科医生向他们的团队传达了截然不同的信息：第一位外科医生提高了人们在手术室内外遇到疑虑和问题时公开发言的可能性，而第二位外科医生显然使沟通的过程更加困难。

承认当前知识的局限性

明确承认你的小组或团队所面临的难题目前可能是没有答案的。这可能看起来很奇怪，因此很多领导者不愿意公开表达他们其实并不能回答所有的问题和应对所有的挑战。知识是不完善的，其实领导者心里知道，只是嘴上不说。承认不确定性，看上去是弱者所为，但事实上，这通常是对模糊情况的一种明智和准确的诊断。此外，它创造了一个隐含的邀请——希望团队成员能够提供信息或专业知识。

展示可能犯错的一面

为了创造心理安全感，领导者必须通过承认自己的缺陷来表现出对失败的宽容。领导者的自我披露是揭示自己局限性的有效方式。例如，在前面提到的研究中，一位心脏外科医生团队领导者反复告诉他的团队："我需要听到你们的声音，因为我很可能漏掉一些事情。"这句话本身很重要，重复说出这句话同样重要。如果一条与旧有规范或立场相悖的信息出现在人们的耳畔，却又昙花一现，那么它通常并不会被真正地听到或信服。承认自己可能犯错、需要反馈，也就是在告诉他人：我尊重你们的意见。这也将有助于构建积极参与的规范。此外，当管理者和主管承认他们不了解某事或犯错时，他们展示的真诚谦逊将会鼓励其他人效仿。

邀请参与

领导者在承认当前知识的局限性、展示可能犯错的一面之后，进一步地，则是邀请他人提供观察和想法。这意味着在一个更广泛的范围里，领导者明确要求团队或组织中其他成员提供意见。团队和组织层面的学习都有赖于建立通道，让宝贵的、未被开发的个人知识体系得以呈现。领导者必须努力找寻这种个人的、内在的隐性知识，尤其要关注地位较低的团队成员，否则他们将保持缄默。领导者可以扮演"想法提取官"的角色，方法是设置反思会议（reflective sessions），让团队暂时抛开工作和时间的压力。在这样的会议中，关键是要提问。但务必确保真的是在提问，而非引导或反问。人们如果相信领导者确实想听到自己的心声，也重视自己的意见，那么对于领导者的回应就会更加积极。

具有心理安全感的工作场所的标志

领导者如果注意到以下现象，就可以确认心理安全感已经存在了。

- 团队成员会说：
  - "我们彼此尊重。"
  - "要是有什么事情让我恼火，我们是可以互相对质的。"
  - "每个团队成员都对'我们'所做的事情负责。"
  - "我不必在工作中戴着面具。我可以做自己。"
- 人们谈论错误和问题，而不仅仅是成功。
- 人们在工作场所容易展现幽默的一面，笑声不断。

留意失败时刻，视作学习机会

领导者鼓励团队成员拥抱错误，以富有成效的方式处理失败，而非惩罚那些出于善意承担风险却事与愿违的人。第5章将更详细地探讨"失败"这一话题；在管理学文献中，刻意避免惩罚失败的各种生动案例已经随处可见了。许多组织都有一些坊间盛传的轶事，我们从中也得以窥见高级管理层是如何强力地影响着整个组织对于心理安全感的看法。其中一个故事的主人公是IBM的董事会主席汤姆·沃森（Tom Watson）和一位现场主管，后者要为一个价值1 000万美元的错误负责。不难理解，当这位现场主管被叫进董事会主席办公室的时候，十分焦虑。保罗·卡洛（Paul Carroll）（《忧郁的巨人》一书的作者）转述的故事版本如下：

沃森问道："你知道我为什么叫你过来吗？"

这位主管回答道:"我猜你是想当面开除我。"

沃森看上去很惊讶。他说:"开除你?当然不是!我刚刚花了1 000万美元的学费让你学习。"然后他安慰这位主管,建议他继续尝试。

无论是真相还是传说,这样的故事都会在组织中留下深远的影响。正如沃森所主张的:"你要是不愿意去失败,就算不上真正投身于创新……以两倍的速度失败,是最快的成功之道。"最著名的例子之一是3M公司大获成功的便利贴产品。如今几乎人尽皆知,用在便利贴上的黏合剂,其实来自当时想要创造一种超强黏合剂的失败尝试。类似地,一家知名公关公司在每次月度会议开始时会进行表彰"本月错误"的仪式。通过这样轻松愉悦的方式,既建立了集体归属感,又认可了从错误中学习的价值。

说话不绕弯子

在知识型工作中,由于害怕听上去负能量,害怕批评老板,害怕让公司显得存在缺陷,人们无法做到对批评脱敏。在这样的讨论中要想做到客观、直言不讳,挑战不小。然而大多数时候,人们顾左右而言他,就是做不到"直接"。例如,我研究过一家制造公司,其核心高管团队为了开发一个新战略进行了一系列会议。在他们的对话中,我观察到一种持续存在的模式,即使用比喻而非直白的语言来描述公司的战略选项。比如,一位高管在会议上回应道：

> 听鲍勃谈论这艘船，我想探讨一下"船"和"船队"这两种比喻之间的差别。船有一个尾舵，我们需要掌舵；相比之下，船队则有很多小尾舵，我们需要协调它们来推动船队。我觉得这个对比很重要。谈到船，我们就看到其中的各种复杂度，包括如何确定船的方向，以及如何整体操控它前往既定目的地，这个过程中并没有给出一定的自由度，而我提到的"船队"隐喻里面是有自由度的。

比喻可以激发新想法，诱导创造力，但有时也会掩盖真正的问题，屏蔽直接或有争议的讨论。在该团队中，成员很少要求澄清彼此的表达或试图找出有分歧的地方。团队的抽象深思未能转化为任何形式的行动。

设定边界

相较于只能靠猜测来摸清"可接受的行为"边界在哪里，当领导者尽可能地明确什么是"应该受到责备的行为"，人们会更具有心理安全感。这意味着，领导者必须在发起组队或学习伊始就确立并澄清边界。在金融机构中，这可能意味着未经批准不得超过某一特定的投资限额。在医院中，这可能意味着对病人的病情或药物有任何疑问时，都一定要寻求帮助。对于摩托罗拉的 RAZR 团队而言，这意味着在产品公开亮相之前，决不违反关于项目的保密原则。当限制变得清晰，人们会更愿意在划好的边界内自由地行动与表达，比如，敢于忽略研究专家关于手机宽度的建议。无论情况如何，领导者在团队内部设定明确的行动和行为边界，都将有利于打造一种具有心理安全感的环境。

对越界行为问责

义不容辞地，领导者需要帮助人们理解：不可接受的行为的确会发生，而且一定会被公正地处理。当领导者迈出艰难一步，惩罚或者开除某人，他们必须清晰地解释发生了什么事情以及这样做的原因，同时要恰当遵守保密规则。讲清楚这么做的正当理由有助于让其他人免于担心——这并不是任性裁决，也不会在毫无预兆的情况下发生在他们身上。为了让团队或组织有效地达成使命，需要坚守原则，从而做出惩戒。大多数情况下，人们可以理解这样做的必要性及背后的逻辑。对人们进行问责，虽然更多是为了避免破坏心理安全感，而非在一开始去构建心理安全感，但它能够建立公平感和责任感，有助于消除大家对领导者专断的恐惧。因此，心理安全感和问责制是"公正文化"（just culture）的构成要件。"公正文化"是在医疗保健和其他高风险业务中的一个核心概念，其被创造出来是为了让我们正视："胜任的专业人士"在保持"对鲁莽行为零容忍"的同时，"也会犯错……甚至会形成不良的团队规范，比如走捷径以及规律性违规（routine rule violations）"。简而言之，心理安全感的产生不会源自松垮的标准、一味的纵容,而是需要人们清醒地认识到任何工作场所都既有挑战又有限制,要想取得进展就必须对它们公开讨论。

对于希望培养心理安全感的领导者而言,设定边界和对越界行为进行问责是至关重要的。这似乎有违直觉,但可以把这两项行动看作桥梁上的护栏。如果护栏缺失,人们很可能会尽可能地靠近中线行驶。在没有护栏的情况下,在靠近桥的边缘行驶显然是很可怕的。在组队和学习的过程中,这就好比坚持只做安全、可追踪的行为(因为可以免受可能的惩罚),同时回避可能被视作越界的、存在人际关系风险的行为(比如承认错误)。但是当护栏到位时,在外侧车道行驶的风险会降低,从而可以获得更广阔的视野,做出更有根据的判断。这个过程中,无论是团队成员个体,还是团队整体,都会大大提高协作、学习和创新的能力。

领导力小结

心理安全感是一个社会学概念,描述了一种以人际信任和相互尊重为底色的工作氛围。当你的发言带来潜在威胁(比如指出他人的错误),或是让人尴尬(比如汇报自己的错误),他人将作何反应?你对此的种种看法,将决定你在多大程度上感受到心理安全。心理安全感允许自我表达,进行富有成效的讨论,并在需要时周到地处理冲突。协调和整合复杂的任务需要人们公开分享想法，并在不过度揣摩他人想法的情况下采取行动，因此有心理安全感的组队将蓬勃发展，没有心理安全感的组队将逐渐式微。

然而研究表明，大多数人都认为需要在别人面前管理自己的形象，特别是在工作中。除非我们已经做出种种努力，去建立一种指向学习的环境来抵消这种本能倾向。我们所有人都极有可能在工作场所有所保留，未能讲出自己的想法、问题和担忧。在许多公司，组织的等级制度及其造成的恐惧对组队和学习行为有着强大影响。由于这种恐惧，人们往往不愿意做出可能危及自己形象的举动。很多时候，等级较低的人会感到自己是几乎不可能向高处的人发声的。在某些情况下，这并无大碍。但是，一旦想法多元、各有专长的人不得不整合他们的知识和行动，需要组队，期待有所学习，心理安全感的缺乏将使他们举步维艰。

幸运的是，研究也表明：成熟的团队领导者在奖励卓越表现、惩戒不良表现的同时，仍然能够拥抱组队和学习带来的不可避免的错误。换句话说，高心理安全感和高责任度是可能并存的。领导者必须明确传达对绩效和问责制的期望，同时不表现出对听到坏消息的抗拒。

心理安全感意味着，只要人们犯的错、提出的问题是为了实现有野心的绩效目标，他们就不会因此受到惩罚或羞辱。以下的经验及行动为团队领导者提供了一个框架，以培养心理安全的氛围，并创造一种有利于从失败中学习的环境。

经验及行动

- 心理安全感描述了个体对工作环境中人际关系风险后果的感知。

- 人们在工作中面临的印象风险具体是：被视为无知、不胜任、消极和有破坏性。

- 在以人际信任和互相尊重为特征的心理安全环境中，人们相信，如果他们犯了错误或寻求帮助，其他人并不会惩罚他们。

- 因为心理安全感鼓励自我表达和富有成效的讨论，它对组队和组织学习至关重要。

- 心理安全感并不是要做"老好人"，也不是要降低绩效标准。相反，心理安全感允许团体设定有挑战性的目标，并通过组队和集体学习为之努力。

- 研究显示，心理安全感提供了七个具体的好处：鼓励直言不讳，使思维清晰，支持建设性冲突，缓冲失败，促进创新，消除实现高绩效目标的障碍，并增强责任度。

- 等级制度和它造成的恐惧对心理安全感产生负面影响。研究表明，相较于地位较高的团队成员，地位较低的团队成员心理安全感更弱。

- 要推动建设一个具有心理安全感的组织，领导者的角色至关重要。但是，心理安全感不能简单地被授权或依靠行政命令强制执行。相反，它需要具体的领导行动。

- 在试图建立一种具有心理安全感的环境时,重点应该放在团体的任务上,它们是如何变化的,以及需要什么来做好它们。这可以让人们自己得出结论:确实需要心理安全感。
- 为了建立一种心理安全感的环境,领导者应该贴近员工,平易近人;承认当前知识的局限性;展示可能犯错的一面;邀请参与;留意失败的时刻,视作学习机会;说话不绕弯子;设定边界;对越界行为问责。

第 5 章

更好地失败，更快地成功

组队很少能够完美无瑕地开展，总会遇到经历坎坷或者干脆失败的情况。这意味着"从失败中学习"的能力成为一项关键的组队技能。尽管多数管理者会说自己明白失败之于学习过程的重要性，但是真正拥抱失败的人并不多。研究过程中，我发现即使是那些投入了大量金钱和努力打造学习型组织的公司，在面对日常的从失败中学习的场景时仍然会感到挣扎，难以形成真正有效的心态和做法。这些公司的经理人为了避免失败和错误重复上演，动力满满地推动着组织从中学习。在一些公司，管理者带着自己的团队用了若干小时开展行动后反思（after-action reviews）和事后复盘（postmortems）。然而，即便是这般艰苦卓绝的努力也依然无法实现预期的效果，因为经理人或管理者对失败的看法从一开始就错了。

我接触过的大多数高管都相信：失败是件坏事。他们还相信：如果确实失败了，想要从中学习，可以很直截了当——让大家反思自己做错了什么，并且指示他们以后别再这么做。或者，更好的做法是，指派一个团队来回顾发生了什么，形成报告并分头传阅。很遗憾，大家之所以普遍这么想，其实是因为被误导了。失败的真相很简单：它有时是坏的，有时是好的，而且往往是不可避免的。时好、时坏、无法避免——从组织失败中学习，没法直截了当。

为了从错误（mistakes）和小失误（missteps）中学习，组织必须采用新的、更有效的方法，超越表面的教训（如没有遵循程序）或自利性的辩解（如市场还没有准备好接受我们优质的新产品）。这需要抛弃旧的文化信念和刻板的成功观念，代之以一种新的范式，即承认在当今复杂的工作组织中，某些失败是不可避免的，成功的组织将是那些能够迅速抓住机会、纠正错误并从失败中学习的组织。本章将探讨组队过程中失败的不可避免性，并强调了从小的、看似不重要的失败中学习的重要性。接下来，本章将解释阻碍人们从失败中学习的认知与社会障碍，并展示失败在整个过程知识光谱中的多种类型。最后，本章以实用策略作为结尾，帮助人们走上一条从失败中学习的道路。

失败不可避免

工作场所中的失败从来都令人不愉快。从小的落差（提出的建议未能在会议中被采纳）到大的挫折（花费数月设计的新产品被焦点小组否决），失败不仅使人在情绪上不好受，同时还蚕食着人们的信心。即使我们所谋之事被明确定性为"摸着石头过河"，我们大多数人仍希望不要失败。然而，失败是生活的一种常态，尤其是在组队的过程中，从来不存在完美。当把具有不同视野和技能的人聚集在一起进行协同时，失败是不可避免的，主要有以下两个原因：一是技术层面的挑战。新设备、技术的进步和工艺的变化都包含了意想不到的特点，因此人们需要掌握新的知识和技能。这也是为什么面对全新的或复杂的问题或程序时，无论个人还是团体，很少能一上来就把事情做对。

二是人际层面的挑战。这些挑战没有技术难题那么显性化，但往往更难理解和解决。有人可能没有报告关键信息，从而激起团体中其他成员的怨恨。有人在学习如何运用新技术时可能遇到困难。在团队中，如果成员不了解彼此的优劣势，那么他们可能会在互动上遇到问题，包括：把细节导向的任务分配给一个擅长处理"大局"的人，或是让两个对新程序都缺乏经验的人一起值班，而不是让资深的导师指导经验不足的团队成员。除了上述挑战以外，再加上高成就者的一种普遍倾向——把同事当成观众，期待着自己出色的表演，而不是把他们看成学习同伴或工作伙伴。这些人际变量叠加起来，任何新的组队努力都可能经历以往长期稳定团队未曾经历的人际层面的失败。当然，这并不意味着失败应该被避免。而是说，失败需要尽可能小，同时必须尽可能催生出更多的学习。

微小失败很重要

大型的、广为人知的组织级失败使人们坐立不安,并引发关注。无论是哥伦比亚号航天飞机的坠毁,英国石油公司在墨西哥湾大规模的石油泄漏,还是美国证券交易委员会未能听取有关伯纳德·麦道夫(Bernard Madoff)投资行为的警告——之所以酿成这些"头条失败"(headline failures,指那些占据新闻报道头版头条的失败),很多时候是因为微小失败(small failures)被忽略了。同样地,恐怖袭击的发生几乎总是能溯源到某些情报的疏漏——它们要么被忽略了,要么没有被送到正确的接收方。即使是影响没那么深远但依旧很戏剧性的失败,比如波士顿环球报记者药物致死事件,也是在遗漏错误、忽视问题和轻视警告之后发生的。大多数重大失败都有多重原因,其中一些原因在组织里根深蒂固。要想纠正这些问题,绝非易事。然而,事实上,微小失败是早期预警信号,对避免未来的灾难性失败至关重要。

> **什么是失败?**
>
> "失败"这个词本身包含的现象非常宽泛。同样地,在组织中实际发生的失败也往往形态各异。任何关于"如何更好地避免失败""如何从失败中学习"的讨论,都必须对"失败"这个词进行准确定义。简而言之,失败是与预期结

> 果的偏差。这既包括可以避免的事故，也包括因进行实验或其他风险性活动而不可避免的结果。要形成关于"失败管理"（failure management）的社会心理学的直觉，重要的是理解关于这个术语的两个事实。首先，失败这个词既让个体在心理层面不堪重负，又被标记为组织语境中的污点，所以一定要谨慎使用。其次，失败这个词特别不精确，它把小问题和重大事故混为一谈。

无论是在医院手术室还是在高管会议室，从失败中学习是一个脑力活儿，需要主动积极地辨识微小失败，并从中学习。微小失败总被忽视。为什么？因为它们发生时，似乎只是小错误或孤立的异常现象，不值得花时间去思考。微小失败不仅出现在目的明确的实验过程中，也出现在复杂且相互依赖的日常工作中。当业务过程中不可避免地出现问题时，员工有两个选择，一个选择是：他们可以选择把"坑"填上，这很可能导致微小失败不被注意。但如果"填坑"的动作导致信息隔绝，或是模糊了本来可以学习的机会，就会适得其反。另一个选择是：他们告诉那些能帮忙"纠错"的人，并一起解决微小失败的根本成因。然而，这样会暴露出绩效不良的情况。由于人们本能地希望维护自己的形象或地位，很少有人会自愿公开自己的错误。不过为了抓住微小失败的价值，个人或团体不得不学会承认他们的绩效表现差距。

看似微不足道，但微小失败可以提供价值巨大的组织层面的学习机会。以放射科医生操作的乳腺 X 光检查为例。当金·阿德科克（Kim Adcock）博士接手科罗拉多州凯泽永久医疗机构（Kaiser Permanente，美国最大的非营利连锁健康保健机构）的放射科主任一职时，读取乳腺 X 光片的预期误差率在 10% ~ 15%。这个误差率源自技术本身的局限。标准做法规定：未能检测到一个或者几个肿瘤，并不会对放射科医生的能力产生负面影响。这些漏检的肿瘤被认为是微小失败，因此很容易被忽略。然而，阿德科克从这些微小失败中开辟出了一条学习路径。通过分析多次乳腺 X 光检查累积起来的大量数据，他发现了有意义的模式，并为每位放射科医生提供了详细的反馈，辅以柱状图和条形图来帮助他们主动识别和避免失败。对医生来说这是头一回：他们得以了解自己的表现是否接近或超出可接受的误差率范围，从而提升操作的准确率。

有的组织对失败视而不见或遮遮掩掩，有的组织则及时挖掘失败所蕴含的看似微不足道实则至关重要的学习机会——后者更有能力去做出改进，实现创新，并且预防未来的重大灾难。如果微小失败都没有被广泛识别、讨论和分析，那么大型失败就更难预防。不过，知道这个真相并不会使拥抱失败和从失败中学习变得更容易。无论意图或激励措施如何，想要让人们跨越心理层面、认知层面和社会层面的障碍，承认并分析失败依然是一件困难的事。

为什么从失败中学习如此困难

大部分人一直被灌输追求成功的理念。我们从很小开始就被训导要拿好成绩，要定期晋级，要表现好才能获得奖励。这样导致的结果是，大多数人视失败为不可接受。即使知道失败不可避免，还能创造宝贵的学习机会，但我们就是唯恐避之不及。我们都不想成为那个用错药的护士，或者那个浪费了推出新产品机会的营销主管。正因如此，当人们在工作中犯下错误、遇到麻烦或是期望落空时，通常会缄口不言，即便它们本身可能传达出有价值的信号。这也就意味着，公司将错失从失败中可能获得的学习机会。从失败中学习的障碍根源于大多数人对失败具有的强烈的心理及社会层面的反应。强化自信心和维护自我公众形象的自利性偏见（self-serving biases）使这些障碍被进一步放大。同时，大多数组织不仅普遍倾向于把失败（failure）等同于过错（fault），同时也倾向于惩罚失败，这就导致了上述的天然偏见与相应的情绪被再次放大。

自尊与积极错觉

得到他人高度认可是人类强烈的基本愿望，尤其是被工作中的管理者和同级认可。在大多数人看来，暴露失败会危及这种自尊心。即使人们从理性上认识到从失败中学习的重要性，并对他人的失败表示理解，但他们天生对于主动坦露或者公开承认自己的失败感到反感。人有一种不自觉的倾向去否认、扭曲或忽略自己的失败。这背后的原因是人们渴望保持高自尊的基本需求，同时还渴望相信自己对重要的个人和组队产出有一定的控制力。心理学家认为，这些渴望会引发积极错觉（positive illusion），即对自我持有不切实际的积极看法，同时也幻想自己对事态掌控十足，这使得人们变得有活力且快乐。有些人甚至认为，积极错觉是心理健康的标志。然而，那些提升我们自尊和控制感的积极错觉，却阻碍了我们诚实地承认失败。

这个挑战不仅仅是情感层面的。人类的认知会掺杂感知偏见（perceptual biases，指人们在处理和解释信息时，由于先入为主的观念或经验而产生的一种主观倾向或偏差），而感知偏见会导致因果分析的准确度下降。即使不是有意为之，我们所有人也都喜欢能支撑我们现有信念的证据，而不是其他可能的解释。类似地，当我们遭遇失败，我们并没有充分认识到自己对此的责任，而是归咎于他人。这是一种基本归因错误的心理学陷阱：我们倾向于将他人的不足归咎于他人，而非情境所致（我们在第2章详细讨论过）。人们总想让自己更舒服，更愿意接受能支持他们已有信念的证据，否认自己对失败的责任，同时将问题归咎于他人。可想而知，这些个体层面的情感和认知障碍影响重大，使我们难以有效地讨论失败。

失败是难以启齿的

即使失败被识别出来，社会层面的因素也会阻碍对失败的建设性讨论和分析。在针对错误和失败的讨论中往往会表现出强烈的情绪，而大多数管理者缺乏应对此类情绪的技能。这意味着原本旨在从失败中学习的对话，容易沦为训斥或互相指责的场合。当人们检视自身失败的时候，是带着负面情绪的，这些负面情绪会一点点吞噬人们对自我的信心。大多数人更愿意将过去的错误抛到脑后，而不是为了获得更深的体悟不得不重温它们。除此之外，大多数管理者都推崇效率和行动，他们也因此受到嘉奖，而深刻的反思和细致的分析往往费力不讨好。

然而，有效组队需要成员在一些不那么舒服的场景下依然保持从容，比如当自己并非正确、寻求帮助或承认错误时。分析和讨论失败需要开放、耐心和对模糊性的容忍。这些行为模式必须嵌入公司文化。下面我们来看丰田的案例。詹姆斯·怀斯曼（James Wiseman）在加入丰田公司之前，已经是肯塔基州乔治敦市的一位成功商人，而在丰田他负责管理公司在该州的公共事务项目。张富士夫（Fujio Cho）是当时乔治敦工厂的负责人，后来成为丰田全球董事长。怀斯曼这样说起自己关于成功与失败的重要教训：

> 我开始在那里报告我取得的小成绩。那是一个周五，我汇报了我们正在做的一项活动……我的报告充满了正面内容，而其中确实有所吹嘘。两三分钟后我坐下来，张富士夫先生看着我，我能看出他有些困惑。他说："詹姆斯先生，我们都知道你是个优秀的经理，

不然我们也不会雇用你。可是,你可不可以与我们分享你遇到的问题,这样我们可以一起面对。"

怀斯曼回忆道:"这像一道闪电……即使是一个已经取得整体性成功的项目,我们也总是会问:'哪里还有不完善的地方?我们如何才能进一步改善呢?'"后来,怀斯曼成为丰田企业事务副总裁,主管北美地区的制造和工程业务,而张富士夫成为丰田全球董事长。他们的成功至少有一部分跟他们能够提出并讨论关键问题的能力有关:还有哪些不尽如人意的地方可以做得更好?他们可以持续重新框定失败,让失败看上去更像是一个学习机会,而不是令人尴尬的事件。在更高的层面上,他们也认识到必须制定有效的政策和规则来处理失败,以帮助克服组织层面对失败的惩罚性倾向。

组织会惩罚失败

你可能会认为,那些位高权重的人总该会有足够的信心来坦露失败。毕竟他们整体上一直都做得不错,偶尔有一些小疏忽也很好理解,对吗?事实上这大错特错!管理者只会有更强烈的动机将自己与失败划清界限,因为大多数组织都奖励成功、惩罚失败。这意味着,在组织中坐拥高管或领导层的位置并不意味着有能力去承认自己的失败。达特茅斯商学院教授悉尼·芬克尔斯坦(Sydney Finkelstein)对 50 多家公司的重大失败进行了深入调研,研究结果与人们的预期恰恰相反:管理者

的级别越高,他们犯错后所面对的社会和心理层面的惩罚就越大。他写道:

> 很讽刺,级别越高的管理者越倾向于用万金油的借口来找补他们的完美形象,这里面首席执行官通常是最糟糕的。例如,在我们研究的一个组织中,我们对首席执行官进行了45分钟的访谈,而他从头到尾都在解释为什么其他人应该为公司遭遇的灾难负责。监管机构、客户、政府,甚至是公司的其他高管……一个都逃不掉。然而,他从未提及自己的责任。

组织架构、政策和程序,以及高级管理层的行为,这些可能都会打击人们分析失败并拥抱实验的积极性。对失败进行惩罚,结果自然就是员工会学着去避免识别失败,更不要说后续如何分析失败,或者在无法明确预测结果的时候进行实验了。即使在宽容度较高的组织中,大多数管理者也做不到用升职加薪的手段来奖励这些行为,反而会施以惩罚。这种做法反映出管理者混淆了失败和过错这两件事。

指责游戏

在大多数文化中,失败和过错是分不开的。每个孩子都曾经历这样的时刻:承认失败意味着要为失望或崩溃承担责备。然而,当发现自己所面临的处境越复杂,我们就越难以理解失败和过错之间的关系。从医院到投资银行,我采访过各行各业的高管，他们坦言自己对如何建设性地回应失败感到很困惑。他们的逻辑是这样的：如果人们不会因为失败受到责备，那么怎样才能确保他们倾尽全力呢？这种担忧是建立在一种错误的二分法之上的。实际上，能够让人们坦然承认失败的氛围可以与高绩效标准共存。

想要理解这种二分法为何存在，以及领导者如何常常误解失败和过错之间的关系，请参考图 5.1。我们从组织失败的相关研究中识别出失败背后诸多可能的原因，它们跨度大、种类多，总结为该图所列举的九种。

应受指责
- 偏差：个人选择违反规定的程序或惯例。
- 粗心：个人无意中偏离了规范。
- 能力不足：个人不具备执行工作的技能、条件，或是没有相应的培训。
- 程序不当：个人有能力遵守规定和程序，但是规定和程序是有问题或不完整的。
- 任务挑战：个人面临的任务难度很高，无法做到每次都能可靠地完成。
- 程序复杂性：当要素间形成新的相互影响时，由这些要素构成的旧流程失灵了。
- 不确定性：对未来事件的不明确性导致人们采取看似合理的行动，却产生了非预期的结果。
- 假设测试：为证明一个想法或设计是否成功而遭遇实验失败。
- 探索测试：为了扩大知识面和发现新的可能性而得到非预期内的实验结果。

应受赞扬

图 5.1　失败原因的光谱

资料来源：Edmondson, A. C. "Strategies for Learning from Failure," *Harvard Business Review* 89, no. 4 (2011). Reprinted with permissions from *Harvard Business Review*.

在上述九种原因中，哪些是应该受到责备的行为？不同的人可能有不同的划分方式，但绝大部分人会在第二项原因之前或之后划分界限。换句话说，大多数人认为，出现偏差是应该受到指责的，即有意违反规则或惯例。但是针对粗心及之后的原因，可能应该被指责，也可能不应该被指责。如果是员工工作不尽力造成的粗心，那么或许可以责备他是个粗心的人。如果是因为过长的工作时间导致了生理上的困难，那么应该把粗心的责任归咎于排班的管理者，而不是身心耗竭的员工。当我们再继续往下看，要找到应受指责的行为就越来越难。实际上，针对深思熟虑的实验而发生的失败，甚至可以被视为值得赞扬的行为，因为它们带来了有价值的信息。因此，图5.1中的九种失败原因是一个光谱，一端是明显应受责备的行为，另一端则是明显应受赞扬的行为。

当我问高管：对照这个光谱中的归因类型，你们组织中的失败有多大比例属于"应受责备"的范畴？答案是2%～5%。可是当我继续追问：又有多少失败实际上受到了责备？他们或是错愕，或是大笑，那恐怕这个比例会高达70%～90%。

哪些是真正应该被责备的？哪些明明并不应该被责备，却依旧受到了责备？两种比例的差异揭示了逻辑和实操之间的鸿沟。从逻辑角度看，我们可以看到组织中许多出错的事情是无法避免的，或者本身就是为了探索新领域而做出的刻意尝试。从情感角度看，失败总会让人不悦，无论是出于什么原因或境况。这种不愉快的体验解释了过错与失败之间的惩罚性关联，即便失败与过错毫不沾边。这种鸿沟造成的不幸结果是：很多失败会被瞒报或误判，导致它们所能带来的学习跟着消失了。正如下文将提到的，在不同的过程知识光谱中，这些失败的重要性、代价和结果有很大的差别。

不同情境，不同失败

同样是失败，根据其在过程知识光谱上所处的位置不同，在组队或学习型组织中扮演的角色也将有所差异。在生物研究实验室中，90%的失败率是在预期范围内的。但是如果塔可贝尔公司（Taco Bell）提供的90%食物生产过程有误，或者使用了变质的食材，这显然是不可接受的。同样地，如果70%的航班不能抵达目的地，或者50%的新汽车在驶离经销商的停车场后出现故障，消费者肯定会感到愤怒。在后三种场景中，但凡存在1%的失败率，这些犯错的公司就有可能破产。显然，随着我们在过程知识光谱中移动，失败的概率及其代表的意义都会发生变化。接下来，将介绍在常规业务、复杂业务和创新业务中，我们应当如何看待失败，以及其中的关键区别是什么。

常规业务中的失败

由于人总是难免犯错，即使在常规业务中，微小失败也还是会发生。这些失败通常由微小的流程偏差引发，原因一般属于图5.1中的前三者（偏差、粗心、能力不足）。这些错误大部分可以迅速纠正，工作也能继续进行。但是，某些常规业务中的微小失败能够提供质量改进或效率提升的宝贵机会。从常规业务（如装配工厂、呼叫中心和快餐餐厅）的失败中学习的关键是：建立和维护一个组织级系统，使人们能够发现、报告和纠正错误。

汽车装配线是最典型的常规业务，而在从失败中学习这方面，没有任何系统能够超越丰田生产系统（TPS）。该系统旨在持续不断地从微小失败和过程偏差中学习，融入系统化的改进之中。在丰田的装配线上，如果团队成员发现任何一辆汽车有问题，甚至只是潜在的问题，就会被鼓励去"按灯"（andon cord）[*]，以此启动快速诊断和问题解决流程。如果问题能够在一分钟内解决，就不用停产，生产线照转不误；否则生产将被终止，直至人们搞清楚并解决掉问题，即便这样做会导致大量收入损失。

复杂业务中的失败

复杂业务的特点是为特定的客户或病人量身定制工作，而其中又涉及多重互相关联的流程，因而充满了不确定性。可见，复杂业务往往事关重大，一旦失败就令人头疼。这类失败通常是因为程序有缺陷或是系统出现了故障。也就是说，复杂业务中大多数失败的原因位于图 5.1 光谱的中部（程序不当、任务挑战和程序复杂性）。不出所料，对这类失败的分析显示：当灾祸袭来，通常是组织流程的问题，而并不是人的问题。

---

[*] 也称"安灯"，日语的音译，意思为"灯光""灯笼"，最早起源于日本丰田汽车公司，用来实现"立即暂停制度"，以即时解决质量问题而不是下线返修，持续高品质地生产汽车。——译者

复杂业务中的重大失败通常是许多微小失败阴差阳错组合的结果。詹姆斯·里森（James Reason）是错误研究专家，他用瑞士奶酪来打比方，说明在复杂业务中失败是如何发生的——瑞士奶酪中的孔洞不约而同地对齐，意料之外地形成了一个通道，一系列孤立的失败得以穿过这些孔洞，而不会得到纠正。因此，复杂业务中固有的风险需要我们保持超常的警觉，帮助组织探测不可避免的微小失败并响应处理，以免发生更大的、随之而来的失败。

因为许多复杂组织面临着极高的风险，如核电厂、空中交通控制设施和航空母舰，我们绝不能说失败是应该被鼓励或是嘉奖的。但是，如前所述，失败是不可避免的。伴随着这一基本认知，学者已经开始研究高风险的组织：它们如何能够做到始终如一地安全运营，从而加冕"高可靠性组织"的称号。它们是具有韧性的，能够即时调整，并在有挑战的情境下依旧能够重振旗鼓。高可靠性组织并不试图预防所有的错误，而是设计出控制和应对错误的方式，在错误升级之前让影响降至最低。密歇根大学的卡尔·维克（Karl Weick）教授称之为"刻意主动的相互关联"，这种非同寻常的警觉体现为能够在真正的损害发生之前检测到微小失败，并从中复原。当微小失败交织在一起，领导者就面临着更大失败的可能性，复杂组织中的领导者必须提升韧性，做法包括：承认失败是不可避免的；使人们在报告和讨论问题时具有心理安全感；培养大家形成警觉的习惯，快速检测失败并迅速响应。

创新业务中的失败

在知识尚未成熟的领域，可想而知，失败的可能性会更大。事实上，当我们随着过程知识光谱向右移动时，失败不仅是意料之中的，而且还是进步的关键。为了创新，人们必须测试想法，且事先并不知道什么是有效的。因此，创新业务中的失败原因通常是图 5.1 中的第 7 到第 9 个（不确定性、假设测试和探索测试）。

对于那些从事基础科学的研究人员来说，他们知道自己的实验往往会持续数十年，这些实验的失败率很高，而惊人的成功只会偶尔出现。他们是不知疲倦的实验者，类似于人类基因组测序的进展或者关于银河系尘埃的最新洞察，都来自他们的发现。一些领域的科学家面临 70% 或更高的失败率，而所有的制药公司都必须从失败中学习以取得成功。现实是令人心生畏惧的：超过 90% 的新开发药物都会在实验阶段失败，永远无法进入市场。

在创新业务中，成功的关键是大胆思考、承担风险，并进行实验，同时充分认识到在创新的道路上，失败和死胡同是不可避免的。艾迪欧公司（IDEO）在设计领域屡获殊荣，其标语是："经常失败是为了更快成功。"这个简洁的标语反映了一种态度，正是这种态度使得其产品获得美国工业设计师协会（ISDA）和《商业周刊》(*Business Week*) 联合颁发的"国际设计卓越大奖"（IDEA），艾迪欧公司也因此常年跻身"快公司 50 强"这一表彰全世界最具创新性公司的榜单。艾迪欧团队发自内心地坚信：只要他们从每次失败中吸取教训，趁早经历失败，并且失败的次数足够多，成功就会来得更快。

在创新业务中，从失败中学习有时意味着需要进一步的调查和分析，以确定一个失败的产品或设计是否有可行的替代用途。伟哥（Viagra）药品给辉瑞公司带来了丰厚利润，可最初它设计出来是为了治疗心绞痛（一种痛苦的心脏疾病）。礼来公司研发的一类避孕药失败了，但它能够用于治疗骨质疏松症，因此才有了后来每年销售额达十亿美元的易维特（Evista）。阿托西汀（Strattera）是一种失败的抗抑郁症药品，后来被发现它能够有效治疗注意力缺陷或多动症。显然，对于今天复杂的组织和市场而言，用一刀切的方式对待失败已经过于僵化。这意味着，想要走出一条从失败中学习的路，很重要的一个方面是搞懂不同的失败背后，原因不同，情境也不同。

具体失败，具体分析

在应对失败这件事情上，我发现管理者很少理解或重视"具体情况具体分析"。因此，他们通常将适合一种情境的方式用到另一种情境，而前者其实是不适合后者的。比如，对于常规业务来说失败应该被预防，但是在创新业务中失败却是新信息的宝贵来源。以统计过程控制（SPC）为例，它使用数据统计分析来评估特定过程中不合理的方差。SPC 能够很好地识别惯例和可见模式中的偏差，但是当用于捕捉和纠正不可见故障

（例如急救室中糟糕的临床决策）的时候，它就失效了。这个例子看上去非常好理解，但是组织一直在犯这样的错误。

为了提高惠氏公司（Wyeth）的研究效率，一位管理者实施了财务激励措施，希望能够奖励科学家设法将更多的新型化合物投入生产。但令所有人失望的是，更多的化合物被加入进来，最终并没有产出更多可行的药物。该管理者在此处的策略就是一种错误匹配，把科研的不确定性和在常规业务中使流程奏效的计数心态错配在一起。更好的路径也许是：建立一种奖励实验和更早发现失败的文化。

从失败中学习的策略，哪一种才是对的？这取决于失败原因和情境，二者时常同时出现。"失败"这个词实在是不精确，而这种不精确和模糊导致许多失败都被错误诊断了。尽管组织中总有无穷无尽的事情可能出错，但失败总体上可以归纳为清单 5.1 中的三大类型。

> **清单 5.1　三大失败类型**
>
> ● 可预防失败：在充分理解的领域中出现了程序偏差，这通常是因为动作不到位、技能不足或支持不力。
>
> ● 复杂失败：由于固有的不确定性而产生了程序或系统故障，可能能够及时发现，预防事故发生，但也可能做不到。
>
> ● 智慧失败：不成功的试验，属于深思熟虑实验过程的一部分，能够提供有价值的新信息或数据。

显而易见，这三大失败类型与过程知识光谱中的业务类型一一对应：可预防失败对应常规业务，复杂失败对应复杂业务，智慧失败对应创新业务。然而，随着组织在今天的知识经济中变得越来越复杂，情况并非总是如此。很多时候，过程和问题之间的界限变得模糊不清。例如，某个软件故障对制造业生产线产生了负面影响。这个制造生产流程可能是常规业务，而软件故障最有可能是系统故障，而系统故障属于复杂失败。表 5.1 揭示了三种失败类型各自的常见原因、描绘术语、情境示例和解决方案。

表 5.1　组织层面的失败类型

	可预防失败	复杂失败	智慧失败
常见原因	动作不到位、技能不足或支持不力	复杂性、易变性、新型交互影响	不确定性、实验、风险承担
描绘术语	流程偏差	系统故障	不成功的尝试
情境示例	生产线、制造业、快餐服务、基础设施和服务	医疗服务、NASA 航天飞机计划、新技术推广、航母、核电站	新药开发、新产品设计
解决方案	全面质量管理（TQM）、"按灯"报警、统计过程控制、识别问题的根本原因并做相应的培训、直接解决问题	保持对失败的警觉、组队技能、跨职能分析、艰难对话培训	科学研究方法、技术专长培训、愿意承担风险的意愿、愿意宣告失败的意愿

可预防失败

在可预测的环境中，动作不到位、技能不足或支持不力等造成了可预防失败。大部分这种类型的失败可以视为"坏"的。在大体量常规业务中，如果进行了适当的培训并给予支持，那么充分细化的各类流程应该得到一致遵守。当失败出现时，差距的原因可能在于技能、激励或监督方面。这类原因很容易识别，相应的解决方案也比较现成。在这些情况下，领导者应该去诊断为什么可预测的业务操作无法顺利交付，然后设计能够激励员工每次都能"做对"的路径，或者修复有问题的流程。

复杂失败

大量组织层面的失败是系统复杂性的产物，且这类失败仍在持续增加。当人们预期事情和行动将以全新的组合方式展开的时候，可想而知，在某些情况下必然出现失败。从传统意义上来看，这种失败是不可预防的。它们的出现是由于复杂系统的固有不确定性，在这样的情境中，需求、人员和问题的某种特定组合可能从未出现过。典型的情境包括：管理全球供应链，战场上根据敌方行动来排兵布阵，或是经营一家快速发展的初创公司。尽管我们可以靠遵循安全和风险管理的最佳实践来避免严重的失败，但微小失败还是会发生。要是将这些不可预防的失败视为"坏"的，不仅表明我们对复杂系统的工作原理缺乏了解，而且会带来反作用——这将阻碍人们快速识别微小失败，因而无法及时纠正微小失败，最终难逃重大失败。

智慧失败

这种类型的失败一般发生在前沿或尖端领域的尝试中，这些领域只能通过实验来学习和成功。这种类型的失败不应该被视为"坏"的。事实上，这些失败可以被合理地认为是"好"的，因为它们将提供有价值的数据，能够帮助组织在竞争中跃居前列。在开发新知识时，智慧失败是至关重要的。在创新业务中，正确的实验策略有助于确保公司未来的增长。有管理者相信，"唯一不变的就是变化本身，且新事物无处不在"。他们在开展业务的时候正是基于这样的信念，相应地，在遭遇不可避免的失败时，他们更有可能收获最多。除此之外，他们更可能避免在超出必要范围的更大规模上进行实验，从而避免"非智慧失败"。坦白讲，如果错误难免发生，而创新又如此关键，那么打造一种鼓励从失败中学习的环境将是组织的当务之急。然而，即使有最好的初心，这种学习也十分困难。

以学习的姿势应对失败

对失败的识别和分析将同时受制于心理层面和组织层面的诸多因素，因此，如果我们想要成功地从失败中学习，就得进行一次根本性的重新定向（fundamental reorientation）。拥抱失败所带来的教训是困难的，特别是情感上接受起来有挑战，因此必须首先唤起个人和团体在这方面的动力。而想要做到这一点，既需要好奇和开放的精神，又需要非同寻常的耐心和对模糊性的包容。在管理学文献中，最能描绘这些特质和行为的特征称为"探询导向"（inquiry orientation）。它与"主张导向"（advocacy orientation）形成鲜明对比。这两个术语描述了截然不同的沟通行为和不同的团体决策方式。

主张导向 vs. 探询导向

正如本章前面所讨论的，组织结构和流程会阻碍团体从失败中学习的能力。在典型的主张导向团队中，这些结构和流程强化了自上而下的管理方式，并使得组织现状日益固化。因此，在试图整合不同成员的独特知识时，我们将遭遇一些非计划中的结果：冲突对抗，不倾听不学习，挑战权威时有限的心理安全感。回顾第 4 章开头关于哥伦比亚号航天飞机的案例。如果人们当初对泡沫碰撞将会造成的威胁进行了深刻且充分的探询，那么其实本可以形成新的洞察，从而避免七名宇航员的丧生。而实际情况是，这类本可以阻止灾难发生的新型探询式对话，在 NASA 僵化的等级制度、严格的规则和对于定量分析的过度依赖下，是不被鼓励的，甚至被扼杀了。

对比来看，探询导向的特点是：小组成员认为自己有很多可选方案，不同意见的高频出现是必要的。这种视角能够让大家深入理解问题，探索新的可能性，以及有意识地关注其他人的思考和推理过程。这种导向能够消除团队集体性的张力，有效预防过程性失败。若是想要做出恰当的选择、找到新问题的解法，我们就必须在身处不确定性、面临高利益相关的决策时，了解他人的观点、想法和经历。然而，管理者如何才能促成探询导向，从而促进学习呢？近来，人们使用专门的术语来描述两种截然不同的（行为）方式：探索性回应（exploratory response）和确认性回应（confirmatory response）。领导者可以据此来对个人和团体进行定向，形成应对潜在失败的不同方式。

确认性回应 vs. 探索性回应

领导者会在很大程度上影响团队以何种态度对待已感知到的失败。当面对小问题或模糊性问题时，领导者有两种基本的回应方式：确认性回应和探索性回应。领导者的确认性回应将强化已经被接受的预设，无形之中触发主张导向。当人们以这种模式搜集信息时，他们会寻找能够证实现有信念的数据，这是一种人类的本能反应。当领导者以符合既定框架和信念的方式行事时，他们会鼓励或强化确认性回应。这往往意味着他们是被动的或反应式的，而不是主动的和前瞻式的。

在前途未卜、风险丛生或全新的局面中，探索性回应更为合适。探索性回应不是固执己见，而是要求领导者刻意地转变思维方式。这将改变领导者解读和诊断当下情境的习惯方式。这一转变包括挑战和测试现有的预设，并实验新的行为和可能性。当领导者采纳探索性的方式时，他们能够拥抱模糊性，并公开承认自己也有知识盲区。他们将认识到自己目前的理解可能需要修正，因此会积极寻找证据来支持其他假设。这种探索性的领导力不是为了证明他们已经相信的东西,而是鼓励探询和实验。这种刻意的回应有助于主动收集信息,进行简单而快速的实验,从而加速学习。

如果只需要一位领导者转向和改变视角,组织便能够转变为学习型组织,这该有多好!事情显然没有这么简单。为了有效应对失败,富有成效的做法是让许多领导者都发挥他们的领导力,培养他们对失败诊断的敏锐度。这种方式能够发展和培育一种提倡好奇心和分析的组织文化,人们因此可以对所发生的事情形成更清醒的认识,而不仅仅是在出错时问责"这是谁的错"。要做到这一点需要坚持对失败进行持续报告,坚持鼓励深入而系统的分析,并坚持提倡主动寻找实验机会。

从失败中学习的策略

对于任何一个希望获得新知识的组织而言,接纳失败都是一种明智的策略。因为组织越来越有可能遇到复杂的工作,面临不可预测的环境,所以越来越多的失败将是复杂失败,预测并快速响应这些失败至关重要。此外,从智慧失败中可以获得巨大的战略优势。但是,如果没有合理的诊断和讨论方法,这两种类型的失败都不能得到很好的利用。考虑到失败本质上就是消耗大量情绪的,所以应对失败需要具体而有目的的策略。想要从失败中学习,对失败进行检测、分析和实验是三种必不可少的策略。如表5.2所示,虽然这三种策略的实施方式有着关键差异,但它们适用于所有类型的失败。

表 5.2　从失败中学习的策略

	检测失败	分析失败	利用失败
从可预防失败中学习的策略	• 当员工不确定自己要做什么时，让他们能够没有后顾之忧地向管理者和团队成员进行确认 • 奖励发现问题 • 奖励"假警报"（false alarm）（潜在的失败风险可能由此化解）。其具备学习和演练的价值	• 发展并应用经典的方法与技巧改善工作流程	• 鼓励开展小型测试，确保工作流程切实可行，尤其是在科技和顾客偏好发生渐进式变化时
从复杂失败中学习的策略	• 让报告错误和问题没有后顾之忧 • 奖励找出系统脆弱点 • 无论是微小失败还是重大失败，都对快速报告失败的行为予以奖励	• 召集跨职能团队，透过多重视角厘清事情的发生经过	• 鼓励进行离线测试，以确定新的故障模式，从而将新的防故障机制添加到流程中
从智慧失败中学习的策略	• 让实验没有后顾之忧 • 奖励对失败实验的尽早发现 • 奖励对失败项目的早期报告	• 运用科学方法对数据进行系统分析 • 避免对趋势和模式做出过于快速的评估而形成表面结论 • 引入多元视角	• 以更加常态化的、多样化的方式开展实验 • 将试点作为实验来进行，以确定失败模式，而不是作为成功的示范

检测失败：依托机制，识别失败

需要掌握的第一个关键策略是主动并及时地识别失败。这对于那些微小的、看上去无关紧要的失败尤为适用,它们会导致大型的、往往是灾难性的失败。任何组织其实都可以检测到大型的、代价高昂的失败。那些微小失败往往无人问津。在许多组织中,但凡看上去不会造成直接或明显的伤害,人们对失败就是得过且过,能藏就藏。甚至更普遍的是,人们面对即将发生的失败,总是倾向于把相关的坏消息藏起来,能拖多久拖多久。

艾伦·穆拉利(Allan Mulally)在成为福特公司首席执行官不久后便认识到了这一点,于是创建了一个识别失败的新机制。穆拉利明白失败在萌芽阶段是难以越过组织层级向上传递的,因此他要求手下的经理对报告进行颜色编码:绿色代表正常,黄色代表警示,红色代表问题。在最初的几次会议中,经理把大部分业务都标为绿色,这让穆拉利感到很沮丧。他提醒大家公司最近接连亏损,并尖锐地询问一切是否真的那么顺利。直到被这么戳了一下,才有人坦率直言,试探性地上交了第一份黄色报告。大家沉默片刻后,穆拉利开始鼓掌,紧张的气氛于是烟消云散。此后,他便开始定期收到黄色报告和红色报告。

福特公司的情形并非个例。放眼全球,即便是最资深的企业高管也不愿意向老板和同事传达坏消息。传递坏消息的"信使"会被"射杀",这是一个持久存在的现象。因此,管理者必须主动创造条件,使得与失败相关的信息可以上行,越过组织层级进行传递。要做到这一点,管理者需要实施三项核心活动:拥抱信使,收集数据并征求反馈和奖励检测失败。

拥抱信使

有远见的管理者会认识到过度严厉背后的风险。如若一味地采取强硬姿态，对员工的错误进行过度惩罚，就绝不会让组织变得更好，反而会进一步抑制与问题相关的信息在组织中传递。这显然不是一个好结果。管理者想要快速诊断问题并解决问题，前提是他们首先能够了解到问题的存在，而习惯于惩罚错误或过失的组织则会阻碍这一过程。正如第4章所述，无论以何种方式去识别与分析失败，但凡想要求真务实，都必须有心理安全感作为保障。

收集数据并征求反馈

我的研究发现，管理者从失败中学习的最关键障碍是他们缺乏获得失败相关数据的渠道，尤其是针对可预防失败和复杂失败，在这两种情况下人们往往认为失败是不可接受的，所以唯一可行的方法似乎就是隐藏失败。我们因此陷入了一种拿不到失败相关信息的局面，这既是因为人类天生抗拒识别失败，也是因为识别微小失败存在诸多技术难题。为了克服这一障碍，组织领导者必须开发出能够主动识别失败的系统、程序并培育相应的文化。

想要收集数据并使多种类型的失败浮现出来，一种高效的做法是征求反馈。源自客户、员工和其他来源的反馈可以让失败暴露出来，如沟通突然中断、目标无法实现或客户满意度不高。对于制造商和服务提供商而言，主动寻求客户反馈往往有助于及时发现和处理失败。如果你认为识别客户不满的性价比不高,请记住,只有 5% ～ 10% 的不满意客户在经历一次失败的服务后会选择投诉,而绝大部分人会直接换掉服务供应商。这意味着,如果提供服务的公司不能从失败中学习,它们就一定会失去客户。

奖励检测失败

失败必须尽可能早地暴露出来,这样人们就可以用一种高效的、高性价比的方式进行学习。这要求管理者付出努力让可得的失败数据浮出水面,并以一种促进学习的方式使用它们。检测智慧失败的挑战在于,管理者要能够判断何时宣布实验行动方案失败。人类的本能是希望得到最好的结果,可这样的倾向阻碍了对早期失败的检测,而在等级森严的体系中,这一倾向时常被进一步放大。因此,我们总能看到没有成果的研究项目被保留,即使项目已失去了科学和经济上的合理性也仍在延续。我们不断花钱填无底洞,寄希望于可以化腐朽为神奇。在创新业务中,大多数管理者并不会意识到这类情况的出现频率如此之高。工程师或科学家的直觉可能在几周前就告诉他们,某个项目有致命的缺陷,但可能要拖到几个月之后,才会正式地将其宣告为"失败"。如果这些项目能够及时刹车,就可以节省大量的资源,人们也能腾出时间来探索下一个潜在的创新项目。

分析失败:依托机制,分析与讨论失败

一旦组织检测出问题,就必须拿出严谨的态度并采用复杂的分析技术进行探究,不止步于表浅的原因,不做快速打补丁式的修复，而是致力于吸取真正的教训，并实施最优的补救措施。检测完成后，分析失败是最容易被当今组织忽视的动作。尽管讨论失败的经验教训会在很多方面让组织受益匪浅，但上述疏忽的确真实存在。即便是分析简单的错误也能带来有价值的学习；而正是通过对失败的讨论，学习才不至于被我们忽略掉。讨论可以带来新视角和新洞察，可能干扰"局中人"认知的自利偏见。美国军队曾推行"行动后反思"制度，使得参与者可以对各类军事行动的成功与失败进行分析、讨论，并从中学习。类似地，医院召开"发病率和死亡率"研讨会，医生们集中在一起探讨重大医疗失误或意外死亡事件，气氛极度坦诚、不留情面。

分析失败的主要风险在于：人们往往过早得出结论。除非我们刻意强调，要仔细考虑各种可能的原因与影响。例如，一家零售业务银行针对正在流失的客户进行了失败分析，希望了解客户转向其他银行的原因。数据显示，大多数客户勾选的原因是"利率"。然而，当这家银行把自己与同行的利率比对之后，却发现差异其实并不大。客户离开的真实原因真的就是他们实际说的那些吗？在对不满意的客户进行仔细访谈之后，银行发现了客户流失的一个更隐蔽原因：银行工作人员向客户强行推销本行信用卡，可当客户真的提交申请时却又被他们拒绝，因此客户很愤怒。一番深入分析之后，发现问题在于银行的营销部门。因此，银行做出了很多改变，让营销部门能够更精准地筛选信用卡目标客户群体。

然而，这样严谨的分析需要人们放下探索不愉快真相的负担，并承担起个人的责任。只有当人们能够公开地、直言不讳地谈论自己掌握的情况，并且组织内的其他成员也能够听进去，对于失败的分析才会有效。为了创建一种能够克服组织和社会障碍的环境，领导者应该采取这些行动：开发和应用全面质量管理系统（特别是在常规业务中），召集跨学科团队去寻找潜在的薄弱点（特别是在复杂业务中），以及系统性地进行实验和数据分析（特别是在创新业务中）。

开发和应用全面质量管理系统

分析可预防失败的最佳途径是采用经典的流程改进技术，如全面质量管理（TQM），因其在解决根本原因问题方面有条理、成体系。主要的管理挑战在于：如何激励人们在一阶观察（如程序未被遵循）之后，进一步对失败的原因进行二阶和三阶诊断，从而找出问题的根源。全面质量管理这类流程改进技术在常规业务中效果最好，因为常规业务的业务活动发生量大，可以收集大量的过程数据与绩效数据，并用统计方法加以分析。这些分析揭示了可能尚未被发现的过程偏差（问题），从而指出了改进机会。在缺乏常规业务这般大量重复操作的业务类型中，全面质量管理和统计分析所能发挥的作用有限，因此需要其他系统分析技术。

召集跨学科团队

我们需要正式的流程或专题会议来讨论、分析和应用失败的教训，以确保有效的学习发生。从复杂失败中学习需要利用跨学科团队。想要预测和分析复杂事故，就离不开成员多元化的技能与视角。多学科团队能够整合成员的专业知识从而识别出复杂系统中的潜在薄弱点。他们可以从不同的角度讨论各类流程的运作原理,并意识到哪些地方可能会出问题。他们也能够在失败发生后,共同找出失败发生的原因。当成员同时具备技术能力、数据分析的专业知识以及多元化的视角,也就具备了对失败原因与后果形成多重解读的能力,此时跨学科团队的效能将达到最佳。多元化的视角至关重要,因为大多数失败都有多重诱因,会牵涉不同部门,又或是需要不同的专业领域视角来解读。通常,在这个过程中人们容易发生冲突,所以精于处理人际或团体过程的专业引导者能够使该过程始终富有成效。

系统性地分析数据

从可预防失败到复杂失败,再到智慧失败,我们在分析它们时遭遇的认知挑战随之升级。如前所述,统计数据分析是帮助我们处理大量定性数据的有用工具,例如衡量生产过程中电池的重量或尺寸是否保持一致。统计分析能够帮我们准确区分正常波动和异常波动,能够帮我们从噪音中分离出有用的信号。复杂失败和智慧失败则需要深入的定性分析,去识别到底发生了什么,原因是什么,并用头脑风暴的方式对上述结论进行延展。复杂失败和智慧失败往往是独特的、前所未有的事件。当多种因素以全新的方式组合在一起并引起系统性崩溃时,就会导致复杂失败。因此,分析失败的过程涉及探究所有可能导致失败的因素,这是一项创造性任务,一个自驱的、不知疲倦的团队会极大地推动它顺利进行。同时,智慧失败也必须被系统性地分析，以免从失败中得出错误结论。例如，礼来公司开发了一种新型实验化疗药，该药品临床实验的表现不佳，负责实验的医生并没有草率地下定论说这种药物行不通，而是进行了系统的失败分析，于是他有了一个重要发现：疗效不理想的患者缺乏叶酸。不出所料，在进一步的实验中，他在给患者使用药物时同时补充叶酸，便成功解决了这一问题。原先公司已经不再对这种药物抱有希望，打算放弃，但是现在它保留了下来。

利用失败：建立并依托机制，刻意实验

为了构建从失败中学习的文化，管理者可以采取的第三个且最富有前瞻性的关键行动是：旗帜鲜明地将目标设定为学习与创新，战略性地制造失败。对于科学家和研究人员来说，失败不是可有可无的，其本身就是科学探索前沿的一部分。他们明白每一次失败都传递着有价值的信息，他们渴望比竞争对手更快地获得这些信息。因此，卓越的组织不仅仅检测和分析问题，还有意地制造智慧失败，以增进知识并提出替代行动方案。

这些组织的管理者难道很享受失败？不，绝非如此。他们只是意识到，失败是实验必然的副产品。因此，这些组织会将一部分精力投入到实验中，以找出哪些是有效的，哪些是无效的。尽管刻意的实验会伴随更高的失败率，但高效实验的组织相较于不承担这类风险的组织更擅长创新、富有成效并取得成功。投入资源进行实验并不意味着必须进行预算庞大的大型实验。例如，我在一项研究中发现，医院护理改进团队为了改进临床医生如何洗手等日常活动，设计了多种解决方案，在这个过程中尝试了不同的说服技巧。

谷歌则更进一步，实行"20%时间"制度，即允许员工每周拿出一个工作日带薪进行独立项目。虽然这些项目必须得到主管的正式批准，但员工目前已经默认大多数提案会得到批准。尽管公司主张实际或眼前的工作优先，但也鼓励员工每周花一天时间投入富有探索性的项目，期望从中诞生一项重大的创新。"20%时间"制度孵化出 Gmail 和 Adsense 等突破性的产品，使公司赚得盆满钵满，因而收获了广泛赞誉，但人们通常忽略了其中很多独立项目是以失败告终的。谷歌这样以创新闻名的公司深知，每一个成功创新的产品或服务背后，通常都伴随着无数次初衷良好的失败尝试。

领导者可以批准刻意实验，甚至将刻意实验制度化。然而，这无论在技术层面还是在社会层面都很有挑战性，需要智慧的手段。我们可以有目的地发起实验，同时制造成功与失败。但如果失败被污名化，这将变得非常困难。进行实验需要承认现状并不完美，而我们可以从改变中受益。大多数形式的实验都有这样一个优点：失败往往可以在模拟和试点中进行，而不必在真实的业务环境中出现。然而，即便是在这种情况下，对羞耻或尴尬的恐惧仍然会阻止人们冒险尝试。因此，需要强大的领导力来鼓励人们全身心地投入实验。这种领导力包括：奖励实验和不可避免的失败，理解语言的力量，设计智慧实验以增长知识并确保学习发生。

奖励实验和不可避免的失败

如果组织只强调和奖励成功,那么实验就举步维艰。社会心理学的研究已经证明,如果人们明确提出通过实验增加创新的目标,那么该目标能否让人真正信服将受到奖励机制的影响——相较于嘉奖实验的机制,惩罚失败的机制将削弱该目标的可信度。此外,明确地告诉大家失败是不可避免的、有价值的,可以很好地消除企业环境中对失败的污名化。为了降低这种羞耻感,并鼓励人们及时宣告失败,礼来公司的首席科学官推出了"失败派对",以表彰那些虽然成果不及预期但非常智慧的、高质量的科学实验。将宝贵的资源——尤其是科学家的时间——尽早地重新投入到新项目中,可以节省数十万美元。奖励失败是一门艺术。许多管理者担心这会带来一种放任自流、处处绿灯的氛围,他们假设员工会因此认为失败和成功一样好。但实际上,大多数人都拥有强烈的成功驱动力,这是基于他们天然渴望"做好",也渴望自己的能力被认可;然而,由于我们在本章所讨论的种种原因,他们并没有同样的积极性去揭示和分析失败,因此,需要领导者的鼓励帮助他们迈出这一步。想要鼓励人们从失败中学习,无关正式指标和现金衡量,而在于非正式的认可与庆祝。

精心措辞,重塑理解

有一种方式能够抵消失败带来的羞耻感,并促进实验,那就是采用更精确的话语体系。真相如此简单,"试错"的概念就是一个例证。"试错",即"试验并出错"(trial and error),是指在几乎未知的环境下探索哪些策略是可行的。严格来讲,"试验并出错"这个表达并不恰当。相较而言,"试验并失败"(trial and failure)更加贴切。"出错"意味着你本可以做对,只不过最终没有做对,因此构成了过错。可"试验"之所以叫作"试验",恰恰是因为结果无法提前预知。"错"意味着你原本能做得更好,而未能达到这个标准就构成了过错。可是当结果无法事先预知时,我们就需要"试"。

为什么管理者倾向于将试验中出现的不利结果视为出错,而非失败呢?出错是对已知流程的偏离,是可预防的。失败则包括可预防的失败(即出错)和不可预防的失败。许多医院已经将某些医疗事故称为"系统性崩溃"(system breakdowns),而非"临床医生出错了";同样地,管理者也可以将失败的实验称为"未能成功的试验"(unsuccessful trials)。这些不同的术语,将唤起我们迥异的认知反应与情感反应。这种微小的语言调整可能会对组织文化产生深远影响,能够消除那些阻碍人们从失败中学习的根深蒂固的心理障碍。

设计以学习为导向的智慧失败

当人们认真对待从失败中学习这件事,各类实验、模拟和试点项目的规划与执行都会推动拓展现有的知识和能力。设计出这类为了学习的实验意味着需要去测试边界,并且突破当前的可行边界。因此,成功的实验通常最初就被设计为会失败。

然而,在研究中,我发现有太多的实验被设计出来,只是为了去背书或确认成功的可能性。商业实验的常见做法是进行

"试点项目",而人们通常都是这样设计与实施这类项目的。由于渴望成功,很多负责试点新产品或服务的管理人员通常会不惜一切代价,确保其从一开始就无懈可击。然而矛盾的是,这种想要在试点中一举成功的倾向,反而会让项目在全面推广时困难重重,而后者才是更重要的。试点项目应该被视为学习工具,用于尽早、尽可能充分地了解新服务的表现,避免问题堆积直至其全面推出时集中爆发。可是,如果试点项目的管理者竭力确保其成功,那他们就会倾向于创造最理想的条件,而不是最具代表性或最典型的条件。清单 5.2 提供了六个有助于设计试点项目的实用问题,管理者可以从中看到更多智慧失败,并获得有价值的信息。

> **清单 5.2　设计成功的失败**
>
> 成功试点的管理者必须能够肯定地回答以下问题:
>
> - 试点项目是否在典型条件而不是在最理想条件下进行测试?
> - 员工、客户和投入的资源是否代表了公司的真实运营环境?
> - 试点的目标是否是尽可能多地学习,而非向高级管理人员展示新系统的价值?
> - 该目标是否被所有参与者理解,包括员工和经理?
> - 是否明确说明了薪酬和绩效评分不会基于试点成功与否?

- 试点项目结束后,能否看到明显的变化?

资料来源:Edmondson, A. C. "Strategies for Learning from Failure," *Harvard Business Review* 89, no. 4 (2011). Reprinted with permissions from *Harvard Business Review*.

如上述问题所示,要想成功推出创新的产品或服务,管理者不应该期待一蹴而就。相反,他们应该尝试投身于最具信息量的"试验并失败"过程之中。真正成功的试点旨在发现一切可能出错的地方,而不是证明在理想条件下一切都能正常运行。这种从小规模试点失败中学习的策略,可以帮助确保全量上线后的服务取得成功。因此,组织正是通过这样的方式,得以掌握从失败中学习的艺术。

领导力小结

但凡组队,就免不了遭遇偶发的失败。因此,组织迫切需要掌握从失败中学习的能力。然而,很少有组织拥有完善设计的能力去深挖和捕捉失败提供的潜在经验教训。研究表明,这种差距并非因为人们缺乏对学习的承诺。相反,大多数组织都缺乏必要的流程和激励去识别和分析失败。加上人们希望避免因承认失败而感到不悦或丧失信心,我们就不难理解为什么很少有组织从责备的文化转变为奖励从失败中学习的文化。

这是令人遗憾的,造成这个现象的原因有很多。许多失败都提供了有价值的信息,指出了质量上和效率上可改进的空间。除此之外,如果组织能够对微小失败给予更多关注,就更有可能避免重大的或灾难性的失败。然而,最重要的是,拥抱失败的组织可以比竞争对手更快地学习和创新。取得进展离不开刻意实验,而一种支持检测失败和分析失败的环境将成为此类实验的沃土。这类实验及其制造的智慧失败能够增长知识,确保新产品和服务成功。

要想创造一种让人们有动力揭示并讨论失败的环境,管理者责无旁贷。这意味着高管和经理必须下定决心对抗本能,在面对乍看上去像是不胜任的迹象时,克制自己表达强烈不满的冲动。相反,管理者可以适当地奖励,并使用对失败去污名化的语言,创造出有利于探索、发现、反思和实验的文化。为了搞懂问题究竟出在哪里、未来如何预防,从失败中学习往往需要与来自不同群体、专业甚至地区的人一起组队。下一章将探讨跨越上述边界的组队过程会遇到哪些具体挑战,以及如何管理文化差异与职业差异。

经验及行动

- 当把具有不同视角和技能的人聚在一起时,由于技术和人际关系的挑战,失败是不可避免的。
- 失败提供了宝贵的信息,使组织更有生产力,更有创新力,也更成功。但由于对失败的强烈心理和社会反应,我们大多数人都认为失败是不可接受的。

- 在逻辑上,我们能够理解组织中的许多失败是无法预防的;然而在情感上,我们很难将失败和责备剥离开来。这会导致一种惩罚性的反应方式,导致许多失败被瞒报或误诊。
- 在过程知识光谱中,失败的原因各不相同。在常规业务中,失败通常是小的流程偏差引起的;在复杂业务中,失败通常是错误流程或系统故障引起的;在创新业务中,失败通常是不确定性和实验引起的。
- 尽管在组织中可能出错的事情数不胜数,但失败可以归为三大类:可预防失败、复杂失败和智慧失败。
- 对于希望以学习式的路径来处理失败的管理者,应该采取一种充满好奇心、耐心以及容忍模糊性的探询导向。这样做可以让讨论失败变得安全,也可以强化一种开放导向的团队准则。
- 检测失败、分析失败和有目的地实验对从失败中学习至关重要。
- 为了鼓励检测失败,领导者需要拥抱信使,收集数据并征求反馈,奖励检测失败。
- 为了支持分析失败,领导者应该召集跨学科团队,系统性地分析数据。
- 为了促进有目的的实验,领导者必须奖励实验和不可避免的失败,使用去污名化的话语体系描述失败,消除从失败中学习的心理障碍,并设计能暴露更多失败的智慧实验。

第 6 章

组队跨越边界

2010年8月5日，超过50万吨的岩石在智利圣何塞铜矿突然塌陷，彻底堵塞了铜矿的入口。采矿事故虽常见，但这一次却史无前例：无论是被困矿工与地表的距离和数量，还是岩石的硬度，都达到历史之最。有33名矿工被埋在2 000英尺、比花岗岩还硬的岩石之下。早些时候发生在宾夕法尼亚州奎克里克的矿难，有9名矿工被困在地下240英尺的地方，那次救援已被认为是一个了不起的成就。在智利最初的估计中，找到生还者的可能性仅有10%。而这一形势在两天后急转直下：救援人员经历了二次坍塌，虽侥幸逃生，但再想用通风井营救矿工已无可能。

正如大多数读者已经知道的，最终在70天后，33名矿工被全部救出。在这70天里发生的，是一次史诗级的组队努力，涉及数百人，跨越了物理的（2 000英尺的岩石）、组织的、文化的、地理的以及专业层面的各种障碍，最终取得了成功。

这一次组队的合作主要发生在三个领域。首先，也最令人揪心的是，矿工面临着身体和心理的双重生存挑战。其次，来自多组织、多国家的工程师和地质学家走到一起，共同克服井下定位、触达及营救被困矿工的技术难题。最后，是行政和管理领域，智利政府和其他地区的高层领导做出决策并提供资源，支持圣何塞地面和地下人员的现场救援行动。开始时，这三个领域进行着各自独立的组队活动。到最后，三个领域合并在一起并成功演绎了一场精心布局、完美呈现的盛大救援。

首先，地面下，在经历了最初的震惊与恐惧的喧嚣之后，组队和领导开始成形。坍塌发生后，矿工立即争先恐后地抢占矿井里的小"避难所"以求安全。路易斯·乌尔苏阿（Luis Urzúa）作为班组长，开始检查避难所里的物资。他冷静而迅速，首先关注最关键的生存需求，特别是仅存的食物供给（大约够两名矿工吃两天）。然而，冷静情绪在井下并没有占上风。39岁的马里奥·塞普尔韦达（Mario Sepulveda）对矿井的状况和公司长期以来对安全的漠视感到愤怒。他的情绪吸引了追随者，站队和冲突随之而来。一些人认为无论如何都要采取行动努力自救，而不是坐以待毙；其他人则希望听从乌尔苏阿的指挥。第一个24小时结束时，矿工们因试图与外界沟通的努力失败而筋疲力尽，还因缺乏自然光而晕头转向。在饥饿和疲劳的压力下，矿工们无暇顾及公共卫生或秩序，只想睡觉。

第二天，矿工何塞·恩里克斯（Jose Henriquez）出面敦促大家每天一起集体祈祷。很快，这成为一项持续性的日常活动，使得大家围绕一个共同的生存目标而团结起来。由于缺乏在这种极端条件下生存的经验，想要发现前进的道路，对话与实验至关重要。随后的日子里，面对黑暗、饥饿、压抑、肮脏和疾病，矿工们紧密合作来维持秩序、保持健康和卫生以及神智清醒。他们利用照明系统来模拟白天和黑夜，每次持续12小时。塞普尔韦达决心将人们团结起来，根据大家的技能、经验和精神稳定性，将具体任务进行了分配。那些产生幻觉或没有能力集中行动的矿工，没有被强加任何职责。一些矿工开始因湿热而出现皮肤霉变和口腔溃疡，矿工尤尼·巴瑞斯（Yonni Barrios）由于广泛了解各类疾病，自愿当起了医生。这种严酷但实用的例行程序开始扎根，缓解了人们在绝望和希望中的反复摇摆与精神内耗。17天后，当救援人员终于在矿井中钻出一个狭窄的孔洞时，矿工们得到了额外的食物和补给，也通过专用电话设备架起了通信的生命线。

其次，地面上，智利边防特别行动组——一支负责救援行动的精英警察部队——在首次坍塌几小时后赶到了。他们最初的救援尝试导致了通风井的坍塌，这是救援工作令人沮丧的第一次失败。随着矿井塌陷的消息传开，被困矿工家庭成员、应急小组、救援人员和记者纷纷涌向现场。与此同时，智利的其他矿业企业也调来了专家、钻井机械和推土机。监管圣何塞铜矿的国有企业 Codelco 公司派出了工程师兼项目经理安德烈·苏加特（Andre Sougarret）具体负责这次救援。这是一位拥有超过20年采矿经验的资深人士，以冷静沉着和平易近人著称。

苏加特与其他技术专家合作，组建了三个团队，分别监督救援行动的不同方面。一个团队负责寻人，将钻洞深入地底，希望能听到声音，证明这些人还活着。一个团队则专注于如何在找到矿工后维持他们的生存。一个团队研究如何将矿工安全地从避难所营救出来。最初，三个团队提出了四种可能的救援策略：第一种是通过通风井，如前所述，很快就失败了。第二种是下钻一个新的矿井斜面，但人们很快发现岩石的不稳定性，因而也不可取。第三种是从一英里外的相邻矿井打隧道，由于需要八个月的时间，因此这一方案被排除了。第四种即唯一的希望是从不同角度下钻一系列的洞，从而去定位被困者的位置。

但是，由于避难所位置极深且空间狭小，定位的难度异常大。由于探头下钻的精度有限，每次钻探不仅费劲，正好命中避难所的概率更是只有约1/80。这还是乐观的估计，因为避难所的位置并不精确。现有的矿道地图并不准确，已经多年没有更新了。更糟糕的是，钻探人员不能采用直取的路线，因为要是把设备安装在矿井顶部直接向下钻探，将会增加坍塌的危险。替代方案是，他们必须将设备安装在旁边，以一定的角度进行钻探，这就使准确度问题变得更加错综复杂。

为最大限度地提高成功概率，各小组起初分头工作，想出了不同的钻洞策略。早期的几次尝试都没能找到矿工，但至少揭示了矿井和岩石的关键特征。遗憾的是，这种学习大多数时候带来的都是坏消息。比如，钻探人员和地质学家发现，坍塌的岩石困住了水和沉积岩，提高了钻头的偏差，进一步降低了及时到达避难所的概率。他们还发现,以倾斜的角度进行钻探会使钻头向右移动,而钻杆的重量会推动钻头直立,导致整体向下和向右偏离。就是这样的细节,需要被工程师们迅速纳入他们的救援计划,致使救援计划每天都在发生迅速和彻底的变化。

程序上的一个戏剧性变化是,人们发现并开始使用频繁的、短暂的行动评估周期(action-assessment cycle)。在正常的钻井作业中,一个孔完全钻完后才能测量精确度;然而在此次救援中,钻探人员意识到,要想尽快找到避难所,就必须每隔几小时进行一次测量,并及时放弃偏差过大的孔,从头再来——尽管这可能令人泄气和沮丧。就这样,人们对搜寻挑战有了更多的了解,因而再次调低了成功的预期,以至于有钻探人员认为成功率不足1%。

所幸,不同的团队提出了极其互补的方案,最终共同构成了一个切实可行的解决方案。例如,智利地质学家菲利普·马修斯(Felipe Matthews)带着创新方案出现在现场,这简直是喜从天降。他发明了一种独特的技术,可以更高精度地测量钻井轨迹。他很快发现,新仪器的测量结果与其他现场小组的测量结果不一致。随后,根据一系列快速反馈的临时测试结果,马修斯的设备被认为是最准确的,他被安排负责重新测量所有正在进行的钻探的准确度。

各小组组长每天早上开半小时晨会,同时也会按需召开快速会议。他们制定了一份协议,规定白天和晚上如何交接班,以及机器如何进行日常维护。"我们把执行的所有方面都结构化，结构化，再结构化。"演习尝试屡战屡败，苏加特仍保持着与被困者家属温和的沟通交谈。面对这些失败，苏加特和他的新同事们仍然锲而不舍。

最后，在圣地亚哥，新当选的智利总统塞巴斯蒂安·皮涅拉（Sebastian Piñera）于 2010 年 8 月 6 日上午会见了矿业部长劳伦斯·戈尔邦（Laurence Golborne）。总统派戈尔邦前往矿场，并做出明确指示："不惜一切代价，要让矿工活着回来。"这一指示随后被完全公开。这是一个关键的决策，出自一位先前拥有商业经验而非政府经验的人——如果是一位政治老手，可能会避免把个人声誉押在一个不太可能实现的承诺上。戈尔邦和皮涅拉开始迅速发动自己的人脉网络，在全球范围内联系自己的同僚。正如总统所说："为获得帮助，我们会把姿态放得足够低。"被政府联系的 NASA 副首席医疗官迈克尔·邓肯（Michael Duncan）表示赞同，他的报告中提到智利官员当时是这么说的："让我们尝试着确定谁是该领域的专家吧——找到那些能为我们竭力提供最佳信息的顾问。"比如，邓肯运用他长时间太空飞行的经验，来解决矿工在狭小空间内的生理和心理层面的生存挑战。NASA 的工程师在救生舱的设计中发挥了关键作用，在距离现场数千英里之外，他们在技术领域发起了终极的组队合作。

来自 NASA 的顶级工程师克林特·克拉格（Clint Cragg），在 8 月底与另外几位 NASA 的医疗专家一起前往智利，志愿提供帮助。克拉格后来与智利海军的工程师合作设计了救生舱，而在此之前，他首先回到美国，又召集了 20 多名 NASA 工程师一同参与救援。为了获得灵感，NASA 团队参考了"达尔布什炸弹"（Dahlbusch Bomb），该炸弹于 1955 年制造，用于营救被困在德国西部达尔布什煤矿中的三名男子。工程师们制定了一份长达 12 页的需求清单，智利海军将其用于救生舱的最终设计，造出了"菲尼克斯号"（Fenix）。救生舱的内部仅够容纳一人，配备了麦克风、氧气和弹簧式伸缩轮，可以在岩壁上平稳滚动。工程师们设计了三个几乎相同的救生舱。第一个用于测试，包括试验与试运行；第二个在救援行动中使用；第三个作为备用。10 月 13 日，菲尼克斯号开始了它的营救行动。经过 15 分钟的行程，矿工们被救生舱逐个带回到地面，重见天日。接下来的两天里，通过绘有智利国旗红白蓝三色的 28 英寸宽的救生舱，矿工们被一个接一个地救了出来。与亲属重聚拥抱过后，每个人都被带去进行医疗检查。

组队无界

对智利救援事件进行反思，显而易见，自上而下、命令-控制的方式会彻底失败。任何个体，甚至是领导团队，都无法独立想出解决方案。同样清晰的是，简单地鼓励每个人去天马行空地尝试他们想要的，也只会带来混乱和伤害。要不是多次劝阻，被困人员的家属、矿工以及其他怀有善意的人早已数次手举镐头不顾一切地冲向岩石了。取而代之的是，面对这场规模空前的灾难，真正需要的是协同一致的组队合作——多个临时小组分别攻坚不同类型的挑战，并按需要进行跨组协调。同时，也需要渐进式的实验。下面将检视该救援行动中成功的关键要素，以及我们从这一案例中可以学习哪些更具普遍意义的跨界组队经验。

第一，智利最高领导层公开承诺要取得一个成功的结果，他们愿意为一个所有人都认为不可能的任务冒着资源和声誉的双重风险。智利总统皮涅拉所做的决定，与其他面临几乎不可能挑战的领导者相似，他们都愿意在一开始就做出不打折扣的承诺，向公众宣告使命必达。比如，阿波罗13号登月任务过程中发生了氧气罐爆炸，尽管资源有限、方案不明、失败概率极大，但NASA的飞行主管基尼·克兰茨（Gene Krantz）却坚称："决不接受失败。"有一些NASA团队此前一直在备战，演练事故发生的时候可以如何帮助宇航员利用手边的材料进行自救，他们得到了克兰茨的授权参与到救援之中。最终，克兰茨和他的团队将机组人员安全送回地球。在智利矿难救援行动中，皮涅拉和戈尔邦也愿意保持开放态度，向任何有意愿提供专业支持的组织或国家寻求专业帮助。

第二，此次组队成功使用了快速循环学习法（rapid-cycle learning）。技术专家们互相配合设计、测试、修改、放弃方案，一遍又一遍，直至他们得到正确的结果。他们快速组织起来，设计和尝试各种解决方案，并同样快速地面对方案的失败。基于反馈，他们心甘情愿地调整方向——有的反馈显而易见（比如通风井坍塌了），有的反馈则不那么明显（比如中途闯入一位工程师，借助新技术，告知他们的测量是不准确的）。最重要的是，工程师们并没有将屡战屡败视作成功无望的铁证。同样地，矿工们尽管面临着绝境和微乎其微的生还可能，却成功地联手组队，解决了最紧迫的生存问题。

第三，组队的结构同样值得关注。无论是管理统筹、技术支持还是生存自救，在各个独立领域内所付出的努力都是高度聚焦的。在每个领域，问题解决既凝聚智慧又锲而不舍，且经由整合，整体功能大于部分功能之和。领域间不时地开展协同，其重要性不亚于领域内高强度的即兴发挥与快速学习。

正如智利矿难的例子表明的，当跨界组队发挥作用时，其结果是令人心生敬畏、赞叹不已的。管理复杂的救援行动，发射航天飞机，拍摄鸿篇巨制，或交付大型的工程与建筑项目，都属于复杂的、不确定的工作，需要多领域专业知识，甚至多个组织来共同完成。问题是，跨专业、跨组织的沟通时常失败，组队也因此受挫。人们以为自己在沟通，参加了无休止的会议，持续加班努力工作，但项目却失败了。为什么呢？为了完成有挑战性的目标，当不同的个体将多元化的专业知识、技能、观点和目标以独特的团队配置组合在一起时，他们必须克服跨越多种类型边界进行沟通的隐藏挑战。有些边界是显而易见的，比如 2 000 英尺的岩石，或处于不同国家的不同时区，有些则并不明显，比如在同一公司的不同办工地点工作的两名工程师，他们其实对于如何执行特定技术规范有不同的假设，但这些假设是如此理所当然,以至于他们在进入合作状态时对此毫无察觉。

本章描述了团队成员在共同解决复杂问题时必须经常跨越的边界。在研究边界的重要性之后,我将描述当今全球组织在组队合作时面临的三种类型的边界。最后,针对那些旨在创造组织学习可能性的跨边界组队,我将提供一系列指导原则。

有形边界和无形边界

边界是指不同身份群体之间的划分。我们可以按照不同的方式将一个人进行归类,比如性别、职业或国籍,而围绕这些有意义的归类就产生了身份群体。有些身份群体及其边界,比其他群体明显。例如,性别是显而易见的,而职业就不那么明显,除非是那些有明显穿着特征的职业。然而,无形的边界却是人们在不同群体中所持有的那些"理所应当"的假设和思维方式。为了使组队取得成功,管理者和团队成员必须意识到,当他们带着不同的观点、视角走到一起时,往往想当然地认为自己的信仰和价值观是"正确的"。这意味着,仅仅说"只要我们团结起来,一切就不成问题"是不够的。无论人们怀有多大的善意,边界都会限制协作,而这种限制往往看不见却影响深远。

理所应当的假设

教育、认证、雇用以及社会化的种种过程造就了某种底层信念，导致人们无意识地偏爱自己所属的群体或地域，并特别推崇那些代表自身群体的知识。空间中仿佛存在一堵无形的墙，分隔着工程师和营销人员，护士和医生，北京的设计师和波士顿的设计师。大多数人将属于自己这一侧的知识视为理所应当，这造成了他们很难与另一侧的人沟通对话。传播理论家马歇尔·麦克卢汉（Marshall McLuhan）曾说过一句话："我们不知道是谁发现了水，但肯定不是鱼。"换句话说，我们日复一日工作的环境，往往是自己意识不到的。大概率，鱼不会整天琢磨水，因为它们已经习惯了水的存在。罗格斯大学的德博拉·多尔蒂（Deborah Dougherty）教授的一项针对跨职能团队新产品开发的研究发现，来自不同专业领域的团队成员具有完全不同的"思想世界"，每个专家都对自己先入为主的想法和假设不自知。同样地，我们每个人都认为自己所处的身份群体（无论是专业、组织、国家等）的价值观和社会规范是理所当然的。组队合作的核心是要跨越这些边界。要做到这一点，我们首先必须敏锐地意识到它们是什么。那些由各路专家、部门领导、权威人士砌成并固化的边界墙，也需要他们亲手拆掉。

　　与来自不同群体的人进行沟通，无论这种差异来自人口统计学特征，还是组织属性，或多或少都让组队的过程充满了波折。组织内的团队往往必须与其他部门、其他地域的团队就目标、日程或资源进行协调。这需要发现和揭示背后理所应当的假设，以免产生误解和错误。但众所周知，就其本质而言，理所应当的假设是很难识别的，因此，意识到它们的存在并对其加以关注是有帮助的。举个现实生活中的例子：两家航空公司合作开发一架新飞机。在第一次工作会议上，每个人都同意了雄心勃勃的目标和严格的时间计划表。然而，谈话一直陷于误解和沟通不畅的泥沼。最后，人们发现这两家公司在使用"飞机已经交付"这个简单的短语时有完全不同的意思。一家公司将其理解为"飞机已经实际交付给控制站"，而另一家公司对它的理解是"飞机已经交付到实际地点，并且已经通过了所有技术检查"。这种语义差异，除了让房间里的人抓耳挠腮，也对项目至关重要，因为它影响到如何收集和分类数据。两家航空公司之间在语义使用上的这种微妙差异是一个活生生的例子，说明当组队需要跨越边界时，这种误解可能会成倍增加。

进一步，迈阿密大学教授杰拉尔德·斯塔塞（Gerald Stasser）及其同事的研究表明，与大多数团队成员共享的信息相比，团队成员个体拥有的独特信息在团队决策中往往被忽视，这对团队的绩效表现非常不利。来自不同群体的人聚在一起，花宝贵的时间讨论大家已经都知道的知识是正常的。然而独特的增量信息没能浮出水面，即使这些信息对做出更好的决策至关重要。团体并不是有意这样做的。事实上，团体中的人经常认为他们是在利用彼此的专业知识来做出明智的决定。斯塔塞教授的研究有理有据地描述了由于缺乏领导或工具来指导这一过程，团队慢慢演变成成员各行其是、自生自灭的团体。幸运的是，正如我们将在本章后面所讨论的，避免这些陷阱是可能的。

专业化和全球化

跨边界组队的需求与日剧增，这与以下两个趋势紧密相关。首先，知识和专业化分工发展越来越快。在大多数领域，新知识的发展速度要求人们投入相当多的时间来确保在自己的专业板块紧跟前沿。特别是在技术领域，新知识的爆炸不可避免地导致了更细的专业细分。领域内产生新的子领域，而新的子领域又产生了更多的专业子领域。例如，电子工程曾经是物理学的一个子领域，直至1900年成为独立学科，时至今日又分为电力系统、信号处理和计算机架构等几个不同的子领域。更普遍的是，技术知识和专业术语激增使得人们难以跟上其他相关领域的研究进展，即便是相邻学科亦是如此。因此，高度专业化的专家发现他们迫切需要彼此协作来开展组织的重要工作，无论是开发新手机还是治疗癌症患者。

其次，全球化竞争导致了时间框架的不断压缩：产品的生命周期在缩短；新产品推向市场的准备时间更少；科研人员则面临着更多的威胁，他们的工作可能会被地球另一端的实验室抢先一步。管理者们曾经可以对一个大型开发项目的方方面面提前筹备，仔细划分项目阶段，并且将专业的任务独立嵌入各个阶段中——这样的结构化工作方式，在时间压力下已经一去不复返。要是人们在完成各自的任务后就把它"往墙那边一扔"，抛给其他职能部门或是学科，上述这种计划方式就更没有可能实现了。相反，各学科之间的围墙已经倒塌，在一个动态的组队历程中，相关联任务的同步工作必须进行协调和协商。

个人或部门无法孤立地实现有意义的结果。缺乏跨界的紧密沟通，分头发展的各独立要素几乎不可能汇聚为有意义的、功能良好运转的整体。无论是新产品、故事片，还是救援行动都是如此。考虑到与日俱增的专业化和全球化竞争这两个关键因素，学习如何超越人与人之间、部门与部门之间、专业与专业之间的边界，有着诸多的好处。而想要搞懂如何打破这些墙，则需要我们更深刻地理解多元化的种类，以及它们是如何关联到工作团体内部及工作团体之间存在的各类边界的。

三种类型的边界

"多元化"（diversity）是团队和组队研究中的重要课题，然而研究人员对其统一定义缺乏共识。沃顿商学院教授凯瑟琳·克莱因（Katherine Klein）和宾夕法尼亚州立大学教授戴维·哈里森（Dave Harrison）不约而同地将"多元化"定义为"单位内成员在某个共同属性 X 方面的差异化分布"。这里的共同属性包括性别、种族、职业地位和受教育程度。如果团队成员至少在上述某一个属性上有差异，那么这个团队就被认为是多元化的。在概念上，克雷和哈里森将多元化分为三个基本类别："分散性"、"悬殊性"和"多样性"。这为更好地理解边界提供了一个有帮助的起点。清单 6.1 使用以上概念类别，展示了人们在复杂组织中组队时经常会遇到的三类边界。

> **清单 6.1　三种类型的边界**
>
> ● 物理距离："分散性多元化"是指地理位置上的差异，大到不同的时区，小到同一街区的不同办公场所。
>
> ● 地位："悬殊性多元化"是指就某一特质而言，不同的人具备的社会价值程度有别，因而被划分出高低。组队时，需要携手完成工作的人之间往往存在社会地位的差异。
>
> ● 知识："多样性多元化"描述了在经验、知识、专长或教育方面的差异。组队时，该类别多元化所面临的主要边界是来自不同组织，或具备不同专长的成员间存在的知识差异。

接下来将分别近距离检视上述边界类型的例子，并考虑它们对协作的影响。当然，有时人们必须同时跨越多重边界，比如团队中的两个成员在国籍、职业、性别和时区方面同时存在差异。幸运的是，建立过程性约束和良好沟通的领导力行动可以帮助克服本部分所述的挑战。

物理距离

有一种越来越常见的组队挑战，来自跨越地理距离的需求。在很多跨国公司中，人们依靠分散在世界各地的工作团队——"虚拟团队"——来整合各个专业领域。虚拟团队是一组通过技术手段跨越物理和组织边界工作的个体（在本章后面，我将介绍一个跨国公司的类似项目）。在某些组织中，地理区域的差异带来了几乎不可渗透的边界，即便在同一国家之内。例如，美国国家税务局局长查尔斯·罗索蒂（Charles Rossotti）在比尔·克林顿（Bill Clinton）的五年任期内领导该机构进行雄心勃勃的组织转型。转型之前，国家税务局的几个区域中心尽管对彼此有需要，但几十年来一直各自为政，既不共享信息也不共享资源。客服代表无法应对涌向区域中心的海量且庞杂的税务问题，导致的结果是服务质量越来越差，客户越来越恼火。罗索蒂将所有客服代表合并到一个集中的全国性呼叫中心，打破了区域障碍。员工并没有实际搬迁，仍然在原来的地方生活和工作，但成为该大型虚拟服务团队的一员，工作量的分配更加合理、公平。这种组织上的变化，使得纳税人的技术问询可以被转给专攻特定税种的工作人员，不再受到后者办公位置的限制。

地位

在组队中，地位悬殊带来的多元化可能是最难跨越的边界。当身居高位的人拥有最大的权力，而底层员工拥有最小权力时，通常底层员工会发现自己人微言轻，很难发声。工作团队中最常见的权力差异可能要数职业地位和种族了。专业鄙视链会极大地影响人们对于人际风险和直言不讳的观念。例如，在医疗保健领域，医生比护士有更高的地位和权力，而护士又比技师有地位。然而，这些职业群体之间必须组队来照顾病人。即使是处于同一职业群体的人也会有地位上的差异。比如，住院医师和内科主治大夫经常一起工作来照顾病人，对人际风险的恐惧同样会抑制坦诚的讨论，进而阻碍协作。耶鲁大学教授英格里德·南博哈尔德（Ingrid Nembhard）和我一起对重症监护室（ICU）进行了一项研究，我们发现，医生、护士和呼吸治疗师之间存在的地位差异导致了这些群体在心理安全感方面的显著差异，而这大大影响了人们直言不讳、提出问题和参与改进工作的意愿。当我们更近距离地观察数据时，我们发现了一些不同寻常的重症监护室，其团队成员间身份地位的高低并未造成心理安全感上的落差。相反，在这些地方，每个人，不管是什么角色，都感到自己同样平等地参与了医治病人的协同合作工作。在为期两年的研究中，这些重症监护室也表现出较同行更加明显的临床医疗效果提升。

我近期与康奈尔大学的詹姆斯·德特尔特（James Detert）教授进行了一项合作研究，发现人们对于在等级组织中直言不讳这件事情持有一系列默认看法，而这些看法对于跨越地位边界的组队构成了真正的挑战。在毫无察觉的情况下，我们每个人都很好地掌握了一套心照不宣的规则，学会了应该什么时候去和等级组织中的高层人员公开分享自己的想法、关切或问题。例如，许多人暗自认为，求变的想法会被高管视为一种批评（不管这是否准确）。一想到要去批评位高权重者，大多数人的自然反应是极不情愿以及回避。

值得一提的是，被视为多元化的人口统计学差异（性别、种族、宗教和其他社会分类的差异）有时也会强化权力等级，这取决于社会权力（social power）在不同文化和国家间的性质。例如，我们已经看到在某些组织中，人们因性别和种族不同而获得了不同的权力和地位。此外，有些人意识到自己的文化身份会带有负面刻板印象，因而可能遭遇两类阻碍：要么自我实现预言成真（最终长成了刻板印象的模样），要么向他人证明自己与这些负面的刻板印象无关。同样地，无意识的负面刻板印象会极大地阻碍群体表现，因为个人倾向于绕过或避开这个问题，从而导致负面的刻板印象以其他更微妙的方式显现。

知识

工作团队经常面临着专业领域的差异。例如，在产品和流程开发过程中越来越常见的是，在有限的时间内把来自不同组织职能部门的人聚集在一起，进行密集的组队。组队的价值在于，不同的专家为联合任务带来不同的专业知识和技能。在产品研发中，工程部门提供设计和技术方面的洞见；制造部门提供可行的生产工艺、准确的成本估算、试点和全量生产方面的意见；营销部门提供客户接受度、客户分类、产品定位和产品计划方面的见解。组队这一过程不仅要跨组协调时间表、调度资源，而且要整合上述多元化的技能与视角。然而，不同的小组间往往难以获取和管理相去甚远的专业知识，原因有二：一是不同学科蕴含的意义不同，容易产生误解；二是小组间互相不信任。

组队跨越常见边界

在大型组织中进行跨界分享知识可能并非自然而然,但肯定是值得努力的。成功克服跨边界组队的障碍,不仅能为个人提供宝贵的学习机会,而且能为组织提供不可或缺的竞争优势。跨越前文所述的三种类型的边界,需要有意识地关注其各自独特的挑战,以及相应的克服之道。作为参考,表 6.1 总结了这些常见的边界及其应对策略。

表 6.1 阻碍组队和组织级学习的常见边界

	物理距离	地位	知识	
产生原因	分散的地理位置	等级制度	不同组织需要合作	不同专家需要合作
团队组成	地理位置分散的团队成员	不同的权力层级、地位层级	来自不同公司或同一公司不同地点的团队	基于教育或职能的多元化技能与专长
团队挑战	误解,沟通障碍,协调困难	关于顺从权威的社会规范	源自组织目标或价值观的默认假设出现了冲突;冲突的激励机制	成员效忠于基于专长的小团体
促进协作的方式	定期去其他工作地点出差;专注于共享目标;知识储存和交换	领导者展现包容性,把人们能感受的地位差异降到最低	明确分享个人观点;强调每个组织带来的价值;专注于共享目标	主动分享基于专业的知识;使用边界对象,如图纸、模型和原型

如表 6.1 所示,物理的边界来自距离,地位的边界来自等级,而专业知识的边界有两个不同的源头——人们可能从属于

不同的组织，也可能从属于不同的职业群体。下面将探讨跨越每类边界进行组队意味着什么，并介绍在不同群体中成功组队和学习的策略。

跨越物理距离边界的组队

按照跨国食品公司达能集团（Groupe Danone）组织发展总监贝内迪克特·贝内纳蒂（Benedikt Benenati）的说法，"分享并不是一件自然而然的事情"。达能集团是一家在120个国家设有子公司的跨国企业，它试图推进和加强跨越物理距离的部门间组队协同。除了分享常见的共性问题，例如让零售商能够在需要的时候保持适当的产品库存，不同国家的经理都专注于自己的区域，很少考虑向其他地区的同行寻求意见。正如贝内纳蒂指出的，问题可能出在公司的高级管理人员身上："管理者可能不愿意让他们的团队成员互相讨论。如果团队成员自己就能找出解决方案，那么或许管理者就不再有用武之地了。"诚然，这样的反应和担忧是非常符合人性的，但同时也让全球各地的小微流程丧失了改进的机会。

贝内纳蒂直截了当地用务实的语言说明了知识共享的必要性："在一家拥有9万名员工的公司里，一个团队所面临的问题很可能在其他地方找到解决方案。"为了促进位置不同但职责相似的人们之间进行知识共享和实时协作，贝内纳蒂和他的同事人力资源执行副总裁弗兰克·穆然（Franck Mougin）创建了一个名为"知识集市"（knowledge marketplaces）的平台。这个集市就像小型的即兴表演舞台,点缀了商业组织的日常。当来自全球各地的经理人齐聚一堂,知识集市就频繁出现在公司的日常会议中。集市中的参与者们穿上戏服,仿佛给科层等级戴上了面具,鼓励大家分享关于业务和运营的想法。与一位戴着尤达(Yoda,电影《星球大战》中的大师)面具的高级副总裁互动,就不像和某位穿着西装、打着领带的高管说话那么拘束了。同样地,一位穿着达斯·维达(Darth Vader,电影《星球大战》中的人物)服装的新同事,可能会更有勇气表达自己的想法,而穿上普通的职业装就不会有这种效果。这种氛围显然是好玩的,而且许多人认为道具服装使人们更容易交换想法和实践。

在达能集团的知识集市中,自发的思想交流和落地建议比比皆是,而有些知识交流却是预先安排好的。在这类交流中,入选的经理们被要求准备案例集,包括在达能集团成功促进知识分享的最佳实践故事。其中一个案例记述了达能集团巴西营销团队是如何成功帮助达能集团法国营销团队推出新款零脂甜点的。通过在巴西现有产品基础上的改造,达能集团法国营销团队在不到三个月的时间里就将新产品推向了法国市场,不仅节省了时间,而且创造了一项2 000万欧元的业务,其销售额甩开了紧随其后的竞争者。然而,这一切能够发生是基于达能集团的领导团队搭建了一个平台,克服了实用性知识不能跨地域流动的天然屏障。当团队没有能力进行面对面交流时,他们就必须依靠信息技术来跨越物理距离,而通过信息技术进行交流有它自己的问题。

电子邮件在网络时空来往穿梭，传真机在各个大陆实时作响，信息技术缩短了全球距离，也带来了一种虚假的安全感，使我们误以为只要在天各一方的员工之间架起快速上网的通道或新型视频会议设备，就可以使协同合作自然而然地发生。事实上，虚拟团队在分享和整合知识方面存在巨大障碍，必须加以克服。然而，在一些组织中，真正不可渗透的边界不是物理距离，而是横跨不同地域的心智模式差异。即使克服了语言和时区差异带来的明显挑战，有些类型的知识也难以顺利传播。这是因为，某些非常有价值的信息常常被那些最接近它的人认为是理所当然的。而这种隐性知识的存在方式，使身在远方的团队成员完全无法看到它。

如果可能的话，坐下来进行一场难能可贵的面对面会谈，可以极大地促进跨越物理距离边界的协作。这可以帮助人们建立信任，以及察觉到某些差异的存在，而后者可能需要在协同工作中加以考虑。达能集团的知识集市便是这一技巧的实例。此外，强调一个共同的目标也是很有帮助的，可以激励大家努力进行远距离的沟通。在智利矿难救援中，共同目标显然激励了团队跨越物理距离阻碍去行动。尽管在有效使用IT系统方面存在各种挑战，但大公司中的知识管理系统仍然是帮助人们跨越物理距离边界进行组队协作的重要工具。近期研究表明，同样是分散在全球各地的软件项目团队，如果使用知识库的频次比同行高，在质量和效率方面就会表现得更好。由世界各地的软件工程师开发并存储下来的知识，为那些复杂的临时团队提供了宝贵的信息和技术，加速并改善了其团队协作。

跨越地位边界的组队

在大多数组织中，等级边界并未彻底销声匿迹。尽管命令–控制（command-and-control）的权力模式在过去可能是富有成效的，但知识经济时代越来越呼唤互动性的沟通和协作。前几章已经提到了等级制度给协作带来的诸多问题。我也为等级制度所造成的腐蚀与窒息效应提供了切实的解决方案（详见第 4 章）。然而，想要发展出必要水准的协同效应，首要策略是让领导者展现出包容性，即团体里位阶更高的人能够积极邀请他人发表看法，并对其表达欣赏。

一起来看帕蒂·邦杜兰特（Patti Bondurant）的例子，她是辛辛那提儿童医院（Cincinnati Children's Hospital）新生儿重症监护区域中心的高级临床主任。邦杜兰特认为，由呼吸道治疗师而非科室主任来领导一个改进项目是他们持续精进的关键动力。她对这种新型关系描述如下：

> 我们的转折点是，当三个小组的呼吸道治疗师都异口同声地说："恕我直言，医生，这是我们的专长，你需要放手让我们做该做的工作。"这对整个小组来说是一个真正的决定性时刻。医生坐了下来，说："我相信你们是对的。当有人真正愿意着手这项工作时，我并不需要把什么都攥在自己手里。"医生敞开心扉说道："是的，你们是专家，我

们应让你们尽情施展。"团体的动力发生了变化，从医生作为"领导者"坐在桌子的一端，变成所有人成为围坐在桌边的共同参与者。

这是堪称跨越地位边界组队的"教科书式的时刻"。呼吸道治疗师虽然处在专业阶梯的底端，却感觉自己受到了足够的重视，可以清楚而直接地向上级主管表达，他们不仅给出了专业知识，而且提出了自己的观点。处于顶端的医生则能够坐下来，倾听，认可，学习，最终不再试图将项目的方方面面紧握在自己的手中。最重要的是，跨越地位边界带来的是对责任的重新协商，从而使得新生儿护理得到改善。

跨越知识边界的组队

组织和职业是知识边界的两个重要来源。组织边界存在于不同公司的个体之间，甚至是同一公司不同办公地点的人之间（比如我们在前面国税局案例中看到的情况）。职业边界则是由不同专业领域的差异带来的，既存在于组织内部，又存在于组织之间。

基于组织的边界

组织成员的身份带来了同一组织成员共享的、约定俗成的隐性知识。一起工作的人会获得共同的经历和实践，从中他们习得了一套显而易见的正确做事方法。此类隐性知识的例子包括：对某个供应商是否可靠的预期，某个设备的性能表现如何，或是在某个工作场所遇到哪类问题应该找谁。这些事情你必须在现场才能知道。由于这种知识被认为是理所当然的，人们往往并没有意识到他们所知道的东西是需要分享的。此外，隐性知识边界经常与物理距离边界同时出现，这就进一步拉高了沟通的门槛。

一起来看某大型高科技企业的案例。该企业的新产品开发团队负责为战略市场的新客户开发一种聚合物。小组成员共七人，分散在三大洲的五个工作地，团队通过电话会议进行集思广益和讨论，但新聚合物产品中的某种成分出乎意料地难以获取。团队中有一位英国工程师，我们暂且叫他大卫·汤普森（David Thompson），正向来自本地的现场同事寻求帮助。正如汤普森所说，他就是"随便说说"，碰巧这时他的一位同事提到自己正在生产这种难以获得的成分，并可以为汤普森的团队留一桶。通常，在饮水机旁的"随便聊聊"是在特定情境触发的，往往非常关键，但对于远程工作的同事而言，这种情境式的交流可能是难以参与和理解的。

尽管有了技术上的长足进步，隐性知识在21世纪仍然无处不在，这一点不足为奇。组队的最大挑战之一是找到方法，积极挖掘可供异地使用的本土隐性知识，以使在高科技加持下链接起来的协作能够更上一层楼。实现这一目标的诀窍是，每个团队成员要让身边的当地伙伴参与进来，了解项目的基本进展情况。这样一来，他们就可以在必要时提供相关的知识，包括技术方面和组织方面。这种"星探"活动通常涉及在组织内进行横向和纵向的搜寻,以了解谁拥有特定的知识和专长。定期出差也是发现隐性知识的绝妙方法!对虚拟团队的研究表明,互相探访是促进信任、理解和协作的有力方式。当团队能够发现和撬动属地性(site-specific)的隐性知识时,就能更好地利用他们的知识多样性。强调每个组织带来的独特价值,可以促成其发生。

基于职业的边界

任何一个专业领域的培训往往都是一个漫长的过程,要掌握专门的知识体系、术语体系,最重要的是要掌握一种认知世界的心态或方式。商科学生学习营销、管理,以及如何解读公司的问题。医科学生学习韧带、血管,以及如何识别疾病。作家学习如何使用语言。每种职业都被训练出学科视角下的独特假设以及认识论层面的说法,这些假设和说法随着多年的浸润变得理所当然。"行业黑话"诞生于专业化教育和实践之中,往往意味着各职业人士有着完全不同的话语体系。这导致在跨专业族群的"思想世界"中,分享很容易被误解。多数情况是,意义丢失,错误频发,协同效应也就无法实现了。

专业多元化是创新的一个关键来源。不同群体成员将他们的想法和知识编织为新的、整合的形式。即使在成熟的行业中,这类整合也相当棘手,就更不要说遇到新的或前所未有的问题的时候了,美国电脑软件公司 Autodesk 的建筑项目就是个例子(将在后面讨论)。同地办公,加上大量的沟通,以及他们对即将建造的新建筑的兴奋,对于团队跨越行业内长期对立的职业边界、建立信任的能力至关重要。跨职业边界的工作充满着技术和人际关系的挑战。对于跨职能团队来说，亦是如此。

由于从属于组织中不同的部门或职能，因而有着差异化的职业与专业背景，这样的团队就叫作跨职能团队（cross-functional teams）。这样的团队在组织中，特别是在创新项目中，越来越常见。跨职能组队的目标是将各类专家聚集在一起，将各自从不同受训背景中获得的知识结合起来，实现任何单一学科都无法独立取得的结果。跨职能团队在组织中很有用，可以将高度专业化且迥异的不同技能整合进一个具有凝聚力的团体。这种协作形式的明显好处是能够从每个团队成员那里获得合格的、高水准的信息。

比如，跨职能团队帮助辛辛那提儿童医院与诊疗中心的外科医生弗雷德·瑞克曼（Fred Ryckman）博士克服了手术室调度中看似不可突破的能力限制。医院至少还需要一间手术室来承载与日俱增的手术量。由于这一限制，病人不得不等上更长时间，外科医生不得不延长工作时间，这都是安全隐患。然而，一间新的手术室需要 250 万美元以上的费用，这笔钱很难筹到，而且很费时间。遗憾的是，当与其他外科医生一起解决负荷问题时，未能产生任何可行的解决方案。每个人都能理解盘活可用资源的必要性，但没有人能够想出如何进一步调度每天的 24 小时来满足不断增长的需求。

取而代之的是，通过与一位计算机专家和一位统计学家合作，瑞克曼探索出了不同的、创新的可能性。统计学家将问题抽象为一系列数字：病患到达时间、手术时间和日期。计算机专家重组了数据并进行复杂的分析。在很短的时间内，不同背景的专家组成了一个团队，他们共同努力去找出重新设计现有手术室调度系统的方法。只有当瑞克曼开始进行跨职能组队时，解决方案才可能出现。手术室以外的专业人士提出了瑞克曼从未考虑过的问题。由此带来的变化冲击了以前关于手术室容量和调度的想当然的假设。瑞克曼和他的团队共同创建了一个模型，极大地改变与优化了手术室资源的使用。他们发现，病人如何在医院系统中流动，对手术室的使用情况有巨大影响。下面是瑞克曼的原话，展示了这一切的运作细节：

> 通过让手术室流程更加顺畅，并且划出分别专供预订手术和紧急手术的不同手术室，我们能够将接待量提高5%。这似乎没什么了不起，但我们有20间手术室，所以提高5%相当于增加了1间手术室。建造一间可供典型手术的标准手术室需要250万~300万美元。一间有集成核磁共振套件的神经外科手术室可能造价近千万美元。如果你能理解这一点并更好地管理它，你就不必建造一间新的手术室。

研究表明，使用所谓的"边界对象"（boundary objects，之间能够被共同识别和使用的信息或对象）*可以缓解职业边界跨越的挑战，不同的群体可以围绕这些载体进行凝聚。诸如像图画、

---

* "边界对象"是社会科学领域的一个概念，特别是在知识管理和组织研究中常被提及。它指的是那些在不同的社会世界（如不同的专业领域或实践群体）之间能够被共同识别和使用的信息或对象。——译者

原型和机械零件这样的边界对象是知识的有形表达。波士顿大学的保罗·卡利勒（Paul Carlile）教授研究了汽车行业新产品开发团队的知识障碍问题。他发现，边界对象有助于跨越职业和专业的界限。通过列示并讨论模型或图示中的元素，可以搞懂那些含混不清的专业黑话。同样地，加州大学戴维斯分校教授贝斯·贝克齐（Beth Bechky）发现，在生产现场面对面工作时，工程师、技术人员和装配工可以跨越具体实践之间的界限来共同创造出意义。这个过程催生出对他们所面临的产品及问题更加全面的理解，它不仅仅涉及讨论，还涉及共同的行动。比如，围绕一个共同的机器或图纸来阐述不同的观点并形成共同的理解。这同时也有利于促进专业知识的分享。

基于职业和组织的混合边界

当基于专业或职业的知识边界与基于组织的知识边界叠加在一起时，挑战就会呈指数级增加。例如，一个复杂的建筑项目不仅涉及多个专业领域，而且牵扯多家公司，基于独特的限制条件和目标，共同打造一个定制化的产品。各方参与者包括业主、建筑师、工程师和建筑商，而在过往传统中，他们都是通过法律合同来管理各自方方面面的风险，而不是投身于组队过程中，使得该行业长期以来都缺乏不同分工之间的彼此信任。针对如何克服源于这类组织边界的不信任和误解，我们将在下文介绍一种策略。

最近的某些创新型建筑项目开始尝试改变建筑业的内耗，做法是将跨边界组队贯穿项目始终。其目标是规避在复杂、独特的项目中几乎不可避免的小失误，当然也是为了避免大事故。我与同事法爱兹·拉希德（Faaiza Rashid）研究了一个建筑项目，它恰好采用了此方法，称为综合项目交付（integrated project delivery，IPD）。在这个大型建筑项目中，来自多家公司、多种职业的成员同意从项目开始到结束都紧密地协同工作。在建筑工地附近的办公室，每个人都签署了一份单独的法律合同。尽管在预算、期限、美学和环境可持续发展方面的激进目标使该项目特别具有挑战性，但组队方式奏效，信任增加，结果是为Autodesk公司波士顿区域总部打造了一座获奖建筑。

无论哪一种类型，跨边界的组队都有极大的潜力拓展参与者对其他专业领域知识的了解。在多元化团队中工作，可以扩大参与者与组织中其他领域同事的关系网，提高他们跨越边界的能力。最后这一点特别重要，因为大多数团队必须跨越不止一种多元化类型或组织边界来解决当今最复杂的问题。在下文，我将提供一些建议，帮助领导者促进跨界的沟通。

引领跨界沟通

领导者可以采取三种行动来引领跨界沟通。第一，建立一个共享的高阶目标，使人们团结起来，激发人们克服沟通障碍的意愿。第二，培养好奇心，使分享信息和提出问题名正言顺。第三，提供过程指南，使协作变得结构化。让我们来一同看看这些行动，了解它们如何使跨边界组队更加顺畅，穿越我们在前文讨论过的种种障碍。

建立一个共享的高阶目标

在复杂的组队努力中，个体成员和各工作小组有许多小目标要实现（比如，钻出一个洞的同时避免让更多岩石崩塌，完成一个美观的建筑设计），但共享一个总体或更高阶目标（比如，拯救矿工，在预算内按时完成一个雄心勃勃的建筑项目）将提升人们进行更彻底、更细致沟通的意愿。强调共享目标（如第 4 章所讨论的）应该被视为领导者框定视角的一项核心任务。目标可以被表述为重要的、鼓舞人心的价值（帮助病人更快康复），或仅仅表述为一份要完成的工作任务（实施一项新技术）。当完成目标的路径不清晰时，应将这个高阶目标框定为一个学习机会。将一个共享目标视作学习机会，有助于营造公平的参与氛围，促进直言不讳的表达。这也有助于营造一种心理安全的环境。只有当团队成员感到安全，敢于提出可能被视为愚蠢的问题，才有可能更好地理解彼此的"思想世界"。在分享各自视角的时候，人们必须免于遭受尴尬。

一个非常成功的跨界组队项目是水立方（专门为北京奥运会打造的水上运动中心）的设计和建造。目标很明确，也很激动人心：建造一座令人难忘的标志性建筑，它既要象征中国文化，又要与场地环境融为一体，并且将能源消耗降至最低。该项目的设计在全球范围内开放竞标，每一位参与者都希望自己的方案可以做到新颖、令人兴奋、独一无二。当然，它还必须在奥运会开始前交付完成。水立方利用了跨学科、跨洲际和跨组织的组队协作，从概念设计到建造完成速度之快，创下纪录。特里斯特瑞姆·卡尔夫拉（Tristram Carfrae）领导了这项工程，他是澳大利亚悉尼奥雅纳公司（Arup）的负责人兼首席结构工程师，80余人参与到组队之中，他们来自4个组织（奥雅纳公司、PTW建筑师事务所、中国建筑工程总公司和中国建筑设计院），办公地点遍布4个国家，横跨20多个专业学科。

培养好奇心

为了帮助人们跨越边界，领导者务必培养和鼓励对他人所想、所忧、所求的真正好奇心。通过培养自己关于"究竟是什么真正驱动着他人"的好奇心，我们每个人都可以为环境塑造做出贡献，使得环境中的个体可以自在表达对他人想法与感受的兴趣。麻省理工学院教授埃德加·沙因是一位杰出的企业文化研究者，他在描述多元文化工作小组是如何分享关键专业和个人信息的时候，使用了"临时文化岛"（temporary cultural island）这一术语。这个过程涉及谈论具体的经验和感受，并由领导者提出深思熟虑的问题来加以推动，领导者的实际角色变成了引导者。沙因解释说，与权威和亲密有关的文化假设是多元文化团队的关键问题。当有人违反了在一种文化中被认为是理所当然的权威规则时（例如，以一种过于熟络的姿态跟一个地位高的人说话），来自另一种文化的人可能会觉得很刺耳。通过分享这些故事，问题得以暴露，边界开始消解。请注意，文化这个词适用于国家、公司、职业和其他身份群体。

水立方团队同样培养了人们的好奇心,做法是在项目的几个关键节点把人们聚集在一起,讨论设计理念,头脑风暴多种可能性,并挖掘同一套设计元素的文化内涵在不同国家的差异。跨文化的互动对这个团队来说是显著的挑战。一个行之有效的方法是让熟悉两种文化的专家互换,请他们到另一家公司实地工作一段时间。这些名副其实的"边界拓展者"(boundary-spanner)帮助项目成员对彼此的语言、规范、实操和期望建立了兴趣。

提供过程指南

在任何复杂的组队努力中,建立每个人都同意遵守的过程指南是很重要的。边界管理策略是核心。人们需要这样一套指南,用以确立平日各自进行的组队活动需要在哪些节点聚在一起,协调资源并共议决策。因此,水立方的卡尔夫拉团队采用了"交互界面管理"(interface management)策略,将项目根据物理和时间的界限分为不同"实体"。每个实体分别由某个子工作团队负责。当任何东西"触及"或"越过"边界时,就形成了一个交互界面。他们定期举行交互界面间的协调会议,协同管理物理的、职能的、合同的,以及操作的各种边界。通过大量的书面记录,团队排除了在这些边界上可能出现的错误,从而节省了大量的材料、资金,并减少了烦恼。

领导力小结

复杂的、相互依赖的学习和创新任务，不可能再由一个人甚至一组人串联工作（彼此僵硬的交付）来完成。无论是开发新产品、提供医疗服务，还是收集处理国家税务，来自多种学科、不同地点的人们越来越需要依靠彼此来完成工作。当今，成功的团队不仅仅是围绕着一张共同的会议桌工作——他们跨越多重边界进行协同。但是跨边界组队会遇到的障碍往往被低估了。在一些工作场所，每天面对面的互动使人们能够轻松地相互交谈和分享想法；而在其他地方，有着共同责任的人相隔千里，沟通十分困难。而且，物理边界并不是组队必须跨越的唯一界限。职业、等级和文化上的分歧同样存在。因此，有效的组队始于识别和承认边界。

多元化通过将跨知识、跨职能和跨其他边界的认识组合在一起，催生了新的可能性。研究清楚地表明，当跨越学科和地点的边界时，无论群体还是个人都将学到更多。但要做好这一点并不容易。团队领导和团队成员必须学会跨越组织内部和组织之间的边界，因为这些边界会扼杀信息流动，并抑制协作。所幸，诸如请求帮助、提供帮助、表达好奇和直言不讳地表达自己的理解等看似普通的行为，实则可以在降低协作障碍方面发挥神奇的功效。

边界会阻碍知识共享和协同，领导者是打破这些边界的关键角色。领导者的兼容并包，使知识得以分享和交流，使用边界对象，领导者可以促成更多最佳实践的分享，并提升创新。务必牢记，在地位差异显著的团队中，恐惧会阻碍交流和分享。研究发现，心理安全感会使人们更容易进行跨边界的沟通和实验。当组织创造了一种包容性的环境，并掌握了跨边界交换和运用知识的能力，它就可以开始实施一种被称为"学习型执行"（execution-as-learning）的新型运作方式。本书下一章将深入探讨学习型执行，它是一个迭代的过程，将持续学习和生产力改进融合在一起。

经验及行动

- 在今天的工作场所里，人们不大可能拥有同质化的信仰、态度或观点。如果人们没有意识到其存在，或是处理得过于粗放，这些差异就会抑制协作。
- 边界是指人与人之间有形和无形的划分，比如性别、职业或国籍。边界之所以存在，是因为不同群体中的人持有各自想当然的假设，思维模式也呈现多元化的特点。
- 跨越边界是指刻意地去尝试跨越群体内部、群体之间的各类障碍。技术的飞速发展和全球化趋势的进一步加强，大大提升了跨越边界在当今职场中的重要性。
- 人们在组队时遭遇的三类最常见边界分别是：物理距离边界（地点的差异），知识边界（组织或专业的差异），以及地位边界（科层等级或职业地位的差异）。

- 建立高阶目标，培养好奇心，并提供过程指南，是促进跨边界良好沟通的重要领导行动。
- 为跨越物理距离边界，小组成员应定期访问其他工作地点，密切关注属地化的独特知识，并为知识库的建立和知识交流做出贡献。
- 为跨越组织多元化带来的知识边界，小组成员应分享个人视角，强调每个组织带来的独特价值，并建立集体身份认同。
- 为跨越职业多元化带来的知识边界，小组成员应分享专业知识，建立集体身份认同，使用边界对象，如图画、模型和原型。
- 为跨越等级边界并最大限度地减少人们感知到的等级地位差异，领导者应该具有包容性，积极主动地邀请小组成员参与对话。

第三部分 TEAMING

学习型执行

第 7 章
将组队与学习融为日常

本章将探讨"学习型执行"(execution-as-learning)的运作方式,该方式明显区别于将学习与执行割裂开来的传统管理路径。我们很少在现实中看到学习型执行,它能够在任何组织层面都带来竞争优势,不论是产品开发团队,医院急诊室,还是汽车装配厂。简而言之,学习型执行就是学习型组织的运作原理。执行的方方面面都秉持着学习心智,并广泛践行学习动作。

任何组织要想保持长期竞争力,学习都必不可少。正如我们在第 6 章看到的那样,有些学习萌生于跨学科、跨国籍甚至跨大洲工作的员工之间。找出组织中新的、更好的做事方法,或者仅仅是改进当前流程,一般都离不开灵活的、以团队为单元的工作安排,靠个人的单打独斗是行不通的。过去 20 多年的研究,包含我自己的研究,发现团队是学习和组织有效性(organizational effectiveness)的根本来源。因此,21 世纪的工作场所把以团队为单元的学习置于优先位置,也就不足为奇了。

本章将深入探讨学习型执行：如何做到它？从哪里开始做起？在横跨过程知识光谱的不同组织中，它分别呈现怎样的面貌？我将提供一个诊断框架，根据组织在过程知识光谱中的位置量身定制学习型执行的策略。在一个详细的案例研究中，我们会看到如果没有进行这种量身定制将会发生什么。我也将描绘学习型执行的各个要素，解释它与效率型执行（execution-as-efficiency）的区别，并提供四个关键的实践步骤。

学习型执行

学习型执行是一种运作方式，让组织能够边运营边学。这意味着工作团体、部门或整个公司在成功地向客户交付产品或服务的同时，能够进行调整、灵活应变和创新。这种运作方式是需要刻意的、有意识地迭代的，行动与反思要相伴而行。图 7.1 展示了学习型执行的四个步骤——诊断、设计、行动、反思——而组队和组织学习是支持这一系列步骤的基础。

学习型执行发生在小团体或团队中。有些团体相对稳定，比如我们可以在工厂生产线中看到它们的身影；其他团体则是临时的，比如医院病人看护团队，或是跨职能的新产品设计团队。但无论是哪一种，学习型执行都是协作性的，因为想要提出更多行动的可能性、搞懂结果的含义，人们就离不开多元化的技能组合与视角。协同工作意味着你身边总是有一个"回音壁"（sounding board），让你能够检验新想法。

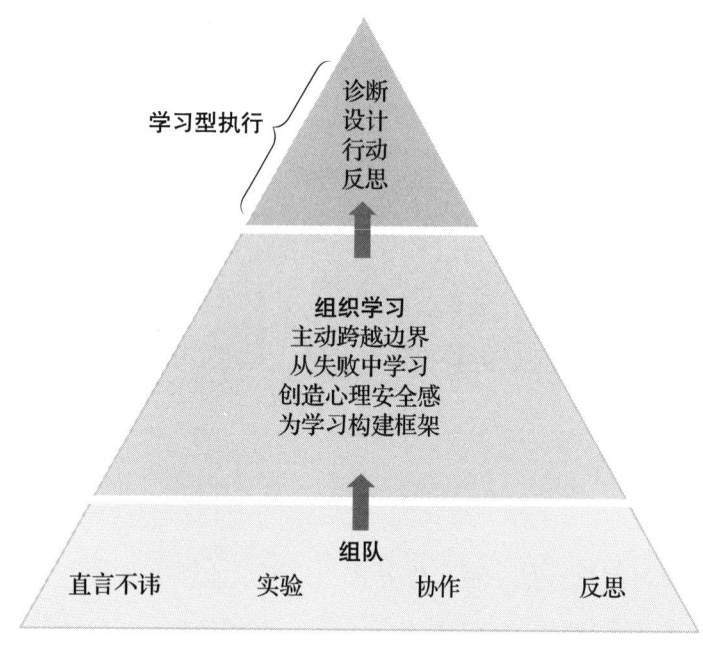

```
                    诊断
                    设计
        学习型执行  行动
                    反思


              组织学习
             主动跨越边界
             从失败中学习
             创造心理安全感
             为学习构建框架


                组队
   直言不讳   实验   协作   反思
```

图 7.1 学习型执行的基础

以团队为单元、业务为焦点的学习

即使工作本身看似并不需要密集的、你来我往的组队，团队的运用对学习型执行也至关重要。例如，在丰田的生产设施中，每条装配线都以团队的方式工作——并非因为汽车装配工作本身的性质需要组队，而是持续改进活动需要组队。在丰田装配厂进行持续改进时，人们共同努力诊断去找出问题，并带着解决方案去实验。在这种情境下，问题闭环的周期非常快——从发现问题到找到解决方案，通常只用不到一分钟的时间，我将在后文详述。丰田花了数十年时间将学习融入到执行之中，稳步积累经济价值，赢得质量奖项。在本章后续内容中，我会详细讨论丰田近年来在学习型执行的过程中都经历了哪些跌跌撞撞。

在犹他州和爱达荷州截然不同的环境中，山间医疗（Intermountain Healthcare）的日常运营也深深打上了学习型执行的烙印，它的健康护理体系被公认为世界一流。在那里，各个团队形成了一个互相联动的集合体，它们在医学文献中寻找最佳实践，根据实际需要进行调整，将其整合进由计算机支持的专业流程，并积极邀请所有的医护人员定期提供反馈，从而让这些最佳实践不断地继续优化。本部分的后续内容将就此具体展开。

西南航空（Southwest Airlines）则是以团队为单元学习的另一个范例。员工能在极短时间内完成机场登机口的高效运转，使该公司在多个运营指标上持续领先于竞争对手，客户满意度也没有受到丝毫影响。

逆流而上

好消息是，学习型执行几乎是所有情境中的"胜利公式"。丰田、山间医疗以及西南航空都是各自行业的佼佼者。坏消息是，学习型执行非常罕见，因为它并不会自发产生。用这种方式工作时，人们需要与内心渴望做斗争——希望步骤流程是明确的，结果是被担保无虞的。这需要我们逆流而上。拥抱学习型执行作为一种运作方式，就是要接受每个流程必然有其不足之处，而它们也总是能够被改进，即便只有一点点。

学习型执行需要持之以恒的自律，让人们始终警觉今日的解决方案并非完美解法，并饱含热情地共同探索新的、更好的做事方式。这并不是说学习目标要凌驾于现行的绩效标准之上，而是意味着如果这样去工作，学习将会是行动宝贵的必然产物。学习型执行很有挑战性，因为大多数人享受当前流程奏效带来的确定性，且只要工作遵循了这个流程，自己就不会受到指责。我们大多数人更倾向于寻找稳定的解决方案来应对问题，也很享受"自己擅长于所从事工作"的感觉。但是，学习型执行要求我们接受我们个体和集体层面的易错性（fallibility）。甚至，它要求我们认识到"成功是失败之母"。重复成功势必带来自满和傲慢，它们会蒙蔽我们的感知，使我们忽视昨日的"胜利公式"正在缓慢地而又毫无疑问地失去它的地位。

学习型执行 vs. 效率型执行

理解学习型执行的最好方式，就是来到它的对立面——效率型执行。后者凝练了组织中经典的管理手段。在效率型执行中，领导者是来提供答案的。这里面的假设是，更清楚如何拿到结果的是身居高位的人，而不是那些在生产和客服一线的员工。组织高层带着自己聘请的既聪明又懂技术的人手，付出大量努力去搞懂什么是最优化的工作流程，然后将其实施。这种投入使得改变成为一件没有号召力的事情（且非常罕见），因为每个人都知道进行改变是一项巨大的工程。反馈通常是走在一条单行道上：老板们告诉下属他们是否做到了应该完成的事情，且不会期待收到来自下属的解决方案或判断。最终，效率型执行倾向于将恐惧作为抓手，让员工始终循规行事。的确，当工作任务几乎不需要判断力或发挥创造性时，当工作任务仅仅依赖个体就能够完成时，当质量能够被轻松观测到时，恐惧的确能够激发努力，同时不会对结果造成明显损害。即便恐惧可能让工作环境变得不太愉悦，但是它不太可能会降低个体化的、常规性工作的生产质量或效率。然而，当组队和学习本就是工作的一部分时，恐惧会让工作寸步难行。

对于学习型执行而言，领导者不是来提供答案而是来确定方向的。确定方向是指阐述对组织至关重要的优先级。具体情况具体分析，这可能意味着重塑客户服务、提升生产质量或寻找疾病的治疗方案。领导者既不会也很难做到详细告诉大家应该如何使方案落地；并且，这个"答案"必须在走下去的过程中，通过共同发现和共同改进去找到。对于那些设法"完成任务"的管理者而言，这个过程起初看起来可能是费劲且缓慢的。但当领导者努力将员工作为积极的思考者和学习者纳入进来，且这样的努力一旦形成势能，员工的注意力和兴趣便能够转化为一线的自发行动。而且，正如先前提到的，减少恐惧是让这一切发生的关键。表 7.1 总结了两者之间的区别。

表 7.1　效率型执行和学习型执行的区别

效率型执行	学习型执行
领导者拥有答案	领导者确定方向
稳定的工作流程已经就位	从刻意的尝试性工作流程开始

续表

效率型执行	学习型执行
实施变革被认为是一项巨大的工程	不断的微小变化是一种生活方式
反馈是单向的	反馈是双向的
员工的判断是不被鼓励的	员工的判断是至关重要的
对老板的恐惧是正常的	恐惧会抑制实验、分析和问题解决
目标：抓住眼前利润	目标：创造长期价值

最佳实践是一个"移动靶"

学习型执行始于尝试性的工作流程，这种方式可以激发改进，因为人们在尝试的过程中能够更好地发现什么可行、什么不可行。山间医疗是践行这种方式的典范之一，作为一个由医院和诊所组成的综合性医疗网络，其护理质量和流程效率一直备受赞誉。在这里，精通不同领域的资深临床专家组成了团队，他们利用自己的经验和医学研究来开发临床规范，其本质就是一份步骤清单，医院里的临床医生医治特定疾病时需要遵循其中的要求。这些临床规范随后被纳入医院的计算机支持系统中，为种种事关病患救治的临床决策提供依据。实际的临床行动操作也都被记录了下来。这个学习系统是布伦特·詹姆斯（Brent James）教授的创意之作，作为一名医生、统计学家，他担任了山间医疗的首席质量官。如果你认为医生可能不愿意听命于一台计算机，就说明你确实很了解其中的难度。那么，詹姆斯是如何克服这一难题的呢？

能够让大家愿意接受的秘诀在于：所有的临床医生都被邀请去将这份临床规范作为一个起点，而不是一条铁律。无论什么时候，只要临床医生基于自己的判断，认为应该采取一项脱离规范的行动，他就应该相信自己的判断，而不是被规范牵着鼻子走。唯一的要求是什么？医生需要记录他们实际上为病人进行的所有操作，并通过临床 IT 系统将这些记录反馈给医院。这些反馈能够让专家团队从临床医生的在岗经验中学习。他们会定期研究流程数据，识别可能需要做出的改进。通过学习型执行系统，医院能够充分利用最新医学文献中的知识来医治病人；与此同时，通过一个持续进行的学习循环，该系统也使得学科前沿不断发展。山间医疗以团队为单元的学习系统如图 7.2 所示。

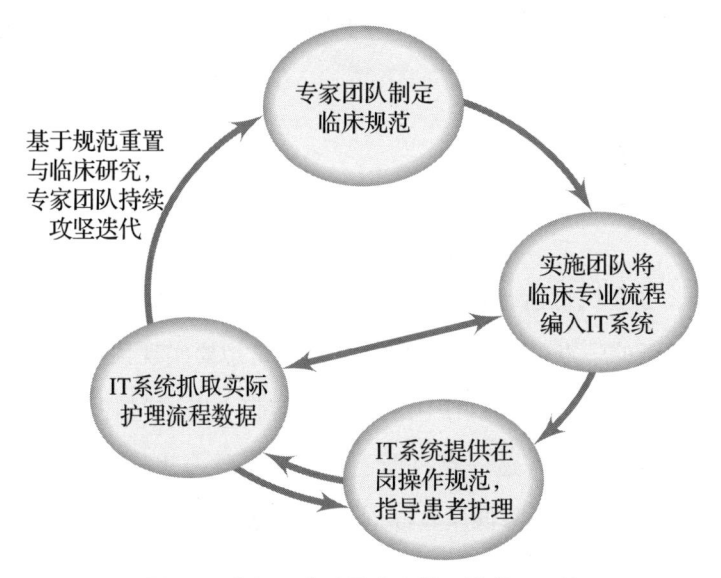

图 7.2　山间医疗以团队为单元的学习系统

随着专家团队不断积累反馈，可以实现两种改进。首先，具体实操的临床医生能发现临床规范中的错误或不足，并在修订版本中予以纠正。其次，临床规范会更细，即针对不同患者子群体进行更加个性化的制定。举例来说，不再是简单地采用"一刀切"的糖尿病治疗规范，而是根据病人的年龄、性别、体重等因素，为不同群体提供经过打磨的、适合他们具体情况的治疗规范。

来自不同行业的管理者已不再相信存在某种可以推而广之、稳定发挥的"最佳实践"，反而意识到它其实是一个"移动靶"。因此，他们致力于激发团队去不断优化已有的实践。通过进行小规模实验和提出改进建议，参与学习型执行系统的员工共同推动着系统进化。显然，员工的判断力至关重要，而且反馈不仅需要从管理者流向下属，而且需要从下属流向管理者。

运用过程知识光谱

学习型执行落地的首要任务是理解业务情境的关键特征。尤为关键的一点是：我们需要评估，若是想要实现预期的结果，目前有多少知识是可供使用的，即确定该业务在过程知识光谱上的位置。弄清楚这一点有助于重新框定学习挑战，将其视作改进、问题解决、降低风险或创新的机会。

了解在过程知识光谱中的位置

尽管大多数组织在其运作中涉及多种工作情境（常规业务、复杂业务和创新业务），但通常只有一种工作情境在组织文化和管理方式中占主导地位。正因如此，在开展工作之前首先对其进行深思熟虑的诊断顺理成章，但人们往往没有这么做。大多数管理者想当然地认为，主导的业务类型就是自己业务的全部。例如，汽车工业的核心是大批量生产，学术型医疗中心扮演的角色是为情况各异的病患提供复杂的定制化服务，而基础科学则完全关乎发明创造。

因为我们很容易想当然地认为自己的工作要么是常规的，要么是定制的，要么是创新的，所以我们必须停下来进行深思熟虑的诊断。例如，一位经理可能这样问自己：尽管我就职于一家百年老牌车企，但我正在管理的情境需要一个被充分定义的流程吗？还是说我们正在试图做一些复杂或创新的事情？研究型组织的管理者可能需要停下来思考：尽管这是一个科学实验室，但也许在运营的某些层面（如管理工资发放或办公耗材），我们需要一个更精简的常规流程。因为大多数管理者不会有意识地去思考他们的工作在过程知识光谱中大多数时候所处的位置，所以，当因环境发生变化而需要采用不同的管理方法时，他们往往意识不到。

有些工作采取定义明确的流程形式，在一个确定的小组或部门内形成重复的惯例（例如装配线和呼叫中心）；有些工作则会遭遇一些陌生的情境，需要人们即兴发挥，积极地跨组协调（例如对身患数病的人进行医疗护理）；还有些工作，如何完成目标仍然是个未知解（例如治愈糖尿病，获取经济适用的可再生能源），唯有通过不断探索和创新方能实现。显然，每种情况下的学习挑战都是不同的。如表7.2所示，三种不同业务类型在工作设计、不确定性程度、管理重点、规划性质等方面都是不同的。

表7.2　不同业务类型在过程知识光谱上的差异

项目	常规业务	复杂业务	创新业务
工作设计	充分建设的工作流程	是一个混合态，既有充分建设的工作流程，也有尝试性和创新性的工作流程	流程指导原则统一化，流程细节个性化
不确定性程度	低：结果可预测	中：投入和结果都有些不可预测	高：结果无法预测
管理重点	控制并精准测量	建立一种开诚布公和敏锐机警的企业文化	激发并支持专注的探索
规划性质	可以提前管理各方的互赖关系	必须通过反复的沟通来实时管理多方的互赖关系	难以理解各方的互赖关系，直至工作展开
（主导业务类型的）失败频率	可避免，低频（流程偏差）	预期会出现——保持警觉很重要（系统故障）	高频，甚至是人们想要看到的（不成功的试跑）
组织的学习目标	持续改进	问题解决	创新

续表

项目	常规业务	复杂业务	创新业务
关键学习工具	全面质量管理系统（TQM），统计流程控制系统（SPC），"安灯"监控系统	心理安全感文化，敏锐机警的人际沟通	结构化的创新流程，跨学科团队
衡量成功的标准	效率/可靠	安全/质量	创新/发明
范例	汽车装配厂	三级护理医院	产品设计顾问公司

诊断不确定性和互赖性

管理者面对各种各样的不确定性，依赖于可获得知识的程度和品质——可能几近完备，也可能完全不足。高度不确定性意味着，若想找到通往预期结果的最佳路径，就必然经历尝试和失败。相反，当不确定性很低时，达成预期结果并不需要实验，而是为我们创造了进行小微优化的机会，去精简或加速现有的流程。伟大的科学家们骨子里的坚持与设计公司艾迪欧的标语是一致的："经常失败是为了更快成功。"然而，对于制造厂来说，这可能是个糟糕的系统，并不会保障其成功，因为制造厂学习的典型特征是稳定却微小的改进。例如，几年前，一位哈佛商学院的MBA学生回忆起他作为新人工程师在丰田公司时收到的指示：站在装配厂地板上画出的那个小方块内，仔细观察，直至找到可以改进之处。尽管丰田已经是世界上最顶尖的公司之一，但其领导层坚信，一个聪明的、刚进入系统的年轻人能够使其更上一层楼。这段经历也向这位新员工展示了公司对学习的重视。

另一个重要的诊断维度是工作所需的互赖性。一些任务可以由单个个体独立完成，而其他任务则需要拥有不同技能组合或接触不同信息的人参与协调或协作解决完成。当互赖性和不确定性双双处于高位时，第一次就把事情做对是不可能的，且参与者必须主动投身于行动的设计。第 8 章会有详细案例来介绍艾迪欧率先推出的新型咨询服务。艾迪欧察觉到自身缺乏知识以指导下一步行动，于是它进行了小规模的精益尝试，以快速学习。在不同的具体情境中，可预测性和复杂度都是不同的，构建持续学习的设计也因此有所区别。

将管理手段与业务情境对齐

管理手段与业务情境并不会自动契合。首先，习惯的惯性作用极为强大。我们所有人都容易陷入拿着锤子找钉子的模式。很多管理者有着鲜明的个人风格或管理套路，他们会将其运用到所有情境中。此外，管理者常常未能及时发现技术或市场的转变已经深刻改变了业务的玩法。他们迟迟没有意识到，当前的环境可能需要采用一种与过去的成功经验截然不同的应对策略。

让我们一起来看下面的例子。电话发明后，电信业随即诞生，伴随人口与经济的双增长，它稳步增长了一个多世纪。不过，近些年电信业显然经历了翻天覆地的转型，由过去庞大的、受严格监管的全国性垄断行业演变为当今充满活力、竞争激烈的高科技信息行业。我研究的 Telco 电信巨头在不同业务类型之间徘徊不定：一头是过去的常规业务，另一头是创新驱动但充满变数的未来业务。你将会看到，在一个成功运转的常规业务领域，不确定性往往是潜伏其中，而不会张扬地显现出来。

案例：当业务情境发生变化，Telco 如何应对

  Telco 公司的业务发展高级副总裁布鲁斯·麦迪逊（Bruce Madison）在办公室内踱步，脚下踩着地毯，头脑里正思忖着该如何决策。他在 Telco 公司服务数年，成就满满，曾经做过许多艰难的决定，使得 Telco 公司成为业界最成功、管理最出色的公司之一。然而，新兴技术的涌现带来一系列变化，或是已经清晰，或是尚未揭晓，它们将会影响 Telco 公司的未来。还有两个月，20 世纪就要落幕，空气中弥漫着变化的气息。麦迪逊面临的棘手问题是：Telco 公司应以何种策略、何种速度利用数字用户线路（DSL）技术，为客户提供高速互联网接入服务？麦迪逊渴望将公司置于新技术的浪潮之巅。他当然想在竞争白热化的市场中占得先机。但是，他并不愿意过早地推出过于复杂的解决方案，尤其是当它可能会令客户感到困惑，并最终损害 Telco 公司的一流声誉。

  简而言之，麦迪逊不希望失败。

  如果落地新技术，Telco 公司需要一套新的流程来与客户进行交互。例如，技术人员不仅要确保在每个客户端将语音和数

据流进行分离，还需要安装调制解调器，以便将每位客户的专属电脑接入数据流。旧电线需要更新换代。数以千计的接入线必须经过严格筛查，经过批准后方可用于 DSL。所有这些琐碎和庞大的任务极易出现差错和失败，尤其是首次执行。客户因此而产生的挫败感，将直接冲击公司经过长时间努力建立的品牌形象。要知道，Telco 公司的声誉正是来自它的可靠，来自它所提供的流畅稳定的通话服务。

成功执行的历史

麦迪逊一边致力于保持 Telco 公司长期的成功运转记录，一边计划着进一步拓宽公司的服务版图。他深知客户接入中的任何问题都可能引起电话投诉，因此必须尽力避免。长久以来，Telco 公司之所以能保持蓬勃发展，关键在于其卓越的客户服务。深入人心的企业文化，对细节的精益求精，全面深入的培训（客服代表在入职后会接受三个月的培训），以及无休止的质量检测，共同铸就了公司的金字招牌。管理层从不将成功视作理所当然。他们会为新加入的客服代表准备详尽的话术，以便他们能妥善处理客户投诉、账单查询和新电话业务咨询。在一线工作中，员工的表现会受到日常监控；而客户的反馈也会被追踪，体现为客户满意度指标（customer satisfaction index，CSI）。公司精心设定了管理目标，并不断地对照这些目标对客户服务的表现进行检验。客户满意度调查会全方位评估服务各环节的表现，包括问题解决、订单处理等。Telco 公司训练严格,令人称奇。

我们很容易识别出 Telco 公司的策略是组织执行。公司依靠完善的系统和评估工具,能以极高的精确度预测客户对服务的需求量和满意度。它甚至能够对每通客服电话的平均时长进行预测。为了确保管理层的积极参与、严格执行,Telco 公司将管理层的奖金与客户满意度指标数据直接挂钩。这一体系长期以来都运作良好。

然而,这些曾经使得 Telco 公司客户服务大获成功的方法,却意外地成为 DSL 业务推进过程中的绊脚石。

出乎意料的失败

纵然风险重重,麦迪逊和他的团队也毅然选择加足马力展开 DSL 业务的全面部署。他们无法抗拒这个战略机遇。再者,Telco 公司在大体量运营方面经验丰富。遗憾的是,结局却是一场令人痛心的失败,其持续时间远超过他们设想中所能承受的范围。客户满意度指标通常保持在高达 80 多分的水平,但在 DSL 业务中却暴跌至区区的十几分。75% 的目标承诺未能达成,还积累了 12 000 个滞后订单。每天多达 500 名客户在焦急等待服务相关问题的反馈。20% 的投诉在 30 天或更长时间后才得到解决。不仅仅是 DSL 部门,整个公司的士气十分低落。员工精疲力竭,麦迪逊深感担忧。简而言之,用麦迪逊的话来说:"我们遭遇的问题远超预期,我们手头又缺乏足够的资源来立即修复每一个问题。"

麦迪逊是一位兼具智慧和战斗力的高管，带着最好的初心，去为公司、员工和客户考虑。Telco 公司此次不经意间酝酿的"灾难"，与麦迪逊及其同事专门为常规业务设计的管理方式有关。问题的关键在于，虽然 DSL 未来会转变为典型的常规业务，但彼时它还是一个新业务。因此，DSL 的实施并不适合用精密测量、目标明确、常态化、需被清晰理解的流程来推动。尽管高管们几乎可以肯定客户对高速互联网服务存在需求，但关于如何在不同的客户情境中可靠地交付这种服务的过程知识仍然相当不成熟。由于没有意识到这种不匹配，这一本应被视为复杂业务的新项目，被 Telco 公司错误地当作常规业务来管理了。

在对偏差进行诊断和开发、规范众多新流程以适应广泛且不确定的业务环境之前，是无法设定量化标准、精确度和稳定预期产出的。没人能准确预估修复数千英里的客户接入线需要花费多少时间，更不用说提供真正的 DSL 服务了。Telco 公司必须跨越部门和公司的边界，整合多个供应商的系统资源。它必须学习，在实践中学习，作为团队共同学习。这意味着客服代表不能就着预设的话术（编纂自囊括过往各类故障解决案例的综合数据库）照猫画虎。而且，也无法对他们进行充分的流程步骤培训。想要写出话术，前提是清楚了解完成任务所需的各个环节，并且预期该流程在一段时间内固定不变。

组织学习

若是想要在发现新解决方案的同时将其付诸实施，就必须摒弃前文的做法，转而采用边干边学的方式。没有预先准备的话术，员工必须随机应变。这意味着他们可能会犯错误。管理者必须以实际行动明确表示，他们很清楚出色的表现并不意味着不犯错误。相反，它意味着能够迅速从错误中学习，并广泛分享经验教训。这正是组织学习（organizing to learn）的本质。表 7.3 总结了在 Telco 公司推广新举措的案例中，组织执行和组织学习之间的差异。

表 7.3　对比常规业务与复杂业务的做事方法

常规电话服务	全新的 DSL 服务
按部就班	即兴发挥
先学再干	边干边学
严格遵守程序	刻意的实验
很少出错	经常出错，从中吸取教训，并分享给其他人
组织执行	组织学习

众多科技公司常以早期采用者（early adopters）[*]为首要服务对象。这些人往往是先驱者，对站在科技前沿充满热情，他们精通技术，并且能够容忍新产品或新服务在早期推广阶段出现的各种小问题。而那些需要更多手把手引导的用户，其实可以先行等待，直至各种问题完善解决再开始使用。然而，Telco 公司在其营销话术（使用话术这一做法本身就体现了一种组织执

---

[*] 早期采用者，或称灯塔客户，是某个公司、产品或技术的早期客户。该术语源自埃弗里特·罗杰斯的著作《创新的扩散》(The Diffusion of Innovation)。——译者

行的心智模式）中，过度承诺了高速互联网接入后的奇效。客户对 Telco 公司深信不疑，期待能够无缝衔接地、不费力气地用上新服务，如使用家庭电话般顺滑。在公司所选择的新服务推广策略下，人们的预期水涨船高，最后却往往化为泡影，扫兴而归。

在项目启动前，一个至关重要却无人问津的问题是：我们应该如何进行组织学习？Telco 公司的心智模式是组织执行，这让管理者难以跳出固有思维来开拓新的思路，尤其是在危机关头。他们深知在预算范围内准时交付任务的紧迫性，因此长期致力于向员工提供答案，并培训他们去执行这些方案，同时让他们明白如果不遵循将会面临的后果。然而正如第 1 章所述，当任务已经被充分理解时，这种心智模式是行之有效的；但若任务本身仍在快速演变，纵然是最周密的计划与最训练有素的执行也不足以确保成功。

实际上，要想达到每次都能够可靠运作的稳定度，还需要几个月甚至一年的时间。当然，这是可实现的。通过组织学习，很快就能发现将来可靠、稳定发挥所需要的系统。Telco 公司不应该仅仅是一个自上而下的执行机器，而应该采取一种新的策略，允许组织内的一小部分人先行蹚出一条路，进入新领域。针对新项目采用组织学习往往是暂时性的。经过一段时间，组织学习有效发生后，新的系统将被开发出来和标准化，并为大规模执行做好准备。

更广义地说，面对创新和不确定性，管理者必须激发并引导一个集体学习的过程。这个过程意味着放弃传统的角色，不再监控、衡量并奖励对流程的遵循，而是赋予人们新的角色，比如"首席科学家"或"首席调查员"，他们可以参与协助设计和推动小规模实验，最终共同发现新的流程。

不要一蹴而就，而要循序渐进！

与其将新服务全量上线、广而告之，Telco 公司本可以同一群乐于在成功路上忍受波折和失败的早期采用者多花些时间在一起。受到联合调查员身份的激励，这些先驱甚至可能会乐于见到这样的波折和失败。类似于在亚马逊网站（Amazon.com）上自愿撰写书评并分享看法的顾客，Telco 公司的客户作为共同探索者，不仅会主动分享他们遇到的问题，而且会分享自己想出的解决方案。通过这种合作，公司与客户将在前进的过程中共同学习和成长。Telco 公司可以刻意避免将 DSL 服务直接推向大规模市场，而是精心挑选早期采用者，比如电脑行家和有大量闲暇时间的好奇者——这些用户愿意与公司携手尝试，共同面对可能的失败。不需漫长等待，所有的问题都能得到解决，所有的瑕疵都将被发现并消除，最终总能走向可靠又好用的 DSL 服务——而这样的过程，其实是被今天的顾客视为理所当然的。一蹴而就式的推广（roll out）意味着一切都已准备就绪，只需一点燃料便可顺利推进；而循序渐进的推广（cycle out）意味着迭代与学习。

因此，对于 Telco 公司或任何在不确定性中进行新尝试的企业而言，窍门是要尽快从早期经历（最好是小规模启动）中学习，以便最终能够向大规模市场提供高品质的产品或服务。当具有这种心智，每一次与客户的不期而遇都会在无形中被视为一次实验，而不仅仅是服务交易。这不是一蹴而就的买卖，而是循序渐进的过程——每一步、每个实验都与过往有所差别。每一次设计都会从上一次循环中受益，获得新知。当然，事情确实在不断向前推进，但过程注定坎坷。比如，奈飞（Netflix）曾经在推广"即时观看"服务时，每次仅面向25万名用户推广，接连不断重复该过程，最终用了六个月的时间循序渐进地推出这项即时下载技术。在这个过程中，公司通过电子邮件持续跟进用户，询问他们对某部已观看电影质量的反馈。公司还创建并积极运营了奈飞博客，一步步讲解应该如何操作这项服务，并对高频出现的用户问题、需求和建议进行回应。以上是企业进行组织学习所需要采取的实践。

从根本上来看，交付创新服务或复杂服务的目标，是充分利用员工的能力和过往经历来帮助公司学习。这一路径显而易见，但同时也违反直觉。在种种瑕疵还没有彻底解决之前，边做边学边实验是明智的；但那些习惯于为了效率进行管理（死死盯住指标不放）的管理者们，往往会错过调整自身策略的机会。

Telco公司的案例展示了：当管理策略（组织执行）与实际情况（提供复杂的新服务）不匹配时，可能会发生什么。最终，DSL服务的所有问题都得到了解决，这项服务也成为常规业务。

高效执行再次成为规范，皆大欢喜。然而，如果能采取学习型执行策略，这一过渡期的成本将大幅降低。下面将详细探讨学习型执行的四个步骤。

学习永无止境

经典的个体学习模型认为，概念性知识与操作性知识的增长，需要通过行动与反思的迭代循环。学习型执行正是基于这样的理念。在学习型执行中，人们彼此之间必须进行沟通——要想让学习在本质上是集体层面的，就只能这么做。当个体在私下进行思考、做出决定、采取行动并反思时，他们也可以学习，但是集体学习需要交流，无论是口头的还是书面的。现在有越来越多的文献讨论团队学习（team learning），探究团队是如何投身于持续改进、问题解决和创新的，以及团队是如何学习新任务的。在各个层面上，学习都是以周期循环的形式发生的。根据工作性质的不同，团队的学习循环可能长达数月，或仅需几分钟。

如图 7.3 所示，学习型执行涉及四个关键步骤：

- 诊断情境、挑战或问题，包括目前关于"如何在这类情境下执行"的知识储备程度。
- 为学习型执行设计适当的行动方案。
- 根据新方案采取行动，同时把它视作一次可以从中学习的实验。

- 反思整个过程及其结果，从而开启新循环。

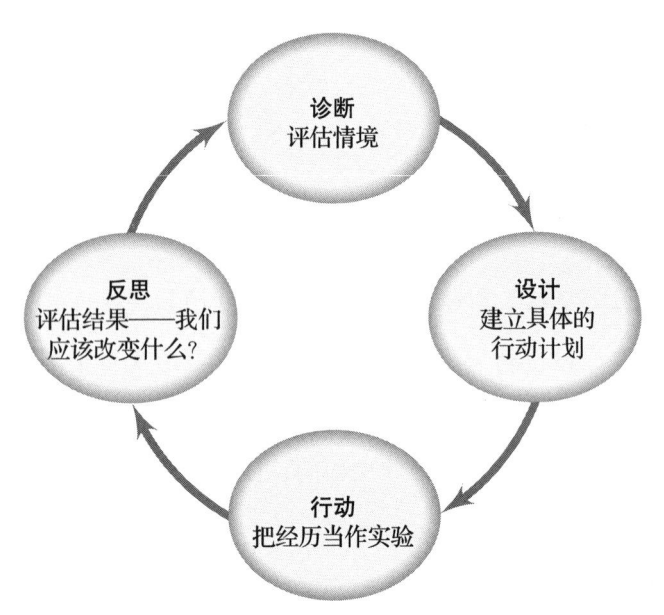

图 7.3　践行学习型执行理念

让我们一起来看看每个步骤，在适当之处我还给出了案例和具体的实施建议。然而，在阅读本部分时需要注意：这些步骤看上去相互独立、线性发生，实则不然。比如，诊断是一种行动，而高质量的行动也是一种诊断。管理者的最大错误之一，就是在行动之前摆出大范围、多周期的诊断架势。这种做法一方面会延误通过尝试获得关键学习的时机，另一方面会使人们忽略诊断本身就是一种干预。

诊断

学习型执行的第一步是诊断。简而言之，诊断就是评估当前的情境和前方可能存在的挑战。这包括对绩效薄弱项、流程问题或创新机会点进行识别。诊断可能体现为深入分析的形式，也可能仅仅就是两个人简单交换一下想法。此外，诊断可能涉及初步的实验或干预，以此来观察系统会如何做出反应。

无论是小团队还是大企业的领导者，都应养成诊断的习惯。为了做到这一点，他们需要主动而持续地回答那些自己最害怕被问到的问题。一家美国领先制药公司的首席执行官提到，诊断是自己成功的核心因素。提前了解某项研发中的突破性药物可能会推迟进度或者根本不奏效，总好过后知后觉，因为越到后期，投资者、消费者以及董事会的审查就越严格。早点了解坏消息可以留出更多的时间去开辟新路径，否则结果可能是灾难性的。回到第 4 章哥伦比亚号航天飞机的例子，任务管理团队负责人琳达·哈姆没有真正听进去罗德尼·罗查等 NASA 工程师的洞见；而想要诊断发射过程中的泡沫撞击给飞机造成的威胁，恰恰离不开后者的专业见解。当业务类型在过程知识光谱上处于不同的位置时，诊断的形式会产生些微差异，如表 7.4 所示。

表 7.4 三种业务类型下的学习型执行

	常规业务	复杂业务	创新业务
诊断	目标指标的表现如何？	我们面临哪些风险？	我们可以探索哪些机会？
设计	选定某一绩效维度，并选定相应的改进方法	识别需要解决的问题，并头脑风暴出替代方案	决定在哪个点上进行实验，并设计第一步

续表

	常规业务	复杂业务	创新业务
行动	按照结构化或规定的方式进行改进	测试替代方案——如果是高风险业务，就需要离线进行	使用原型进行实验
反思	目标绩效是否有所提高？	这个替代方案是否有效解决了问题或降低了风险？	我们从发生的失败中学到了什么？

常规业务

在常规业务中，诊断通常指的是在已知的维度内，用已知的方法来评估绩效表现。以客服呼叫中心为例，管理者可能会通过分析客户服务评分或通话时长来衡量该中心是否达成了目标。而对于快餐连锁店来说，评估的内容可能是客户满意度或店铺清洁状况。当大卫·诺维克（David Novak）出任百胜集团（YUM! Brands）的首席执行官时，公司旗下拥有塔可贝尔、必胜客和肯德基等快餐连锁品牌，他将客户满意度视为评估公司绩效的关键指标，发现其存在提升空间。诊断之后，他迅速采取行动进行优化，具体措施将在后面进行阐述。

在常规业务中，诊断通常涉及与行业标杆进行对比分析。例如，一家公用水务公司想要提升效率，就可以从实地考察一家高绩效的水务公司开始，这不仅可以帮助设定目标期望值，而且可以识别出一系列可迁移的操作流程。

复杂业务

在复杂业务中，诊断通常是评估业务所面临的风险，无论是显而易见的还是潜在的风险。采用学习型执行的医院的临床部门会经常停下来思考哪些风险可能被忽视了，或者从前压根没有考虑过。在提供健康护理服务的过程中存在不同的风险，可能是病人遭受明显伤害，也可能仅仅是在精简某个流程或提升病人舒适度的过程中没有做到位。类似地，全球供应链经理可能会密切关注新闻，以获取即将来临的飓风或供应商问题的相关信息。在复杂业务中，通过提出问题来诊断尤为有效，例如：我们现在对这个情境了解多少？我们还不知道（并且想要知道）什么？在对现状的描述中，我们集体遗漏了什么？在这种情境下，心理安全感成为诊断过程中的关键因素。若缺乏心理安全感，人们可能不会直言不讳地揭露他们所看到的问题和错误。

与常规业务的诊断一样，复杂业务的诊断也包括绩效评估，但是在这种情况下，安全和质量通常比效率更重要。最关键的诊断任务是深入分析系统内各组成部分之间的交互作用，而不仅仅是评估各个部分的单独表现。因此，正如我们在第 2 章看到的那样，在执行 CT 扫描的过程中，即便操作者的个体表现是完美的，但独立任务间的交互模式依然可能引发重大故障。

创新业务

最后，在创新业务中，诊断主要是识别机遇。其中一部分有关市场和技术分析，另一部分则有关愿景。在这种情境下，不仅要考虑到没有满足的客户需求，还要保持想象力，畅想哪些全新领域值得探索，二者都至关重要。以财务软件公司 Intuit

为例，工程师有时会实地观察客户与软件的交互，据此诊断客户使用产品中各类功能的难易程度。这一诊断步骤让工程师能够亲眼看到用户还没有被满足的需求，也就是那些客户由于缺乏相关经验或者不懂专业语言而难以言说的需求。对于创新业务来说，还有一部分诊断是在考虑到当前技术水平或投入成本的情况下，评估什么是可行的。机会可能是丰富的，但绝不是无限的。

设计

下一步是设计，这一步从诊断现状转为思考并选择行动的可能性。设计通常始于头脑风暴，然后从多种选项逐步聚焦到其中一种。最终，行动共识初步达成，设计这一步骤画上句号。共识可能以正式决议或者计划的形式出现，也可能是一个逐步转变的过程，直至人们对接下来尝试什么达成一致。一份设计就是一次声明：为实现某个目标，团队接下来要做什么，或者更确切地说，接下来要尝试什么。总体来说，设计的目的在于引导行动。这听上去简单明了，但设计之所以能够推动学习，是因为它使人们在行动之时更加深思熟虑、有所觉察。想要找出如何实现目标，通常第一步是从专家、出版物甚至竞争对手那里获得现行的最佳实践，它们能够提供灵感，或能够复制的模型。然而，学习型执行的设计关键在于意识到，初始设计仅仅是一个最优的猜想、一个起点。它可能是一个基于专业判断的猜测（如果相关的流程知识已经成熟）；或者仅仅是一次摸着石头过河的尝试，一次注定无法实现预期结果却能提供高价值反馈的实验。当然，这取决于特定的情境，就如表 7.4 描述的那样。

常规业务

在常规业务中，设计需要选择特定的绩效维度来进行改进，而这一过程受益于结构化的改进方法。在常规业务情境中，过程知识已经发展得非常充分，行动设计因而会被限制在某个范围内。管理者的目标通常是继续推进现在做的事情，但要做得更好，有时甚至需要大幅提升。在常规业务中，产生卓越绩效的核心原则是持续改进，即日语中的"kaizen"*。行动设计一般会依赖结构化的工具和改进技术——比如采用全面质量管理（TQM）的人都会接受这些方面的训练。当诺维克决定将清洁度作为百胜集团的提升目标时，他想到的一个具体改进点是减少餐厅停车场的垃圾量。接下来就是各个区域的餐厅经理和员工来设计方案，不仅是单纯地追踪其进展，而且是要研究如何使其实现。例如，他们可能会考虑垃圾箱是否足够显眼，或者通过减少食品使用的包装来减少垃圾的产生。

复杂业务

在复杂业务中，如果人们汲取来自多元化团队的洞察，从而识别尽可能多的行动方案，设计将取得最佳效果。回顾第 6 章，团队的多元化是成功营救智利矿工的关键资源。在第 8 章我们将看到，为了优化医护流程、消除错误、提升患者对医嘱

---

* "kaizen"即持续改进、不断改善，指的是一种在组织或个人层面上不断找寻并实施改进的方法和过程。——译者

的遵从度，医院会例行地发动团队力量来设计相关策略。这类团队拟订的方案可能并非尽善尽美，但它们构成了一个起点。随着对所面临挑战的更深入了解，方案可以不断迭代和优化。

创新业务

在创新业务中，设计下一步实验的关键在于换位思考，这能够节约后续的时间和资源。回顾第 2 章，我们看到 RAZR 团队是如何头脑风暴出电话的形状和功能，并在投入真实材料之前使用黏土制作模型进行测试的。值得注意的是，当我们在过程知识光谱上向右移动时，我们越来越难预测某一特定设计将带来何种后果。因此设计（也就是行动的一种方案）往往只是一个起点。它可能仅仅是往前迈了一步，我们在获得更多信息后就会尽快将其修正。因此对于创新业务而言，可以使用焦点小组来对实验性的新服务或新产品点子进行测试，获取真实反应，然后再去梳理所有与执行相关的细节。

行动

从说到做，从考虑到尝试，这一转变同样发生在团队之中。在学习型执行中，行动奏效的关键在于，除了要追踪行动产生的结果，还要追踪在过程中实际发生了什么。传统的管理控制强调产出数据，即抓结果；而学习型执行对过程数据也给予同等的重视，即抓过程。

常规业务

百胜集团的餐厅运营属于常规业务。经理和员工一起探讨减少垃圾的策略,他们随后采取的具体行动是将垃圾桶放在显眼的位置,并且将垃圾投放口与可回收物投放口进行清晰的标记。员工通过积极参与产生了主人翁意识,将减少垃圾这一目标视作分内之事;而该目标容易测量,也使得垃圾回收的进展情况更加直观。

改进运营流程的行动,在团队的加持下将取得最佳成效。在常规业务场景中,如果尚未存在这样的团队,那么关键的一步便是组建并培训团队。例如,马里兰州的水务公司华盛顿郊区卫生委员会(WSSC)总经理约翰·格里菲斯(John Griffith)在全公司推行自我管理团队(self-managed teams)。公司在最初几年实现了超过 30% 的运营效率提升,而创建这些新型团队就是其中的关键一步。

复杂业务

在复杂业务中展开行动,不仅需要进行实验,以衡量微小改动造成的影响,而且需要对新的(或现有的)设计进行有意识的应用,以评估其有效性。在山间医疗,行动开始的标志是:临床医生开始实施专家团队制定的临床规范。如本章先前所述,医院会例行收集过程数据,不仅用于评估临床规范的应用是否给患者带来了最佳治疗效果,而且用于评估医护人员是否真正在使用这些临床规范。

在风险过高的场景中,实验会变得过于冒险,这个时候模拟就成为衡量新行动效果的必要选择。模拟是真实情境的复刻和重现,无论是在计算机的虚拟场景还是在离线的训练场地中,人们都可以在免除实际损害风险的前提下，进行新行动的演练。作为一名曾经的医师，罗特曼管理学院的马里斯·克里斯蒂安森（Marlys Christianson）教授在其最新研究中发现，如果临床医生参与到模拟的医疗场景中，不仅能提升组队协同，而且能提升真实病患的医疗护理质量。回顾第 6 章，水立方包含了 22 000 根钢梁，这些钢梁以独特的形状和尺寸共同构成了其标志性的"肥皂泡"设计。特里斯特瑞姆·卡尔夫拉解释道："调整一根钢梁的尺寸会影响到其余 21 999 根。"很显然，现实中改变钢梁长度的实验不仅危险，而且成本高昂。但通过计算机模拟，这一切变得可行。因此，水立方最初是在计算机建模的虚拟世界中设计、测试和优化的。事实上，若非最近一年的技术发展，建模计算所需的算力问题将难以解决，无法同时满足项目预算的限制与运算速度的要求。

创新业务

迅速而不设限的行动是创新的核心所在——我们称其为实验。无疑，科学家日常投身于实验，期待自己在实验的过程中能够先于他人获得重要的新发现。实验种类繁多，有的实验几乎无法预先预测结果，有的实验则是对假设的验证。在基础研究中，要是某位科学家的实验失败率为 70%，那他很有可能已经在赢得诺贝尔奖的路上了。RAZR 团队尝试了多种配置，最终才创新性地将电池放置于电路板旁边（而非像之前的手机那样将两者叠加），以减少厚度。艾迪欧的团队经常快速制作原型，探索新产品在三维空间中的概念形态。关键是要大胆尝试，观察接下来会发生什么。在概念层面上纸上谈兵是容易的，我们可以无限地谈论想法和可能性，而成功创新的关键在于进行频繁的、小规模的行动。

反思

在行动步骤中收集过程数据，目的是了解哪些行动奏效，哪些行动不奏效，以及预防已经检测出的失败再度上演。频繁的评估对于学习型执行至关重要。反思则是一项分析性任务。有时候，反思是正式且深入的，比如行动后反思或是严谨的研究；但也有时候，反思是非正式且迅速的。通过周期性反思，学习型执行能够使当前的做法取得微小改进或大幅改进，并将这些改进迭代到下一轮的诊断和设计中。以克利夫兰诊所（Cleveland Clinic）为例，由医生组成的团队会研究流程数据，并识别改进的领域，范围涉及众多分院。当我在 2006 年进行研究时，诊所设有七个此类团队，包括心力衰竭、脑卒中、糖尿病和骨科手术等领域。每个团队都由来自系统内各分院的医生组成。

随着我们在过程知识光谱中向右移动，评估将更少依赖于大型的、系统化的数据集，而更多地转向定性分析。

常规业务

常规业务通常依赖于对定量数据进行统计分析，以衡量某个行动的效果。具体的数据分析技巧不在本书的论述范围之内，但数据分析的关键在于严格而系统性地使用数据，以检测流程中的失败,并评估新行动的效果。在丰田,持之以恒的反思,即"hansei",是持续改进的关键要素。"hansei"的字面意思是认清自己的错误,并做出改进的承诺——这为"反思"增添了一层"要为改进承担个人责任"的含义。在丰田,当一个微小流程的问题被检测、处理并得到解决时,人们会即刻进行反思,与此同时流水线照转不误。反思也可能是周期性地在生产环节以外进行的,对来自运营、客户等各方的累积数据进行分析。

复杂业务

在复杂业务中,团队会对模拟或真实的变化进行反思,以评估其对风险和质量的潜在影响。有时,团队会专注于某个特殊事件,如深入剖析一例具体的医疗事故,探询事情的来龙去脉。回顾第 3 章,我谈到自己针对 16 个心脏手术团队的研究,其中学得最快的手术团队进行了定期的行动中反思(reflection-in-action),而不是间隔很长时间才对患者病例的结果进行深入分析。那些最成功地掌握了新手术流程的团队,一直进行着风趣友好的交流,分享他们各自在做着什么、现场发生着什么,以及他们从中得到了哪些改善流程的启示。某些情境下,为了实现有效的反思,需要用到更多的数据。如第 5 章所述,凯泽永久医疗机构需要收集大量的乳腺 X 光片读数,这样才有足够的信息从数据中识别出有意义的模式,进而对不同放射科医生的表现进行分析。类似地,山间医疗的专家团队也需要先从大量的患者身上获取数据,然后才有可能找到改进临床规范的途径。

创新业务

创新团队会考虑能够从特殊的实验中学到什么，以及能够从高频的失败中挖掘出什么，以便实施新的实验。反思失败的过程鲜少是有趣的，但为了明确接下来尝试的方向，我们必须先搞清楚失败的真正原因。切记，不要因为想要快速进行下一次实验的迫切心情而在反思环节打折扣，因为高质量的反思其实能够帮助避免后续行动中可预测的失败。皮克斯（Pixar）的创始人兼总裁埃德·卡特穆尔（Ed Catmull）曾因为皮克斯的员工根本不愿意参加项目后的反思环节而感到失望——他们更热衷于沉浸在电影的成功中，而不是停下来想一想哪些地方本可以做得更好。为了让反思环节发挥更大的价值，卡特穆尔引入了一种新策略：要求项目成员列出五件他们认为在未来还会做的事情，并讨论出五件他们认为不会再做的事情。卡特穆尔认为，正负面数量的平衡营造出一种安全的环境，有利于团队成员对项目的各个方面进行换位思考的探讨。

在任何业务类型中，除数据分析外，反思还可能需要团队成员间的正式或非正式反馈。此外，工作本身以及客户周期性的评价也能够提供丰富的反馈。团队应当有意识地定期抽出时间，仔细评估他们从正在进行的工作和正在取得的成果中学到了什么。

对于医院或面临成本压力的任何组织来说，执行这一策略并非易事。若要进行严谨的评估，人们可能需要将原本高产的资源暂时下线，而按照传统管理观念，这往往被视为生产力的减损。但是，要实现卓越并维持卓越，领导者必须毫不动摇地推动组织在紧绷的运营日常中腾出时间和资源，支持对过程数据的评估，因为这是学习型执行必不可少的一部分。正如下一部分所述，这个学习循环是没有终点的。

保持学习的脉动

卓越的公司和组织从来不会说："我们已经圆满，已经达到巅峰。"成功贯彻学习型执行的理念就是要持续地面向未来进行创新与建设。正如艾迪欧、山间医疗、微软和苹果等组织所展现的，今天最好的表现是明天最低的要求。因此，成功的组织会持续寻找新想法、探索新道路。有人说："只要还没坏，就别去修它。"很多人都持有类似的信念。然而，如果近期的历史能够教会我们什么，那就是在如今这个时代，优秀永远不够好，快速永远不够快，创新永远不够新。学习不是偶尔的插曲，也不是成本高昂的奢侈品，而是持续的日常。在卓越的公司中，伟大的领导者深知，持续学习、创新和改进的能力是公司成功的生命线。成功的组织——比如微软、苹果、西南航空、山间医疗、丰田、百胜集团——都在持续地推动自身流程和产品的进步。市场也能有这样的推动作用，但它们会抢先行动而非被动等待。因此，不要仅仅每周拿出一天，或每月拿出一天，而应该每天都问自己：我们能够学到什么？哪些还可以做得更好？

丰田近期所经历的风波，就是当学习型执行瓦解时可能引发的连锁反应的一个实例。几年前，丰田汽车因脚垫和意外加速问题而受到联邦监管机构的深入调查。有人曾预测说这是由于出现了电力故障，但 2011 年 5 月披露的报告并未找到相关证据。那么，问题的根源是什么呢？答案是：过度自信。《纽约时报》的尼克·邦克利（Nick Bunkley）写道："丰田过了很久才发现踏板和脚垫存在问题，因为当消费者把汽车突然加速的状况投诉到丰田或联邦监管机构时，丰田的处理态度是怀疑而防御的。"报告得出结论："丰田在评估来自外部的批评时，没有践行自己的制造流程原则（丰田之道）。该原则的核心理念是迅速检测问题、迅速应对问题。"简而言之，从丰田成为全球汽车制造业龙头的那一刻起，它就开始感到自己是战无不胜的。它不再积极拥抱外界的反馈。普通企业才需要反思。"反思"和"持续改进"所彰显的谦逊精神已经消逝。（我们期望这种局面能尽快扭转。）

想要培养学习型执行的心智，关键在于构建一个循环式的运作流程。其终极目标是：打造一家持续学习、不断改进并始终卓越的学习型企业，以便在竞争激烈的市场中立足。我们此前所展示的学习型执行的四个步骤相辅相成，共同创造出一个源源不断、自我更新的学习、改进和创新的循环。

要想实施学习型执行的策略，领导力不可或缺，因为学习与绩效之间的关系是错综复杂的。相较于学习能带来的收益，学习的成本往往更加明显。比如，如果一个组织在培养领导力技能的项目上投入资金，这些成本不仅清晰可测，而且立即发生。可收益却是难以量化的：收益是累积产生的，一方面需要时间，另一方面需要通过二阶或三阶效应方可实现。领导者确实会给他人的行动带来影响，但影响的效果需要在距离最初学习投入的一段时间之后才能显现。

学习过程与结果之间的时间滞后还伴随着彼得·圣吉提到的"先苦后甜"问题。当一家情况错综复杂的组织踏上学习之旅，首先浮现出来的是一系列关于问题、错误及其他失败的"坏消息"。以医院为例，如果努力去推进关于改善患者安全的学习，这可能会在短期内导致被上报的安全问题数量急剧上升。再比如，如果警察激进地去遏制某社区的犯罪，可能会在短时间内看到犯罪率上升。如果公众确信警方是真的在认真推行这一变化，他们可能会更加愿意举报更多的情况。实际上，这种表面上的坏消息增加，反而是（且应该被当作）好消息。如果一个组织及其领导层对正在发生什么有更加贴近事实的评估，那它反而是处在一个更有利的局面。

在实施学习型执行的过程中，我们必须积极拥抱学习的成本、不确定性和滞后性。领导者必须对潜在的障碍进行预测和解释，以防团队成员在进展受阻时感到意外与沮丧。领导者既需要激发即刻的行动，也需要展现出对于结果的耐心。实现这一平衡的首要领导工具是"构建框架"，详见第 3 章。构建框架需要一种组织学习的心智，它强调心理安全感的必要性（第 4 章），能预见到在这个过程中失败在所难免（第 5 章），并协助人们搭建桥梁以跨越各类组织边界（第 6 章）。正确的框架建立能够催生文化转变，打造一种心理安全的环境，在这片土壤上学习型执行策略得以茁壮成长。

领导力小结

组织学习和组织执行展现出两种截然不同的管理心智，这两种模式拥有各自不同的目标、行动方式和结果。如 Telco 公司的案例所示，组织执行的基本信条是确保控制、消除偏差、奖励服从，而这会阻碍组织在新领域中迅速学习。我们观察到的结果是，那些表现出色的成功执行者，在面临复杂或不断变化的新环境时，也可能会遭遇失败。组织学习的心智和实践方法可以成为一种避免可预测失败的策略。在一些组织中，组织执行的思维模式深入人心。然而，通过尝试本书第二部分探讨的四种领导力最佳实践，领导者可以将学习嵌入组织运作的结构之中。

这并不是说我们应该将效率型执行全盘抛弃。无疑，在一些工作场所（如机场登机口、生产线等），迅速而高效地完成任务，甚至超越竞争对手，是至关重要的。然而，即使在这样的组织中，员工也必须学会如何长期制胜。

在以恐惧为主导特征的工作环境中，实现上述四个步骤变得极其艰难，甚至是不可能的。在大多数情境中，包括那些对截止时间有严格要求的环境，培养一种信任和尊重繁荣发展、灵活和创新活力充沛的氛围,都会有不错的回报。在健康的组队环境中,管理者是赋能的而非控制的;引导提出正确的问题,而非仅仅提供答案;强调灵活应变,而非固守陈规——这些要素共同推动组织向更高层次的执行迈进。同时,当员工意识到他们的观点和想法受到欢迎时,他们会提出创新的方式来降低成本并提高质量,从而为组织的成功打下更坚实的基础。尽管学习型执行的环境非常罕见,但我们通过采取措施来反制一些根深蒂固的行为,也是有可能发生的。组队可以是甚至经常是最重要的那块拼图。本书第 8 章深入探讨了在常规、复杂和创新的情境中,管理者是如何准确地识别他们所处的情境,并做出关键的改变来创建和支持学习型执行的环境的。

经验及行动

- 学习型执行是一种运作模式,其将学习融入持续运营之中。

- 学习型执行与效率型执行形成鲜明对比,后者更看重控制而非灵活性,更坚持规则而不是尝试创新,并且常常依靠恐惧来提升控制和对规则的服从程度。

- 学习型执行始于对情境的诊断,以找到其在过程知识光谱中的位置。

- 我们容易想当然地认为自己的工作是常规的、定制的或富有创意的,因此,先停下来并进行深思熟虑的诊断至关重要。

- 当一个全新的业务情境被误诊时，效率型执行的常规方法可能会导致严重的失败。
- 学习型执行包含四个核心步骤——诊断、设计、行动和反思，它们的形态会根据业务类型在过程知识光谱上的位置不同而有所变化。
- 管理层需要采取行动来保持学习型执行的生生不息。

第8章
领导者，使组队发生

本章介绍了三个案例研究，阐释了领导者、组队、学习型执行这三个概念是如何根据不同业务情境因地制宜的。所谓业务情境，是指第1章的过程知识光谱区分出的常规业务、复杂业务和创新业务（见图1.2和表7.2）。在本章，我们将对真实世界中的情况加以分析，看看在这三种业务情境中，领导者是如何评估不确定性、动员激活团队并实现他们的目标的。为了更加有的放矢，学习和组队需要依环境来定制，充分考虑到现实情况在过程知识光谱中的位置。

第一个案例中的公司开展的业务属于常规型——生产床垫，销售床垫，以及向美国各地的零售商分销床垫。遗憾的是，该公司的业绩几年来一直在下滑，于是聘请了新的首席执行官来扭转颓势。第二个案例则是关于一家儿童医院，属于复杂业务。医院的首席运营官希望可以大幅改善病患安全，而她面临的挑战是如何让成员在踏上组织学习之旅的同时能够发现和落地更安全、更好的运营方式。第三个案例发生在著名的产品设计咨询公司艾迪欧,它是创新业务的缩影。在这里,公司领导和项目组成员经常对大大小小的变化进行实验。他们不惧失败,确实也会失败,他们快速学习,再度尝试,最终成功改造了自身业务中的某些部分,孵化出新的业务线,而这并没有耽搁他们为各类企业客户顺利交付创新的产品设计。

在阅读以下每一种业务情况时,都问一问自己:背景是什么?目标是什么?组队是如何应用和落地的?是什么让人们安全地进行组队合作?在此类情境下,学习型执行是什么样子的?最后,在每个案例的开始和结束时问自己:领导风格是否与当时的情境相匹配?

席梦思:引领常规业务组队

在常规业务中,当公司迷失方向,领导者就显得尤为重要。这是个耳熟能详的故事:某家有着辉煌历史的组织未能跟上新技术发展、客户偏好的变化,抑或是竞争的加剧,业绩增长举步维艰。在这种情况下,组队是扭转公司局面的有效策略。要明确一条可行的前进路径,还要激励公司上上下下实践并改进客户服务的基本逻辑,领导者发挥着不可或缺的重要作用。在本书前几章,我们看到百盛集团首席执行官大卫·诺维克的例子,他带领集团各品牌经历了一个显著增长和业绩改善的时期;以及美国国家税务局局长查尔斯·罗索蒂,他带领税务局完成了效率提升和客户服务方面的巨大转变。本章深入探讨床垫企业的扭亏为盈,来展示如何使组队在常规业务中发挥作用。

案例背景

席梦思床具用品公司(Simmons Bedding Company)是一家拥有130年历史的床垫制造商,鼎盛时期曾资助过埃利诺·罗斯福广播节目。当查理·艾特尔(Charlie Eitel)加入席梦思时,这家公司正在苦苦挣扎,财务业绩表现乏力,士气低落,产品和服务质量不尽如人意。艾特尔为人热情、平易近人,曾经管理并带领若干中型企业扭亏为盈。他被公司的新投资人招募,加入席梦思担任CEO。艾特尔给席梦思员工带来了一个朴素的愿景:"我希望我们一起创建这样一家公司,让所有人都愿意早晨起床后去上班,"他继续说,"以及,别人都想与之做生意的公司。"

当他初到席梦思时,很明显,很少有员工愿意在早上起床去上班。一些工厂和部门的员工士气十分低落。只有老板看着的时候,员工才努力工作。组队协同实际上是不存在的。不仅18家制造厂内部的关系不好,它们之间的关系也很差。工厂的员工往往把对方看作竞争对手,而不是合作者,分享最佳实践的做法几乎闻所未闻。作为美国经济体的一部分,席梦思难逃"9·11"恐怖袭击的影响,且在三个月后就失去了三个因破产而倒闭的客户(都曾是席梦思最主要的客户)。雪上加霜的是,一家给席梦思的床垫填充层提供泡沫的供应商,其供货竟然开始发臭。

看到这些,艾特尔便意识到这家公司缺乏有纪律的执行。

他看到随处可见的低垂果实（译者注："低垂果实"用来比喻快速易得的小微成果）。流程显然可以变得更有效率。员工士气是个问题，也是一个契机，可以公开邀请并号召大家改变现状。艾特尔相信，他的成功取决于传递一个令人"心向往之"的方向，以抓住人们的注意力，如果还能激发他们对自己和公司的信心那就更好了。他相信员工能有效且高效地完成工作，而且可以发现，之前员工在这样做的时候并没有得到支持。艾特尔也相信，依靠软技能路径（soft skill approach）的力量可以更好地实现这一目标。他决定让整个公司的一线员工都参与到一项旨在建立团队技能和打造工人赋权文化的项目中，该项目以工厂为单位逐个展开。

关键目标

显然，无论是团队建设，还是文化的极大改善，都不能单独扭转一个企业的局面。艾特尔对员工个人成长和文化变革的关注必须与明确的目标和具体技能相结合，才能将员工重燃的热情和组队行为转化为业绩成果。在任何转机中，都存在许多问题和改进的机会，但关键是得选择一个合理明确的目标领域，并将参与者的积极性转化为某种可衡量的成果。对于像床垫制造这样的常规业务（与早期的 DSL 不同），这种具象化是有现实意义的。

艾特尔选择了"零浪费"（zero waste）作为目标，来聚焦组队能量。"零浪费"作为这一聚焦的合理选择有两个原因。首先，每个人都与浪费有关。不管你的岗位是什么，你都可以找到减少浪费的机会，无论在材料、时间、步骤还是能源上，而工作组可以帮助集思广益，找到行动方法。其次，浪费的诸多方面相对容易衡量，一旦成功，易于展示"小胜"和持续稳定的进展。席梦思选择聚焦"零浪费"，目的就是将团队建设项目产生的热情转化为可衡量的结果。

艾特尔对该项目的信心主要来自他授权了18家制造厂的其中一家进行试点并获得了成功。北卡罗来纳州夏洛特市的工厂是公司表现最差的两个工厂之一。工人们说着11种语言，职责包括缝纫、嵌板与包边维修、面板切割、创造新缝纫方法，以及机器维修保养等——在这样的情况下，业绩糟糕可能是难免的。工厂经理则采取一种独裁的、事无巨细的管理风格。小组和小组（比如面板切割工人和面板缝纫工人）之间的协作是有问题的，既缺乏精确性，又带有指责的意味。为了测试项目能够帮助公司提高业绩的前提假设成立，艾特尔建议从夏洛特工厂开始试点。就测试而言，难度越高，说服力越强。

回过头来看不难发现，团队项目对夏洛特工厂的员工队伍中的几乎每个人都产生了深远的影响。然而，当艾特尔决定尝试时，他的决策遭到了公司高管的抵制。首先，资金紧张，在部分高管看来，在培训上花费一笔可观的费用并不是明智之举。同时，还有部分人认为大多数工厂的指令控制型文化根深蒂固，无法改变。但艾特尔的直觉告诉他，将该项目引入夏洛特工厂（用他的原话来讲）就是那件"正确的事"，结果证明确实如此。

所有人当中，工厂经理的变化可能是最大的，从一种高度独裁的风格变为邀请参与的、包容的风格。用他自己的话说，"我之前认为我必须采取那种（独裁的）方式。一直以来，我看到所有人都是这么做（工厂管理）的。但我其实并不喜欢这样"。为他工作的两个人原本打算离开席梦思，但由于他的行为改变决定留下来。工厂不仅业绩很快得到了改善，还在第二年被授予"年度最佳工厂"称号；随着改善的继续，又获得了OSHA安全奖。夏洛特工厂的成功让艾特尔底气十足，在公司的其他工厂推广这一项目。在这种情况下，需要一种循序渐进（而非一蹴而就）的思维方式，实际上也是这么做的——仅仅是在后勤方面进行了各类小幅调优。

建立组队的基础设施

面对像上述的扭转颓势情况，许多新任CEO可能会寻求重组、裁员和削减成本，或关闭工厂。相反，艾特尔在一个团队建设项目上投资了一大笔钱，内容包含户外拓展的"绳索课程"，继而是课堂学习，让员工参与到个人成长和团队合作中，并将他们的注意力聚焦到公司的目标上。在三年内花费700万美元，停工停产两三天，把工厂经理和员工送到场外的团建课程里，这显然不像是一个快速解决方案。但艾特尔深信，要想扭转业务，必须先改变席梦思的文化。把员工扔到有挑战的、需要调动身体的组队体验中，可以让大家获得依赖同事、彼此支持的切身体验，艾特尔希望能重塑并转变糟糕的工作关系，以改变公司低迷的业绩。一旦人们的视野被打开，他希望员工能够看到提倡协作、倡导学习的文化给身处其中的他们带来的种种可能性，从而找到在日常运营中追求卓越的动力，而后者是重振席梦思的关键。

有的经理不仅反对该计划，而且用脚投票离开了公司，意外的是，这并没有伤及根本。大多数人则顺势而为，最终发现这一项目带来了非常正向积极的经验。项目帮助他们重新理解周围的形势，邀请他们以一种异于过往的方式来看待和参与到公司的工作中来。一位工厂员工称这是她人生中最重要的五次经历之一："与结婚和生育并列。"许多管理人员讲起此事滔滔不绝、热情四溢，在绳索课程的身体挑战中，与同事一起度过的时间让他们认识到了信任彼此提供的支持，挖掘新力量，并为共同的目标协作。

团队建设项目建立在基础心理学工作原理之上——通过提供必须依靠信任和协作的团队经历，让身处其中的人体验到一种全新的工作方式。就这样，在团队的支持下，那个有恐高症的人终于鼓足勇气去尝试，完成爬电线杆的任务。

学习型执行

聚焦于"改进"的组队，无论是制造业还是快餐业，都始于以下认知：提供客户所需的产品或服务的基本过程知识已经发展成熟。它已经被编纂在册，也就是说，行动的方案是存在的，而且是可以写下来的。因此，这种情况下的集体学习通常聚焦在"改进"上,使现有的流程更好、更高效、更便宜、更省力或更省时。那么,学习型执行就是要推动持续改进,进一步拉高效率和稳定性的天花板。席梦思接下来的行动,使命便在于此。

艾特尔和他的团队不遗余力地确保团队项目给员工情感方面带来的影响持续转化为公司员工的工作日常。"零浪费"成为帮助将员工的精力引向具体运营目标的集结号。恰如其分地,对于一个常规业务的运营环境而言,"零浪费"倡议源于精益生产原则。它从丰田生产系统中获得灵感,核心原则之一就是"总有一种想要去减少浪费的冲动"。制造车间的组队目标是不断修改、完善、失败和学习,以不断逼近减少浪费的目标。

也许这让人回想起了泰勒的动作和时间研究[*],旨在将任务分解成最有效率,也就是最不浪费的小步骤。亨利·福特近乎痴迷地研究浪费是如何蚕食效率的,他大肆批评在农业中看到的浪费:"大多数农民只把5%的精力花在了真正有用的目标上……一个农民在干杂活时,会在晃晃悠悠的梯子上走来走去十几次。他宁可背水多年,也不愿铺几条水管。当农忙时,他的全部想法就是雇用额外的人。他认为花钱投入改进是一种浪费……正是这种浪费的过程——甚至是偏要去浪费的劲儿——使得农产品价高而利薄。"

---

[*] 动作和时间研究是现代工业企业的一项基础管理技术。它的任务是寻求人在生产操作过程中的最佳肢体运动轨迹和所需的标准时间以及合宜的体力消耗,以达到合理操作和提高工作效率的目的。——译者

然而，这其中有个很大的区别。"零浪费"邀请实际执行工作的人自己找到更高效完成任务的途径。在福特和泰勒看来，那是管理者和工程师的工作。

在席梦思，在团队培训项目的推动下，剑指"零浪费"的努力仅第一年就产生了 2 100 万美元的可衡量的成本削减，与此同时销售和收入在增长。在组队合作和问题解决技能的后续补充培训下，人们开始拥抱公司新的学习文化，这种文化着重强调了一个观念，那就是席梦思的员工们的命运紧密相连。一项新的激励计划将员工每周报酬的 25% 与工厂的整体质量和生产率挂钩，以鼓励组队合作的努力。产品最终质量、计划出货达成率以及生产效率均被纳入日常追踪的范畴。也许是因为看到了彼此命运休戚相关，席梦思的员工在工作中经常相互帮助。

团队建设练习结束，紧跟着就是组队技能的发展，持续数月，且伴随着系统性的评估。这一过程帮助了员工发展自己的专业技能和人际技能，而且是以协作的方式实现的。针对运营的各个板块，席梦思都列出了团队协作的五个阶段。比如，生产板块中的组队就划分为如下五个阶段：

- 第一阶段：员工可以理解日常生产目标、生产区域，并学习生产相关的概念。
- 第二阶段：团队可以监控进展中的工作，达到现有的目标，明确区域，并理解精益原则。
- 第三阶段：团队可以设定、衡量、发布和报告团队生产目标。

- 第四阶段：团队可以持续达到目标，并启动生产改进。
- 第五阶段：团队可以重新评估目标并持续改进，以及协调团队和班次之间的生产。

席梦思在"安全""质量""服务""成本""跨团队培训""视觉管理"这些板块也列出了类似的五阶段轨迹。当团队成员认为他们已经准备好从一个阶段提升到下一个阶段时，他们就会向工厂的领导团队做正式陈述。这种系统化的方法将在职技能学习、个人成长、激励和结果绑定在一起，不仅有助于提升动力，而且易于理解。

近期更新

席梦思设计并推进的这套课程，唤醒了人们对学习和组队的认知，培养了学习和组队所需的技能，并且让进行学习和组队的员工得到了奖励。它助员工一臂之力，攀登认知阶梯，例如，从达到预设的生产目标，发展到独立设定可行的生产目标并且预估所需的时间、材料、人力。这是一个经典的常规业务逆风翻盘的案例——其路径是动员与支持组队行为，以实现持续提升。在接下来的六年，公司的业绩表现出了显著改善，直到2009年的金融危机和房贷危机使床垫的需求急剧下降。

明尼苏达州儿童医院：引领复杂业务组队

在复杂业务中，领导者面临的挑战是无处不在的风险。无论是全球供应链还是三级医院，一个复杂业务总会存在随时可能失败的风险。在这种情况下，想要识别风险点、集思广益预防措施、分析已出现的失败，组队不失为一种策略。进一步看，想要启发和支持组队行为，领导者扮演着至关重要的角色。在前面的章节中，复杂业务的例子包括 NASA 的航天飞机计划和山间医疗项目。本部分将带领大家走进一家大型医院，看看它在一项新型领导力方案的作用下脱胎换骨的过程，借此展示在复杂业务中的组队合作如何帮助识别与减少病患护理的风险。

案例背景

位于明尼苏达州明尼阿波利斯市的儿童医院诊疗所是当地主要的儿童三级护理医院，在整个明尼阿波利斯 - 圣保罗地区共有六个院址。当朱莉·莫拉斯（Julie Morath）接手儿童医院的首席运营官一职时，她理解了病人护理业务的复杂性，并清楚地意识到未来的挑战是既没有说明书又没有成功的先例可以模仿的。

所有复杂的组织都面临着未知数（供应链会面临中断吗？航空母舰可以在巨浪涛天的大海中让飞机成功着陆吗？），医院尤甚。什么类型的病人，在什么时间进入急诊室大门或突然出现在医院病床上，他们需要什么服务，都是难以预测的。此外，由于科学、技术和临床研究的进步，治疗规范和药物也在不断变化。囊性纤维化或晚期糖尿病等慢性病需要持续的定制护理，而 H1N1 这类会周期性出现的新疾病则需要被及时发现并解决其带来的相关问题。问题总会存在，无论是微小的还是灾难性的，特异的还是复发的，都是常态。发现问题和解决问题都需要组队合作，包括多角度的敏锐观察，及时且公开的沟通，以及快速决策。这里的一切都事关重大，尤其是在重症监护室或手术室，一旦犯错，可能引发致命后果。然而，与制造业工厂实现精益六西格玛质量[*]的期望相悖，许多专家认为医院的流程过于复杂，难以完善。

为了更好地理解安全事故发生的可能性，我们一起来看看下面这位小患者的住院经历。10岁的马修（Matthew）需要用到重症监护室专属的药物，而由于重症监护室床位有限，护士金妮·斯文森（Ginny Swenson）不得不将他转移到儿童医院的外科楼层。斯文森向刚毕业的儿童外科护士帕特里克·奥赖利（Patrick O'Reilly）描述了马修的病情，并指示他按照主治医生开具的吗啡剂量来给吗啡泵做编程设定。

马修的护理是否到位，往小了说，取决于这位医生和两名护士之间是否能够准确沟通。奥赖利对吗啡泵的操作不熟悉，于是向另一名护士莫莉·陈（Molly Chen）寻求帮助。遗憾的是，陈和病房里的其他护士一样以前几乎没有使用吗啡泵的操作经验。陈虽然是一名经验丰富的护士，但也开始慌了起来。她放下手中的活儿抽出时间来帮助奥赖利。作为一名认真负责、能力靠谱的专业人士，她盯着这个陌生机器的表盘，费劲地想

---

[*] 精益六西格玛质量管理方法通过流程改善减少浪费，实现价值的最大化。——译者

看出点门道来。

吗啡泵的正确编程需要同时输入适当的吗啡浓度和输液速度。陈和奥赖利都没有看到药物标签上列出的浓度（后来发现其实是标签的错误印刷方式，导致上面的关键信息被折叠在盒内看不到的地方），但陈采用了标签上露出来的那部分信息来计算吗啡浓度。她觉得算出来的浓度没问题，并据此给机器进行编程。接着，她按照斯文森给的指示，设定了输液速度。按照医院的程序，奥赖利验证了陈的计算和设置。之后，陈就离开去照看其他病人了。

短短几分钟内，马修脸色发青——他出现了呼吸困难。奥赖利立即关掉吗啡泵，叫来医生，并用呼吸袋为孩子通气。医生在几分钟内赶到，证实了奥赖利的怀疑——马修确实是吗啡注射过量，而且是高出正常剂量好几倍。医生使用了其他药物来逆转效果，几秒钟后，马修的呼吸恢复正常。

关键目标

与席梦思的艾特尔相比，莫拉斯面临的挑战不是激励员工跟随她在常规业务操作中走一条成熟的改进之路，而是创建一个自组织（self-organizing）的学习系统，以开拓新的领域。莫拉斯心里有个单纯的目标——避免伤害住院儿童。她下定决心要在儿童医院实现100%的患者安全，而在那个年代，护理人员之间很少讨论用药错误，更不用说高级管理层了，业内人士普遍认为用药错误是不可避免的。因此，关于如何大幅提高安全性的知识不仅是有限的，而且很可能在医院的各个科室因为程序性质差异而有所不同。冒险探索这一新领域，既是一种挑战，也是一个人人都能够认同的目标。没有人愿意伤害住院的孩子。

当莫拉斯面试首席运营官这个职位时，她就已经在谈论病人的安全。她有25年的病人护理管理经验，以前是一名注册护士。她沉着冷静，总是面带微笑，散发着一种不慌不忙、敢作敢为的态度，这让人感到安心和鼓舞。加入儿童医院后，她继续"围绕安全问题与那些必须支持这一举措的人进行精心设计的对话"。一开始，这并不容易。正如莫拉斯指出的："谈及安全话题很难，因为大多数人会变得防御。谈论安全问题就等于是在说我们的做事方式是'错误的'。"比如，回顾组队协同失败的经历，就会直接联想到马修用药过量的例子。幸运的是，故事马上翻到了下一篇，人们成功组队，马修完全康复。这不是那种能上报纸头条的故事，甚至不是十年前在繁忙的市区医院里一定会被报道的故事。然而，对莫拉斯来说，避免这类事故对实现100%的病人安全目标是最重要的。为了防止重蹈覆辙，重要的是弄清楚问题出在谁身上以及出在哪里。

面对一连串的事件，这并不是一个容易回答的问题。问题是出在为机器编程的陈身上，还是出在验证其设置的奥赖利身上？这个病区的护士并不熟悉吗啡泵的操作，而外科手术后的病人却被安置在这里，是病区管理员的问题吗？药剂师开出了一盒浓度不明确的吗啡，是不是他的责任？电脑程序员把药物标签做得过大，跟药盒的大小不适配，导致一些文字被遮住，问题是不是在这儿？还是说问题在于斯文森，因为是她把马修扔给了一个新手护士照看？一言以蔽之：都是。所有人都为这次失败"贡献"了自己的一份力量。我们没法拎出谁是罪魁祸首；所有的事件经多重因果分析后，最终指向一个答案：这里出现了系统崩溃。亦即，新情况出现，乘以一系列偏离最佳操作的做法，造成了一次可能夺人性命的失败。遗憾的是，由于医疗操作十分复杂，外加个体病患的病情特殊，类似事件在世界各地的医院里重复上演。

在复杂业务中，组队的力量在于，借助正确的领导力、人际意识和纪律，能够预见、排难、诊断并降低系统性风险，从而避免这些风险可能带来的失败。领导者如何创建这样的学习型组织？答案与艾特尔在席梦思领导变革时的做法（给出一个让人无法抗拒的目标，为组队行为创造安全的环境，并在整个公司支持指向绩效改进的组队行为）不尽相同，但也并非完全不同。

复杂业务中的领导者，首先要传递一个令人信服的目标，激励人们在没有简单答案的情况下采取行动。在复杂业务中，领导者需要将该目标与一个有意义感的共同目标联系起来，以促进建立一个更美好的世界，而对于常规业务大可不必走到这一步。这是因为人们必须应对更大的不确定性。他们不得不冒更大的人际风险（比如承认错误，向老板和其他人指出系统有缺陷）。一想到有机会改变世界，人们便有了更强的意愿去承担冒人际风险所带来的牺牲。将组织所做的工作与创造更好世界这一更大的目标联系起来，这本身就是在重塑框架。与常规业务相比，复杂业务的领导者必须更加关注心理安全环境的创造，使人们能够包容学习的风险。这中间的差别就在于，复杂业务中的人际风险确实要大很多。

当领导者在这种情况下激励和支持组队合作时，他们其实是在寻找联合调查员：大家愿意同舟共济，去寻找、识别和解决以前从未碰到的问题。他们即将踏上征途，前方充满未知。相比之下，在席梦思，前进的道路有蓝图指引，更加踏实。

建立组队的基础设施

担任领导职务后不久，莫拉斯便组建了一个核心团队，称为患者安全指导委员会（Patient Saftety Steering Committee，PSSC）。这是一个由关键影响者组成的精选小组，他们将帮助设计和启动"患者安全倡议"。为了找到那些有兴趣和热情的人，也为了与医院里尽可能多的人进行广泛交流，她做了一系列关于医疗事故的正式演讲，展示了当时很多人不知道的数据——美国每年有多达 98 000 人死于医疗事故，比死于车祸、乳腺癌或艾滋病的数字还要高。PSSC 特意保持了多元化，包括医生和护士、部门主管和一线员工、工会成员和高管。这个团体很懂儿童医院，也有资格代表儿童医院。

PSSC 师出有名，莫拉斯演讲动人，但即便这样，许多人在开始时仍反对这一倡议，拒绝相信儿童医院存在安全事故这一事实。他们也许相信全国的统计数据，但不相信这些数据适用于明尼苏达州的儿童医院。莫拉斯深知所有的医院由于业务复杂性都很容易出错,但她还是忍住了自己想要重申观点、大声疾呼的冲动,并没有尝试去辩论。相反,她深思熟虑后,决定用探询(inquiry)的方式来回应阻力。"好吧,这个数据可能不适用于这里,"她以退为进,而后又问道,"那么,过去这一周,就在这些病房里,就跟这些病人在一起,你是什么体验?一切都像你希望的那样安全吗?"

这个简单的探询使得对话开始转向。请注意它的特点。她的问题是一种邀请,一种真诚、好奇、直接和具体的邀请。每个护理人员都被邀请想一想自己的病人,想一想自己的体验,就在自己的病房,就在过去的几天。而且,这个问题是正面导向的——不是"你看到了不安全的事情吗?",而是"一切都像你希望的那样安全吗?"这既尊重了他人的经验,也引发了对更好情况的向往。

太多自诩的领导者忘记了探询的力量,而是依靠强硬的主张来鼓动他人。正如莫拉斯展示的那样,探询是尊重,是邀请。当人们开始与她或其他人讨论那些他们一度认为是独特的或个性化的事故时,他们意识到周围大多数同事都经历过类似的事件。正如莫拉斯所说:"我发现大多数同事都亲身经历过医疗安全事故。他们很快就意识到医院其实可以做得更好。"她在整个组织领导了多达18个焦点小组,让人们公开表达自己的关切和想法。

关于错误和失败的对话总是困难的,需要心理安全感的支撑，为此莫拉斯一遍又一遍地讲述自己关于病患安全的理念，有人愿意听她就愿意讲。用她的话说："医疗护理是一个非常复杂的系统，只要是复杂系统，天生就更容易发生风险。每个人携起手来理解安全，识别风险，报告风险而不必担心受到指责——这才是医疗护理行业该有的文化。当我们致力于医疗管理'零事故'时，我们必须将视线放在如何改变整个系统的方法上。"通过强调失败的系统性，她试图帮助人们摆脱找个罪魁祸首让他担责的倾向。

正如莫拉斯意识到的，复杂系统也意味着没有简单的前进道路。她热衷于自己的愿景，即引导组织实现100%的患者安全，但不知道如何实现这一目标。她承认自己没有所有问题的答案，因此向每个人寻求帮助，共同"寻找改变整个系统的方法"。

医疗护理在医疗事故方面有着漫长而痛苦的历史。医学文化的惯性是强调个人无能是事故的根源，而不是仔细分析系统可能出现的故障。这种文化通常被称为"医学界ABC"：控告（accuse）、指责（blame）、批评（criticize）。这种ABC心智使指责、羞耻和惩戒成为产生高质量护理的合理路径。遗憾的是，即便是在加强检查监督的时期，这种方法既没有带来无差错的医疗服务，又没有指明减少医疗事故的方向。ABC心智并不利于诚实、缜密地调查发生故障的原因，而只是加剧了对个人的求全责备。此外，它也没有考虑到越来越多的医护人员所秉持的信念：许多医疗事故可能会追溯到系统中的某个错误，源头不在于个人。

事实上，我认为，ABC心智的最大效用便是压制了对错误的报告。大多数医护人员都有理由保护他们的声誉和工作。特别是当一个错误导致病人受到伤害时，参与病人护理的医生和护士常常因为害怕或有"创伤阴影"而不敢讨论这个问题。这使得许多敬业且有才华的临床医生背负着沉重的羞耻感的包袱，对自己职业价值的怀疑也让他们备受煎熬。

建设性对话的激发需要在各条战线进行根本性的转向：组织结构、流程、规范与价值观，以及领导风格。心理安全感在医疗环境中最重要的作用是允许更多的事故被上报——一家医院想要从错误中学习，并且在日积月累中进步，就必须首先迈出这一步。同时，医疗护理领域中的专业等级制度由来已久、根深蒂固。那些处于较低层级的人往往没有足够的心理安全感，不敢向上级大声提出问题和建议。

莫拉斯曾亲身体会医疗事故给医护人员带来的余震和情感上的痛苦。她永远不会忘记30年前自己目睹的一起事故，当时她还是一名年轻的护士：一名四岁的病人死于麻醉错误。孩子的死亡令人扼腕，但让莫拉斯记忆犹新的是，"感到身负其咎的护士'那天回家了，再也没有回来'，心怀愧疚地放弃了她所热爱的事业。医生和其他护士'只是闭门不出'，此后再未谈及这件事。医院的律师赶来进行创伤控制"。莫拉斯说："这件事让我感到不安，并且一直困扰着我。"几十年过去了，她仍深深记着这种感觉。

因此，她引入了一个报告医疗事故的新系统，名为"无责难报告"（blameless reporting）。其目的是允许人们保密地或匿名地交流医疗事故，不会因为这样做而受罚，从而尽可能多地使问题得到曝光，确定其根本原因，并使护理专业人员留在他们的岗位上。为了支持这项新政策，PSSC的成员创建了一个新的《患者安全报告表》，要求护理人员用自己的语言描述事件，而不是像过去那样简单地勾选相应的方框。问题包括："事故是怎么发生的？是如何环环相扣走到最终局面的？""哪些因素造成了这次事故？要防止类似事件再度上演，我们需要做什么？"等等，新表单可以训练报告人深切反思事故并提供细致全面的解释。

莫拉斯还建立了讨论安全问题的新话语体系，比如，鼓励人们用"研究"（study）或"检视"（examination）来代替"调查"（investigation）。她认为"检视"意味着去学习系统如何运作以及各部分是如何配合的；而"调查"更像是警察的排查，在线性搜索中把责任归咎于某人或某事，以确定单一的原因。在语言层面，莫拉斯强调应避免使用暗含指责意味的词，鼓励使用有利于从失败中学习的表达，从而建立心理安全感。而究其根源，这是因为莫拉斯看到了"事故"（一个比"错误"更可取的术语）产生于有缺陷的系统而非有缺陷的个人；"责备"（blame）一词将被"当责"（accountable）取代，后者的定义是：有责任去履行某项工作的各种职责，有责任去掌握这项工作涉及的各种知识，同时有责任去了解自己（作为一个活生生的人）

身处其中的这个更大的系统。

学习型执行

复杂业务中，领导者需要广泛地使用组队方式来发现和解决问题。这意味着要改变组织的运营结构来减少组队的障碍，同时开展和支持跨职能的团队活动，比如事故复盘。正如我们在席梦思案例中看到的那样，一项重要的领导行动是，说服那些拥有资源控制权的人"资援"那些短期内看起来很费钱，但长期看来证明省钱的变革举措。

在儿童医院，解决安全问题的组队合作始于莫拉斯创建的PSSC。紧接着，莫拉斯便开始推动跨职能临时团队在每次重大安全事故发生后展开专门的事故研究。例如，在马修用药过量几近死亡的24小时内，医疗事务副主任克里斯·罗比森（Chris Robison）博士与所有直接参与马修治疗的人举行了一次闭门会议。除非发现某种渎职行为（这种情况极为罕见），否则没有人会受到惩罚。这样一来人们就有了心理安全感去讨论和分析失败的原因，从而为制定预防措施提供更全面的信息。正如罗比森所说的那样，组队是必要的，因为"如果我单独与某个人交谈，我们不可能对发生在马修身上的事情有如此透彻的了解。会议期间，我们有很多观点的碰撞和激发。我们从护士的角度，然后是呼吸治疗师的角度，最后是医生的角度来看待整个事件。这并不是说人们只感知到与自己观点相一致的事情，而是他们其实就如同'盲人摸象'一般，只接触到了事件的一部分"。组队文化对于促进学习型执行至关重要。

当领导者成功地让员工参与到协同学习中时，那些并非由组织自上而下设计的活动就开始发生了。思想开始涌现，自发活动开始扎根并蔓延。对于一个追求"完成工作"的经理来说，这个过程起初可能显得费力而缓慢。但是，让人们作为积极的思考者和学习者参与进来，才是一个复杂业务实现其目标的真正方式。

儿童医院的许多变化都源自一线。例如，临床护理专家凯西·胡克（Casey Hooke）提出了在血液/肿瘤科设立"安全行动小组"的想法。这个由 8 名员工组成的跨职能团队决定每月召开一次会议，识别用药安全隐患。在一次会议上，一名护士谈到了使用喂食袋时险些发生的事故，她给病人输了大量可能有害的液体。该小组研究了这个问题，发现了一种更安全的喂食袋，可以防止将来发生类似事故。该小组努力推动并成功地在整个医院配备了更安全的设备。很快，其他两个科室受到胡克做法的启发也成立了安全行动小组。一段时间后，患者安全指导委员会又指示每个临床科室的经理建立一个自己的安全行动小组。

另一个自下而上的举措是"抓虫日志"（good catch log）。顾名思义，这是一个关于记录找茬挑错的方法，在医院每层楼上锁的药物室中都放置一个日志本。如果护士"抓到"了一个可能导致用药错误的问题，他就可以在日志中匿名记录这些事件。安全行动小组组长定期收集"抓虫日志"并为小组其他成员总结信息。在会议上，团队讨论这些信息，并修订相关政策和程序。护士们意识到他们的记录往往会带来实打实的变化，于是就更愿意在日志中写东西了。

近期更新

莫拉斯在儿童医院担任首席运营官达十年之久，带领该组织进行了渐进而扎实的转型。在她的任期内，儿童医院在患者安全领域的领先实践使其获得了全国上下的关注。随着时间的推移，在莫拉斯以及一拨又一拨医院员工的目睹下，"无责难报告"和机敏的组队已经融入医院的日常运营。这个案例说明，在复杂业务中发挥领导作用往往意味着提供更多的好问题而不是好答案。

艾迪欧：引领创新业务组队

在创新业务中，需要领导力来为探索和实验创造肥沃的土壤。激发新想法、精选可行解、实验并改良以及最终生成新颖务实的可能性，在所有这些环节中，组队都起着至关重要的作用。前几章讨论的创新案例包括礼来的制药研究，丰田推出的第一辆混合动力汽车，以及北京奥运会的标志性建筑水立方。在本部分，为了展示组队是如何催生创新的，我将带领大家深入探访艾迪欧公司这家我所研究过的最典型的持续创新的公司。

案例背景

"创新者等于有创意的个体,不走寻常路,面对他人批评和质疑总能轻装上阵。"这一想法可谓历久弥新。而在当今社会,创新几乎总是一项团队运动。创新始于新想法和新解决方案在不同专业领域交叉处的涌现,而该前提的实现恰好有赖于组队合作。艾迪欧是一个特别好的例子,这家公司的创新屡屡获奖,包括第一款给苹果电脑做的电脑鼠标、普拉达的交互式更衣室、美国铁路公司的阿塞拉列车内饰以及一系列不那么"酷"的家用产品,比如佳洁士的"均匀挤压"牙膏。

艾迪欧创立于1991年,由三家工业设计公司和一家工程公司合并而成。大卫·凯利(David Kelley)有电子工程师和斯坦佛大学教授的双重身份,笑声极富感染力,且有着漫无边际的好奇心。他既是艾迪欧的创始CEO,也是鼓舞人心的领袖。2000年,当凯利成为公司董事长时,设计师蒂姆·布朗(Tim Brown)接任CEO。艾迪欧的员工专业背景丰富,既有机械工程、电气工程和软件工程,也有工业设计、交互设计、原型加工、人因研究、室内建筑,不一而足。艾迪欧在世界各地(帕洛阿尔托、旧金山、博尔德、芝加哥、波士顿、伦敦、慕尼黑和东京)都有分支机构,服务对象既包括全球性的客户,也包括区域性的公司。艾迪欧拥有一支才华横溢的员工队伍,专注于发掘终端用户尚未被满足的需求,创新流程严谨,因而斩获横跨医疗和科学设备、数字媒体和消费者产品等领域的数十项

"工业设计卓越奖"（Industrial Design Excellence Awards）。

布朗认为，创新的困难之处不是提出一个伟大的新想法，而是成功地使一个新想法在旧组织落地。诚然，我们中的一些人认为有一个伟大的新想法也很困难，但布朗说得有道理。创新既需要创造性的灵感，又需要说服力；既需要团队协作解决问题，又需要组织变革。看看艾迪欧是如何创新的，有助于看清创新业务中组队的重要特征。

关键目标

20世纪90年代末，凯利和艾迪欧的其他领导者认识到，越来越多的客户已经不满足于艾迪欧"帮助他们设计某个具体的新产品"，而是希望艾迪欧"帮助找出他们的产品可以创新的领域"。换言之，这已经不是对"设计"的需求了，而是对"设计策略"的需求。一项实验由此展开，目标是帮助客户"洞悉世界，引领创新"，手段是引入一系列新的服务。因其发生在创新的其他阶段之前，得名"阶段零"（Phase Zero）。

艾迪欧通过开展这些指向创新策略的新服务，帮客户识别新的产品或服务机会，从而为进一步的设计举措摸清前路、提供参考。如果一个"阶段零"项目是成功的，它就很可能为核心创新业务带来新的工作机会。

艾迪欧给席梦思做过一个项目，是"阶段零"早期实验之一，未依附于其他项目而独立交付。席梦思的营销高管不要求艾迪欧设计一款新床，而是请它来帮助席梦思"洞悉世界，引领创新"。"阶段零"团队于艾迪欧波士顿办公室展开工作。项目结束时，尽管席梦思给到了看上去积极的反馈，但道格拉斯·丹顿（Douglas Dayton）作为波士顿办公室的负责人不得不承认：该项目并未实现应有的潜力。在他看来，团队的想法是富有创意的，也是可行的，但席梦思并没有把这些想法付诸行动。

什么地方出了问题？

失败并不是因为缺乏干劲或想象力。通过采访各年龄段的床垫用户，利用摄像头进行记录，参观床垫商店，甚至全程观摩床垫送货的过程，"阶段零"团队学到了很多。团队成员努力搞懂一件事：床、与床有关的空间、家具以及其他物件是如何作为一个系统来发挥作用，在睡眠者人生中的不同阶段为他提供支持的。在寻找答案的过程中，他们关注到一个被该行业遗漏的人群——18岁到30岁且居无定所的单身人士，又称"游牧族"或"游民"。在从离开父母独自居住到拥有属于自己的第一套住所的过渡期，游牧族可能睡在被褥、气垫、二手甚至三手床垫上，因为市面上能够买到的床具对于他们漂泊的生活方式来说要么太笨重、要么太贵。游牧族并不想购买大型的永久性物品。他们希望能经常搬家。他们住在小公寓或与室友一起生活，卧室不仅仅用来睡觉，还作为娱乐和学习的场所。

这个发现孕育出一些针对漂泊单身者的产品创新设计。一种是床垫和床架集成的一体化设计；另一种是由视觉分明、轻便易折、模块化的层次组成的床垫，它们可根据需求定制，且易于从一个地方搬到另一个地方。带着漂亮的草图和引人入胜的文案,"阶段零"团队又去见了客户,客户的反馈热情而真诚,但没有到想要立马行动的程度。要是艾迪欧目睹席梦思将如何落地其团队提出的想法,恐怕会感到失望。

不急。我们先看看艾迪欧通常是如何成功创新的。

建立组队的基础设施

在艾迪欧,如果特定项目(或是项目中的某些部分)有需要,由工程师、设计师、人因专家等诸多成员组成的跨职能团队就可以做到招之即来、挥之即去。他们的组队过程充满活力且混乱,但又有着出人意料的纪律性。在这一过程中,团队成员无法提前拿到细致的具体任务清单,但所有人对于粗线条的组队框架都一清二楚。

跟大多数创新业务一样,艾迪欧的团队需要依靠互相启发,这是业务性质决定的。靠着团队内部以及项目之间的跨学科知识转移,艾迪欧的团队成员可以稳定、长年累月地面对五花八门的问题开发出新奇的解决方案。不足为奇的是,他们与客户的合作或交叉融合有限。艾迪欧最感兴趣的外部世界是终端用户的世界,而非那些充满官僚体制、等级森严、政治纷争与诸多限制的公司世界。可以毫不夸张地说,艾迪欧曾对这种公司环境颇为不屑。

艾迪欧的核心创新过程分为四个阶段,每个阶段截然不同却又都依赖于组队合作。第一阶段是概念生成阶段(concept

generation)，团队在对该领域潜在用户进行研究的启发下，开发出一系列的抽象设计解决方案，然后从中挑选出一个进行深入开发。所以，第一阶段解决的是关于产品、成本的最基本问题。第二阶段是概念开发阶段（concept development），大家会考虑这些问题："产品将如何发挥作用？我们如何制造它？如何验证它？"第三阶段是详细工程设计阶段（detailed engineering），团队成员定义产品细节，搭建并测试原型。该阶段的产出会很详尽：一份能行得通的设计稿，各类报告和评估，一份带成本的物料清单，各类技术文档，可能合作的制造供应商名单，以及一份工作计划。第四阶段是联合制造阶段（manufacturing liaison），艾迪欧团队会准备一份产品样例，并附上支持性文件，交给客户的制造合作方，准备进行大批量生产。一路走下来，组队必不可少，因为团队成员的构成在各个阶段都会发生变化，需要不停地招募各类专家，以响应每个阶段所涵盖的各式工作任务和需要的各种专业知识。

为了鼓励创造力和学习，公司领导层长期以来一直在培养一种心理安全的氛围。如果说艾迪欧的员工可以畅所欲言，那就太轻描淡写了。设计师按照自己的想法行事，很少顾忌他人会说什么，包括老板。同时，老板也不吝于说出他们的想法。让同事知道你认为某个设计有缺陷是一种尊重的表现。但在头脑风暴的时候就不是这样了，因为头脑风暴是明确禁止批评的。这些规则不仅被大家广泛理解，而且已经被明文规定。在艾迪欧会议室墙壁上印有头脑风暴的标语，例如："图文并茂""延迟判断""异想天开""互相激发""多多益善""一次一个主题""不要离题"。这些做法确实起到了作用,因为艾迪欧描述其学习环境为"有焦点的混沌",想要参与这场游戏,就得冒一些人际风险,比如提出疯狂的想法。

在"阶段零"的早期尝试中,客户并没有参与到组队里面。他们并没有考虑到,新产品线的想法如果要落地,这在客户组织中需要怎样的努力。所有的想法和设计都是在艾迪欧的办公室里或在田野调查时终端用户提出来的。创新道路上的重要一步尚未涉足——在"阶段零"项目中,真正与客户组队会是什么样子的呢?让我们来看看艾迪欧后来做了什么。

团队成员调整了"阶段零"的策略,再度出发。这一次,他们用一种新的方式把客户纳入了进来:跟客户一起(而非独自)厘清项目目标并确定目标实现的可能性。他们甚至会让一到两名客户代表加入艾迪欧"阶段零"团队。为了使其发挥作用,艾迪欧需要更多的员工从事"阶段零"商业和组织方面的工作。他们深化了公司的"商业要素"规则,这对在设计和技术专家主导下的艾迪欧文化及优势能力是有益的补充。今天,艾迪欧的商业要素专家身怀各种技能,不仅能深入穿越客户的官僚迷宫,还能细致分析并洞察客户的企业文化,进而促成与客户更深入的协作。简而言之,艾迪欧过去的专长更侧重于"用户"而非"客户"相关的领域。高效的"阶段零"工作要求艾迪欧在深刻理解用户需求和技术可能性的基础上,增加对客户组织系统的理解。

学习型执行

乍一看，席梦思似乎是一个完美匹配"阶段零"的公司，因为"阶段零"的任务是为一家床垫公司寻找新的机会。这正是艾迪欧感兴趣的挑战：如何挖掘一个平凡的日用品类，并将其提升至非凡之境。事实上，团队展现出了创造性的思维和富有想象力的探索。然而，如果客户要实施艾迪欧的建议（例如一条产品线），或在艾迪欧规划的拓展创新空间上有所行动，那么所提供的解决方案必须体现客户（而不仅仅是艾迪欧自己）能够设想和执行的东西。仅仅有一个或几个高级管理人员热衷于新想法是远远不够的。一个项目要想支持客户的创新，必须将客户纳入组队过程中。很明显，正如布朗所说，公司必须更多地学习如何将想法引入组织系统，因为正是通过这些系统，创新才得以最终触及用户的生活。

近期更新

在席梦思项目失败的几年后，艾迪欧开始大力强调商业要素的重要性，并重新配置和辅导团队以整合这方面的技能。其收入的30%或更多来自"阶段零"的工作。公司雇用和提拔了更多具有商业知识的人，扩大了商业要素的实践。在进化为一种全新形态的客户合作关系过程中，艾迪欧展示了作为一个学习型组织的独特能力，在新的领域中创新和扩展其专业知识，并历经实验、失败和许多独特的成功，实现了螺旋式前进。

领导力小结

组织中的核心学习并非通过个人独自梳理和解决重要问题来实现，而是通过人们在灵活团队中协同工作和学习来达成。在席梦思，生产、销售和生产线的管理团队学会了以更精湛的技能和更有尊严的方式，更高效率和更有效果地执行日常运作的核心任务。对艾特尔的新同事来说，这看起来是一次基于信念的冒险；但对于艾特尔本人而言，实际上轻车熟路。在儿童医院，临床、管理和运营团队参与创建新的学习流程，在令人沮丧的复杂环境中，使"100%病患安全"这一关键目标取得了进展。在艾迪欧，擅长创新的跨职能团队学会了如何诊断和协调企业系统——创新的不仅仅是产品，还有公司的商业模式。

上述三个案例中，领导者发挥的作用清晰可见。然而，他们的领导风格各具特色。艾特尔有一张变革的蓝图，自己又是一个令人信服的推销员，为了推动团队协作这件注定不轻松的事情，他日复一日地去争取众人的支持。莫拉斯娴熟地邀请联合调查员——既有一线的，也有高层的——来帮助她发现究竟是哪些流程在影响着病患安全。而凯利，像众多创新领导者一样，似乎只是把舞台交给那些聪明的、有激情的人，让他们可以彻底地梳理失败，大胆地构想新实验。当然，这也没那么简单。当领导者们（比如艾迪欧的凯利）提供了如下关键要素，创新就会蓬勃发展：为了找到并留住非凡人才而进行极其严格的招聘，推动多元化的项目来实现互相启发，设立严格的流程规范，提供必要资源，当然还有最重要的一环——源源不断地注入热情。

好消息是，学习型执行几乎在任何行业都是成功的秘诀。即使在常规业务中，今天的最佳实践也活不过明天。坏消息是，学习型执行是一种非自然的状态。采用这一工作方式，需要人们管理欲望，不再期待有人打包票、别人怎么说我就怎么做；同时，面对现实，看到每个流程都有提升的空间，且有的流程必须被完全取代。这并不是说学习的目标盖过了达成绩效标准的目标。从工作中学习本身就是工作的一部分。效率仍然很重要，特别是在常规业务中，比竞争对手做得更快、更可靠是关键。即使是这样，人们也必须不断学习以取得长期成功。即使在"截止日期是第一生产力"的工作情境中，培育信任和尊重的文化来保障学习蓬勃的发展，也仍然是值得的投入。但这并不是适合的起点，为什么呢？

正如我们看到的，组队和学习得以稳步发展的前提是：它们被及时投入到"找到客户、留住客户、服务好客户"这几件务必要做的事情上。本章介绍的三个组织都是这种情况。以学习为导向的文化是一种宝贵的组织资源，但创造这种文化本身并不是终点。我认为，学习型组织的创建，靠的是将员工的注意力重新集中在工作上，而非试图改变组织的文化。当人们练习着采用一种新的工作方式，更加互相依存，更加有意识地关注他人的任务和需求，更加愿意追求进步，而不是因果倒置，学习型文化就会以副产品的形式出现。例如，当席梦思的员工体验到一种新的工作方式时，一种新的被赋权的、高度信任的文化就在他们周围形成。

许多变革努力之所以失败，是因为它们把重点放在了文化的转变上，而各级人员，无论是高级管理者还是服务客户的一线员工，当直面堆积如山的工作时，他们很难把文化变革排上优先级。回顾第 4 章，阿瑟·瑞安希望将保诚集团的文化转变为具有心理安全感的文化。"心理安全，方可直言不讳"——尽管许多员工都喜欢这一理念，但并非所有人都能理解它如何让金融服务业取得业务上的成功。尽管领导者怀着最好的意图，但他们常常没有充分阐释新文化的必要性，以及这样的文化将如何帮助员工更好地服务客户。

未来展望

一个多世纪以来，我们过多关注冰冷的执行，过多依赖恐惧来推动工作的完成。这个时代已经过去了。想要实现简单、可控的生产系统，前提是有一群简单、可控的员工。在工厂管理模式中，监控工人和计量他们的产出是很容易的。但今天的工作越来越需要特定知识技能的应用。对于今天的工人来说，发现问题、分析问题并创造新的解决方案是职责所在。这种转变改变了工作场所的动力，也改变了老板与员工之间的关系。未来最成功的领导者，将是那些有能力发展他人才能的人。在极致发挥的情况下，组队可以明晰和放大个体的能力。但同时，组队也是相当有挑战性的，往往是反直觉的。它与我们很多的行为模式（无论是与生俱来的，还是社会塑造的）相冲突。培养人们能够畅所欲言、相互学习和安全实验的土壤条件，可以拓宽我们创造和成事的边界。

智利矿工，哥伦比亚号航天飞机上的宇航员，儿童医院的小病人马修——他们有什么共同点？他们的幸存与否都依赖于能否成功地组队。学习型执行作为一种新的方法，绝不仅限于日常运作和对外竞争——在局面错综复杂、各方手忙脚乱之际，它将帮助我们转危为安。你不必再看今天的组织如何挣扎、失败或令人沮丧，虽然我只提到了三个案例，但相信你已经可以理解变革的迫切性和必要性了。是的，本书中有一些做法要想真正落地，并不那么容易，也可能让人感到别扭。（但人们从发现火源，到发展出大规模生产，再到创造 iPhone，哪一回不是困难重重、违反直觉的呢？）一些人可能天生就倾向于权力斗争、贪得无厌和职场冲突。但作为社会化的产物，我们也在同他人一起创造、分享和实施新想法的过程中获得巨大的乐趣。本书中描述的惊人成就（智利救援、北京水立方、摩托罗拉的 RAZR 手机、IHC 的学习系统）都是通过组队创造的。这样看来，那些阻碍组队和学习的因素，无论来自个体层面还是组织层面，都可以被克服。

学习产生于接触之中

正如过去的组织管理催生了效率型执行的心态一样，在今天的组织知识经济竞争中产生了专业知识的孤岛，抑制了解决全球性问题所需的组队合作。日益明显的是，未来的组队将跨越组织和学科的边界。一个组织可能确实非常出色，也可能有高手指点，即便如此，也难以在自身边界之内独立搞定当今世界最紧迫的社会问题。要想让全世界的人以及所有组织走向安全、健康、可行的未来，我们需要在很多领域拿出创新的解决方案，包括气候变化、教育、交通、城市化以及能源使用，不一而足。

昔日的竞争模式越来越不能服务于这些目的。正如我的哈佛同事马可·依恩斯蒂（Marco Iansiti）不久前所认识到的，企业只有成为健康生态系统的一部分才能真正繁荣。一味压制和削弱竞争对手或供应商，已不再是一条通往成功的道路。微软和谷歌等科技公司已经在新的游戏规则中茁壮成长。现在是时候让老牌行业认真对待生态系统和它们所涉及的跨行业组队合作了。以汽车行业的组织为例，如果它们在未来仍然沿用昔日的效率型执行的心智，在解决燃油效率和碳排放这类全球性问题时，它们不太可能通过协作找到解决方案。如果人们更重视今天的效率而非明天的可持续，组队和创新就会被牺牲。

当组织以学习型执行的思维方式运作时，跨边界的分享就变得自然了。长期以来，丰田公司一直在努力向其供应商甚至竞争对手传授如何实施其出色的学习型执行的思维方式和生产系统。IHC不遗余力地指导其他医院如何将独特的"改进科学"纳入运营的日常点滴之中。艾迪欧很乐意协助其他公司重塑它们的文化以支持创新。当执行和学习相互交融时，焦点自然而然就转变为"做大蛋糕"，而不再是"分蛋糕"。生成新想法以解决问题是一种能力，而组队则是生成、实施和改进这些想法的必由之路。

随着信息时代知识型组织的崛起，恶性竞争使得人们越来越抗拒与其他团队或组织分享想法及最佳实践。但缺少组队，新的创意是无法在组织中开花结果的。跨越物理距离边界、知识边界和地位边界的组队愈发关键，因为在新的挑战面前，旧的模式（经济的、政治的、组织的）、旧的技术和旧的心态已经被证明是笨重不堪的。

超越边界

企业和国家将愈发频繁地面对种种难题，比如建设可持续发展的城市、开发新能源，以及在日常生活中不断培育新的行为以更好地保护日益减少的资源。改革医疗服务系统，创造全新的商业模式，设计有利于协作的创新生态系统以及学习在未来可持续社区中共同生活的新方式，只是我们面临的部分合作挑战。这些挑战很少能够靠个人解决，也不能靠单个组织解决，即便交给整个企业界或是政府系统，恐怕它们也无能为力。想要取得进展，就必须进行跨学科、跨公司、跨政商两界以及跨国家的合作。在这样的战场上，我们付出的新型努力必然伴随着一次又一次的失败。我们从中学习就好。

致谢

这是一本关于组队的书,也正是通过组队,它才得以问世。感谢每一位幕后付出、为我提供帮助的人,希望我能将你们各具特色且相辅相成的贡献予以充分的呈现。

这本书融汇了我二十年田野调查的发现、洞见和理论框架。我想对来自众多组织、数以百计的人们表达感谢,无论是管理者、护士、医生、CEO,还是一线工作人员,他们慷慨地拿出自己的时间,接受我的访谈和研究。我期望他们中有人能够有机会看到这本书,并意识到他们给了我重要的见解。我也要向哈佛商学院研究部表达感谢,正是其慷慨资助,书中的研究才得以开展。

在成为商学院教授之前,我是一位工程师,为巴克敏斯特·富勒(Buckminster Fuller)工作,工作内容是协助他完成一些最终的项目设计。当我不用去计算新的测地穹顶的支杆长度时,我就会聆听巴基(Bucky,大家都这样叫他)的讲解和教导。这是我首次认识到，大型社会问题（如饥荒、污染、住房、能源）的挑战在于集体学习。巴基提出，我们需要在全球层面上进行协作型学习（collaborative learning）。他说，我们所有人都是"地球飞船"的机组人员，要想让世界正常运转，我们就得学会集体协作。

想要给地球带来大规模的改变，确实是有野心的想法。几年后我遇见了企业家和作家拉里·威尔逊（Larry Wilson），他给我介绍了一个理念：组织是可以学习的。而且，正如巴基所说，要想"让世界正常运转"，组织扮演着关键角色。现在，我终于找到了可以全身心投入的事业。作为佩科斯河学习中心（Pecos River Learning Centers）的研究员/顾问，我与拉里紧密合作，观察到了诸多现象，后来都被自己的研究所证实。拉里的理念渗透在我的想法之中。我将本书献给他，因为正是他想要改造组织的热情点燃了我。

导师的帮助至关重要，在这方面，我绝对是幸运的。理查德·哈克曼（Richard Hackman）的非凡研究和教学让我认识到，团队是我的研究中正确的分析单元。多年前，理查德主持了我的博士论文答辩，他把医院作为一个值得研究的田野调查点介绍给我，并以非常多的方式影响了我的观念。克里斯·阿吉里斯（Chris Argyris）和彼得·圣吉（Peter Senge）也以重要的方式指导了我的工作，并引领了我前行的方向。他们鼓励我去解决重要的问题，我希望本书的部分内容能向他们表明我已经做到了。

多年来，埃德加·沙因（Edgar H. Schein）已经成为我日益重要的良师益友，正是从他的口中我第一次听说了"组队"这个词。在麻省理工学院的一次研讨会上，我听到埃德加说，我们应该把重心放在组队上，而不是团队本身。这确实引起了我的注意！埃德加慷慨地为本书写下了深思熟虑的序言，并给我的初稿提供了极有助益的反馈，使得本书取得了大幅进步。我对他所做的一切深表感激。

来自乔西－巴斯出版公司（Jossey-Bass）的凯茜·斯威尼（Kathe Sweeney）在项目的推动中起到了关键作用，无论是启动阶段还是结束阶段，她的作用都十分重要。凯茜对本书的信心，远超了项目实际进展所需要的程度。我十分感谢她的热情，以及她对团队和组织的连贯思考。

在对本书的塑造过程投入努力的众多人士中，杰夫·利森（Jeff Leeson）的角色无疑是最重要的。我从他身上学到了系统性方法，即如何塑造、组织、澄清、结构化各种想法，并形成有机整体。杰夫勇敢地投身于我大量的研究论文和案例之中，协助我从中挖掘出有意义的成果。他在编辑方面的专长，对我日程安排的耐心，以及高标准的坚持，都是我难以回报的。在本书的写作和构思初期，凯伦·普罗普（Karen Propp）发挥了关键作用。她深思熟虑的发言、敏锐的洞察以及富有创意的实例提供，贯穿全书。

苏珊·萨尔特·雷诺兹（Susan Salter Reynolds）是我最尽职尽责、考虑周全、富有创意的读者、编辑、同事和朋友。她始终在我身边，我一直感激她身为作家和批评家的特殊才能。现在，我对这些才能更加珍视。她在项目的最后几周投入工作，给一些章节注入了鲜活的生命力，让工作重新有了乐趣。

谢巴·拉扎（Sheba Raza）承担了一些最艰巨的工作，她以高超的技巧、精确的执行以及非凡的愉快心态处理了参考资料、版权许可和这类项目中涉及的无尽细节。许多研究助理在实地研究、案例写作和论文进展过程中都提供了无比重要的帮助，包括劳拉·费尔德曼（Laura Feldman）、科里·哈吉姆（Corey Hajim）、迪莉亚娜·卡拉扎洛娃（Dilyana Karadzhova）、斯泰西·麦克马努斯（Stacy McManus）和凯特·罗洛夫（Kate Roloff）。本书所提供的许多研究都是通过协作完成的，因此我必须对我在多个项目上的同事与合作作者们表示感谢，他们在其中发挥了至关重要的作用，尤其是理查德·博默（Richard Bohmer）、蒂齐亚娜·卡夏罗（Tiziana Casciaro）、吉姆·德特尔特（Jim Detert）、弗朗西斯·弗雷（Frances Frei）、伯特兰·穆安容（Bertrand Moingeon）、英格丽德·内姆哈德（Ingrid Nembhard）、加里·皮萨诺（Gary Pisano）、法伊扎·拉希德（Faaiza Rashid）、德博拉·索尔（Deborah Sole）、安妮塔·塔克（Anita Tucker）和梅丽莎·瓦伦丁（Melissa Valentine）。戴安娜·史密斯（Diana Smith）是一位应该特别提及的同事，她是我的导师、朋友、合作者和给我加油打气的拉拉队队员，是让我完成这本书的关键力量之一。

最后，要感谢我的丈夫乔治（George）。当我把越来越多的时间投入写作中,他不但能够忍受我,还照顾我。他的支持和关爱从未动摇。他的爱和信任支撑着我,使我能够完成这本书的写作。不仅如此,在过去的十八年里,我的每一步前行都有他陪伴在侧,无论项目进展是晴是雨,他仿佛从未失去对我或我的工作的信念。我们年幼的儿子杰克(Jack)和尼克(Nick)虽然成长于互联网时代,却极其有耐心,当我坐在电脑前码字写作时,他们常常蜷在一旁读书。他们对书籍的热爱让我看到了希望——写书还是值得的。

Teaming: How Organizations Learn, Innovate, and Compete in the Knowledge Economy by Amy C. Edmondson

ISBN: 9780787970932

Copyright © 2012 by John Wiley & Sons, Inc.

All Rights Reserved. This translation published under license.

Authorized translation from the English language edition, published by John Wiley & Sons Inc. No part of this book may be reproduced in any form without the written permission of the original copyright holders.

Copies of this book sold without a Wiley sticker on the cover are unauthorized and illegal.

本书中文简体字版专有翻译出版权由 John Wiley & Sons Inc. 授予中国人民大学出版社。未经许可，不得以任何手段和形式复制或抄袭本书内容。

本书封底贴有 Wiley 防伪标签，无标签者不得销售。

图书在版编目（CIP）数据

组队：超级个体时代的协作方式 /（美）艾米·埃德蒙森著；王心竹，刘素池，曾巧玲译. -- 北京：中国人民大学出版社，2024. 10. -- ISBN 978-7-300-32896-6

Ⅰ. C936

中国国家版本馆 CIP 数据核字第 2024JV7824 号

组队：超级个体时代的协作方式

[美] 艾米·埃德蒙森　著

王心竹　刘素池　曾巧玲　译

方春剑　审校

Zudui: Chaoji Geti Shidai de Xiezuo Fangshi

出版发行	中国人民大学出版社		
社　　址	北京中关村大街 31 号	邮政编码	100080
电　　话	010-62511242（总编室）	010-62511770（质管部）	
	010-82501766（邮购部）	010-62514148（门市部）	
	010-62515195（发行公司）	010-62515275（盗版举报）	
网　　址	http://www.crup.com.cn		
经　　销	新华书店		
印　　刷	北京联兴盛业印刷股份有限公司		
开　　本	890 mm × 1240 mm　1/32	版　次	2024 年 10 月第 1 版
印　　张	10.75 插页 2	印　次	2024 年 10 月第 1 次印刷
字　　数	207 000	定　价	69.00 元

版权所有　　侵权必究　　印装差错　　负责调换